回眸与新探

——鲁东大学历史学国家级特色专业与

中国近现代史国家级教学团队总结与探索

俞祖华　赵慧峰　胡瑞琴　主编

南开大学出版社

天　津

图书在版编目(CIP)数据

回眸与新探：鲁东大学历史学国家级特色专业与中国近现代史国家级教学团队总结与探索／俞祖华，赵慧峰，胡瑞琴主编. —天津：南开大学出版社，2012.8
ISBN 978-7-310-03975-3

Ⅰ. ①回… Ⅱ. ①俞… ②赵… ③胡… Ⅲ. ①史学—教学研究—高等学校—文集 ②中国历史—近现代—教学研究—高等学校—文集 Ⅳ. ①K0-42②K25-42

中国版本图书馆 CIP 数据核字(2012)第 173962 号

南开大学出版社出版发行
出版人：孙克强
地址：天津市南开区卫津路 94 号　　邮政编码：300071
营销部电话：(022)23508339　23500755
营销部传真：(022)23508542　　邮购部电话：(022)23502200

*

天津市蓟县宏图印务有限公司印刷
全国各地新华书店经销

*

2012 年 8 月第 1 版　　2012 年 8 月第 1 次印刷
240×170 毫米　16 开本　19.5 印张　2 插页　300 千字
定价：38.00 元

如遇图书印装质量问题,请与本社营销部联系调换,电话：(022)23507125

目　录

上　卷　历史学国家级特色专业与中国近现代史国家级教学团队的申报与建设

国家级特色专业与教学团队申报

教学理论探讨与教学实践新探

教材与课程建设

下 卷 历史专业教学建设与教学改革的回眸与总结

教学成果

教研论文

往事回忆

上　卷

历史学国家级特色专业与中国近现代史

国家级教学团队的申报与建设

【国家级特色专业与教学团队申报】
【教学理论探讨与教学实践新探】
【教材与课程建设】

国家级特色专业与教学团队申报

鲁东大学历史学国家级特色专业简介

历史学自 1986 年招收专科生、1989 年招收本科生以来，经过 20 多年的发展，已成为优势明显、特色鲜明、实力雄厚、潜力巨大、声誉渐佳、影响较大的专业。2008 年获批省级特色专业，2009 年被批准为国家级特色专业。专业负责人俞祖华。现有省级、国家级教学团队 1 支，教授 11 名，获博士学位者 15 名（博士后 2 名），享受国务院特殊津贴专家 1 名，山东省有突出贡献的中青年专家 1 名，全国优秀教师 1 名，省级教学名师 2 名，省级学术骨干 4 名，市级有突出贡献的中青年专家 2 名。原有专门史、历史文献学、中国近现代史、世界史、学科教学（历史）、马克思主义发展史等 6 个硕士点，2011 年获批中国史、世界史 2 个硕士点一级学科。有中国古代史省级教改试点课程 1 门，中国古代史、中国近代史、中国现代史省级精品课程 3 门，校级优质课程 4 门。获省级教学成果一等奖 1 项：俞祖华主持《以教学团队精品课程与教学方式为重点，推进历史学专业改革与建设》；二等奖 2 项：李衡眉主持《教学与科研相结合，加强历史学专业建设》，俞祖华主持《历史研究性学习：基础教育新课程与高师历史专业教学改革》；三等奖 1 项。2009 年获山东省研究生教育省级教学成果二等奖。历史专业创办以来出版专著 100 余部，发表论文 1000 余篇，其中刊于《中国社会科学》2 篇，《历史研究》6 篇，《新华文摘》全文转载 5 篇。获中国图书奖 1 项，山东省社会科学优秀成果一等奖 1 项、二等奖 10 项、三等奖 20 项。主持承担过国家社会科学基金项目 6 项，国家社会科学重大攻关课题子课题 2 项，教育部社科项目 7 项，省社会科学规划项目 10 项。是国家级学会中国近现代史史料学学会的挂靠单位。资料室藏书 12 万册，有先进的教学设施。（简介采用最新数据，特此说明）

附：高等学校特色专业建设点申报书

高等学校特色专业建设点

申 报 书

学 校 名 称＿＿＿鲁东大学（盖 章）＿＿＿

专 业 名 称＿＿＿历史学＿＿＿＿＿＿

专 业 代 码＿＿＿060101＿＿＿＿＿＿

填 报 日 期＿＿＿2009 年 6 月＿＿＿＿

学 校 归 属 部委院校□ 地方院校☑

教育部 制

二〇〇九年六月

填 写 说 明

1. 申报书的各项内容要实事求是，真实可靠。文字表达要明确、简洁。所在学校应严格审核，对所填内容的真实性负责。

2. 表中空格不够时，可另附页，但页码要清楚。

3. 学校类型根据学校实际情况在对应的方框中画√。

4. 申报书限用 A4 纸张打印填报并装订成册。

一、简表

专业名称	历史学	修业年限		4
专业代码	060101	学位授予门类		历史学
本专业设置时间	1989	本专业累计毕业生数		1675
首届毕业生时间	1993	本专业现有在校生数		485
学校近3年累计向本专业投入的建设经费				105万元

项目负责人基本情况

姓　名	俞祖华	性　别	男	出生年月	1964年5月
学　历	研究生	学　位	硕士	所学专业	历史
毕业院校	北京师范大学	职　称	教授	职　务	院长
所在学校通讯地址	山东省烟台市红旗中路186号				
电　话	办公：0535-6695640		手机：13220936539		
电子信箱	Yuzhh64@163.com		邮政编码		264025

学校情况

所在省市	山东省烟台市	学校财务部门审核盖章
银行开户单位	鲁东大学	
开户银行	建行鲁东大学分理处	
银行账号	3700166566105000409	

二、建设目标、思路、方案及成果预测

（一）建设目标

围绕《教育部财政部关于实施高等学校本科教学质量与教学改革工程的意见》建设任务，落实鲁东大学"建设国内有较大影响、水平较高、特色鲜明的教学研究型大学"的整体安排，通过对历史专业的人才培养方案、培养模式、教学体系、课程设置体系和教学内容、教学形式和手段、质量评价体系等各个方面进行系统改革，着眼于提高我校历史专业教育教学水平与人才培养质量，不断提高专业建设水平，在已建成省级特色专业的基础上，使其在全国的综合位次不断前移，在地方性院校中处于领先地位。主要建设指标为：建设期内每年引进具有博士学位或正高职称的专业骨干教师不少于1名，新增省级以上教学名师1名，中国近现代史教学团队按省级教学团队的要求达到预期建设目标并冲击国家级教学团队，争取新增校级以上教学团队1个；争取新增省级以上精品课程1门，使我校历史专业省级以上精品课程增加到4门以上，并在今后学校组织的各类课程申报中，保证每次申报成功1门以上校级优质课程以上层次的课程；加强已有教学成果尤其是已获得省级一等奖、被推荐参评国家级教学成果《以教学团队精品课程与教学方式为重点，推进历史学专业改革与建设》的推广与转换，同时培育新的教学成果，确保在下次高等教育教学成果评审中有1项以上获得省级以上奖励；每个教研室发表教学研究论文每年不少于1篇；建设期内每年出版1部以上修订再版或新编的教材；教学条件有明显改善，争取新增历史学专业图书1万册；升研率、四六级英语通过率等反映教学质量、人才培养质量的硬指标要做到稳中有升；重视实践教学环节，实习基地有所增加，每年争取省优论文1篇以上。

（二）建设思路

1. 坚持以"质量工程"理念指导历史专业教学改革与建设。早在2001年教育部出台《关于加强高等学校本科教学工作 提高教学质量的若干意见》后，我们即确定把"以提高人才培养质量为出发点，以提高教学质量为关键"作为专业建设的根本指导思想，并注意从规范教学管理、教师队伍建设、教授上基础课、课程体系改革、教材编写、

研究性教学模式等方面入手全面推进我校历史专业教学与人才培养质量的提高。2005 年 1 月，教育部下发了《关于进一步加强高等学校本科教学工作的若干意见》，强调实现高等教育工作重心的转移，在规模持续发展的同时，把提高质量放在更加突出的位置。这一文件使我们树立了教学质量是专业建设的生命线的意识。2007 年 1 月，教育部、财政部联合下发了《关于实施高等学校本科教学质量与教学改革工程的意见》，启动本科教学"质量工程"，提出了深化本科教学改革、全面提高教学质量的一系列措施。据此我们进一步明确了以"质量工程"的精神与理念指导历史专业建设的思路。近些年来，在"质量工程"的指导下，取得了一些成绩，主要有：目前已编写出版了 1 部国家级"十一五"规划教材、培养与建设了 1 个省级教学团队、1 名省级教学名师、3 门省级精品课程、1 门省级教改试点课程与 1 个省级特色专业，另有 1 位校级教学名师；1 项省级一等、2 项省级二等、1 项省级三等教学成果奖。

2．在人才培养规格与培养方案的设计上，基础性与应用性并重，复合型与专业性兼顾。培养方案的修订与完善既要从历史学作为人文社会科学的基础学科这一学科特点出发，又要兼顾培养适应经济社会发展需求的人才的要求，尤其是要发展适应历史教育的师范性特点。在人才服务面向上，坚持历史教育的师范定位，积极为中小学培养合格的文科课程教师，同时为社会培养其他应用型人才，并为更高一层次的研究生教育输送人才。

3．在办学层次上，以本科教育为主，大力发展研究生教育，注意本科教育与基础教育、与研究生教育的衔接；本科教育中，要以培养高素质的劳动者为目标，贯彻以人为本、以学生为本的理念，坚持全面育人、全员育人与全程育人，强化精品意识、质量意识与成果意识，狠抓可以标志办学实力的教师队伍建设、精品课程建设与教学成果建设，狠抓可以代表人才培养质量的专业素养、外语水平、就业率与升研率等硬指标。

4．从教学过程中的教师、课程与学生三要素入手推进专业建设。具体思路是：培育或引入校内外名师资源，建设高水平高绩效教学团队，发挥好教师在教学过程中的主导作用；加强精品课程建设，以品牌教材为基础推进精品课程建设，以精品课程引导课程体系、教学内容体系改革，引领教学方法与教学手段更新；以充分发挥学生主体作用为目标，引导体现"研究性、实践型、互动式、社会化"特点的学习方式，对接新课程理念，并努力探索与这种学习方式相适应的教学方式；以教学团队、精品课程建设与教学方式转变作为历史专业建设的重点，以此促进教学质量的提高。

5．在教育教学资源的建设上，软件与硬件并重，传统方法与现代教育技术手段兼顾。

（三）建设方案

1．不断更新办学理念和专业建设观念，营造和谐氛围。办学理念和专业建设观念是品牌、特色专业建设的指导思想，影响着特色专业建设的方向、进程和绩效。要在专业建设上取得实效，必须大力解放思想，不断更新观念，必须首先在专业建设和教学理念上实现变革，更新传统的教学观念以适应教学改革与建设的需要。要倡导历史研究性学习、重视就业能力等新办学理念、新建设观念。要为特色专业的发展提供一种执著、宽松的治学氛围和思想活跃、学术自由、百家争鸣、百花齐放的治学环境。

2．不断改进人才培养的目标模式与培养模式，修订与完善历史专业人才培养方案。专业建设必须目标明确并突出地体现特色，在人才培养规格上更要有鲜明特色，要制订相应的科学合理的培养方案，突出创新精神的培养。

3．以教学团队建设为重点，加强师资队伍建设。师资队伍是专业建设的关键与根本，没有合格的师资队伍就无法建设品牌、特色专业。要狠抓教师队伍建设，尤其是抓好名师队伍建设与团队建设。我校历史专业已有1名全国优秀教师、1名省级教学名师和1个省级教学团队。要继续扩大名师队伍，使省级以上名师增加到2名以上；要增加获准建设的各级教学团队数量，不断提高教学团队建设的水平，并发挥其引领、示范作用。

4．不断完善课程体系，建设精品课程与优质课程，以课程建设为专业建设的重点。课程建设是专业培养目标实现的基本途径，品牌、特色专业必须在建设精品课程与优质课程上有相应的体现。我校历史专业已有 3 门省级精品课程、2 门校级优质课程。要继续加强课程建设，使其成为我校专业的亮点与优势；争取经过建设期的努力，争取申报成功国家级精品课程，同时使省级精品课程增加到 4 门以上，实现历史专业骨干课程全面精优化。

5．不断推进教学内容体系，并注意以教材建设的形式固化教学内容体系改革。由于特色专业建设一般具有独特性，可能缺乏现成的、公开出版的、合适的、针对特色培养的教材，可以采取根据特色需要，结合教学实践和经验，自编教材的方式来解决。要通过定期修订教材的机制把最新学术进展纳入教学内容体系。争取使本专业教师主编的国家级规划教材由现在的 1 部增加到两部以上。

6．不断探索教学方法的改革，推进教学手段现代化建设与网络教学资源建设，重视教学条件的不断改善、教学设施设备和图书资料的配备。教学设施设备、图书资料的配备的数量和质量是打造品牌、特色专业的物质基础，也是完成教学计划和实现培养目标的前提。要多方筹措资金，推进以教学手段现代化为引领、以资料建设为重点的教学条件建设。

7．突出专业实习、教育技能训练、毕业论文等实践环节。包括在专业教学计划中精心设计实践教学体系。增大实践性教学环节的比重，尤其注重史学论文写作的训练，培养创新能力。

8．要加强与外界的联系，充分利用校外名师资源及其他教学资源。在专业建设过程中，要充分利用校外教学资源，除设立校外实习基地外，还要重视聘请兼职教授、校外专家授课等方式。

9．加强成才教育，推进以"尚德乐学"为核心内容的学风建设，并尊重、保护和发展学生的个性。注意克服专业教学管理的整齐划一、缺乏个性的弊端，使特色专业有利于特色人才和特殊人才的脱颖而出与成长。

（四）成果预测

本专业建设拟取得以下几方面的成果：

第一，师资队伍、课程建设、教材建设、图书资料建设：

1．教学团队建设与教学名师队伍建设：在现有中国近现代史省级教学团队的基础上，再建成校级以上教学团队不少于 1 个；省级以上教学名师增加到 2 名以上。

2．精品课程与优质课程建设：将世界古代史、世界当代史、中国历史文选、孙子兵法建设成校级精品课程，并争取其中 1 门建设成为省级精品课程，使本专业所建成的省级以上精品课程增加到 4 门以上；将世界近代史、世界现代史、西方宗教史、史学概论、中国历史地理、中国史学史、中国宗教思想史建设成校级优质课程。

3．教材建设：根据品牌专业、特色专业的特点，编写几部高质量的教材，使由本专业教师主编的国家级规划教材增加到 2 部以上。

4．专业建设：历史专业已于 2008 年被批准为山东省省级特色专业，要按照已被批准的方案完成建设任务。

5．教学成果的推广与培育。加强已有教学成果尤其是已获得省级一等奖、被推荐参评国家级教学成果《以教学团队精品课程与教学方式为重点，推进历史学专业改革与建设》的推广与转换。以特色专业建设为内容，培育新教学成果，争取在下次教学成果评审中获得省级一等以上奖励。

6．图书资料建设：购进一批急需的新近出版的图书资料。

第二，历史专业注重培育与发展自身的特色，通过培育特色形成优势，主要特色：

1．注意办学层次上本科专业与基础教育、研究生教育的"上承下接"。近些年来，本专业注重从基础教育、本科教育到研究生教育的人才培养"一贯制"、"一条龙"设计。近年以研究性学习为重点，完成了《历史研究性学习：基础教育新课程与高师历史专业教学改革》（2005 年获得山东省教学成果二等奖）、《转变育人观念，加强就业与创业能力的培养》、《从史学动态教学入手引导研究生实施"创新型研究性学习"》等成果。在人才服务面向上，坚持历史专业的师范定位，积极为中小学培养合格的文科课程教师,同时为社会培养应用型人才，为更高一层次的研究生教育输送人才。在办学层次上，以本科教育为主，大力发展研究生教育，注意本科教育与基础教育、与研究生教育的衔接；本科教育中，要以培养高素质的劳动者为目标，贯彻以人为本、以学生为本的理念，坚持全面育人、全员育人与全程育人，强化精品意识、质量意识与成果意识。

2．教学与科研相结合，以学术研究支持教学。我院历史专业重视处理好科研与教学的关系，落实学校"以教学为中心，以科研为先导"的办学方针，注意发挥好学术研究对提高教师教学水平、提升学生创新能力的保障、支持与引领作用。我校历史专业较早注意到对这个方面的探索，《教学与科研相结合，加强历史学专业建设》于1997年获省优秀教学成果二等奖。科研对教学的促进作用主要体现为：（1）促进教师不断更新教学内容。俞祖华教授在对中国近现代史进行深入研究的基础上主编了《中国通史教程·现代卷》、《中国现代政治思想史》两部教材，其中，《中国通史教程·现代卷》曾与其他5本教材一起作为整体获得国家级教学成果二等奖、省级教学成果一等奖，该教材已被全国150余所高校采用，发行量达到了5万册；《中国现代政治思想史》也已被全国多所高校采用，并被多所高校作为考研指定参考书。俞祖华、赵慧峰教授在中华民族精神领域的研究取得了在全国有较大影响的成果，他们合作的《中华民族精神论》、《中华民族精神新论》曾获中国图书奖、省社会科学优秀成果二等奖，他们在对民族精神科学研究的基础上，开设了全校性的公共选修课和历史专业、人文教育专业的专业选修课"中华民族精神概论"，受到了学生的欢迎与好评。（2）让学生走近大师，接近名师，感受学术氛围，使其眼界更加开阔，见识不断增长。（3）通过参加教师的课题，让学生更好地进入研究性学习的状态。俞祖华教授承担的《历史研究性学习：基础教育新课程与高师历史专业教学改革》获得了省教学成果二等奖，历史与社会学院毕业的刘虹同学是项目的重要完成人，由刘虹、俞祖华完成的教学研究论文发表在《历史教学》杂志上；历史与社会学院的李慧敏同学参加了教材《中国现代政治思想史》的编写工作。

3．突出团队建设、课程建设与教材建设，丰富历史专业的内涵，提高专业建设水平。中国古代史方向，中国古代史课程作为省级试点课程和省校两级精品课程，已经形成了一定的优势和特色。此外，由本方向教师周兴所讲授的孙子兵法课程，在鲁东大学、烟台市、山东省都引起了很大反响和好评，力争将其建设成省级精品课程。中国近现代史方向，有2门省级精品课程，1个省级教学团队，1位省级教学名师，这在省内同类兄弟院校的同类院系中，可以说是独一无二的。

以后要充分发挥精品课程和省级教学团队的示范引领作用，并朝建立国家级教学团队的目标不断努力。世界史方向的主要特色是西方宗教文化研究，其中主要涉及希腊宗教、犹太教和基督教的发展，而这涵盖了西方文明源流和演变的主要侧面。本学术团队的绝大部分教师都长期坚守于自己的学术领域，形成了自己占据优势的学术方向，同样在省内各兄弟院校的同类院系中，本团队这方面的特色优势也是独一无二的。在全国各兄弟院校中，除四川大学的基督教史研究、南京大学的犹太教研究以及复旦大学的希腊宗教研究外，具有类似学科特色的也不多见。

三、基础与改革

3.1 教学基础（师资队伍建设情况、教学条件、人才培养质量和社会评价等内容）

（一）师资队伍建设情况

历史专业在编教师 27 人，教授 8 人，占 29%；副教授 12 人，占 44%；教授、副教授两项合计达 73%；讲师、助教 7 人，占 26%。具有博士学位的教师 15 人；具硕士学位的教师 8 人；具有博士、硕士学位的教师两项合计，占教师总数的 85%。历史专业建立与建设的过程，也是我院锻炼、培养和建立一支高素质的专业教师队伍的过程。我们制定了该专业教师队伍建设五年规划，克服困难，采用积极引进、学术交流、全员在岗进修、现代教育技术培训等措施，较好地落实了这个规划。经过几年努力，现有教师队伍中具有博士学位者已占教师总数的 1/2 强，博士学位已成为本专业教师的基础学历，完成了教师专业学历结构质的转变。专任教师中有全国优秀教师、享受国务院特殊津贴专家、省教学名师、省级和校级优秀教师、省级和校级中青年学术骨干、学科带头人培养对象等 9 人。已为所有二级学科配备了具有高职称、高学历，富有改革创新精神的学科带头人和学术骨干，主干课程多由教授、副教授或博士担任主讲教师。同时，积极配置教育资源，整合教育形式，通过结构调整，鼓励教师根据自己的知识结构和教学工作需要跨教研室、跨专业任课，真正做到人尽其才，才尽其用。并且，为了适应新增应用类课程教学需要，注意培养一部分具有较高理论素质的应用型或综合型教师，把理论与实践教学切实落到实处。经过几年努力，历史专业已拥有一支与本专业现代化建设相适应的高素质的教师队伍，保证了本专业改革与发展。教师队伍建设的下一步目标是以学科建设与发展为龙头，以名师与教学团队建设为引领，建设一支具有高水平、高素质的教师队伍。历史学专业教师队伍建设将坚持以自我培养为主、对外引进为辅的原则，继续加强师资队伍建设，主要措施包括：继续完善青年教师导师制，提升青年教师的教学与科研水平，使之快速成为历史学专业教师队伍的骨干力量；积极鼓励现任教师报考硕士和博士研究生，力争使40岁以下教师中具有博士学历者的比例达到90%以上；重点引进具有博士学位尤其是史学史与史学理论、中华人民共和国史等课程的优秀人才；利用返聘、外聘等手段，多种形式、多种渠道利用校内外教师资源；筹措经费，采取在岗和外派相结合的方式进行全员进修，整体提高师资队伍素质和水平。

（二）教学条件

历史专业有"专门史"（文化史）、历史文献学、中国近现代史、世界史、马克思主义发展史、历史教学论等6个硕士点，其中"专门史"（文化史）为"九五"省级重点学科，历史文献学为校级重点学科。有中国近现代史料学研究所、美国研究所和历史文献研究所等研究机构；中国近现代史料学研究所是国家级学会中国近现代史料学学会的挂靠单位。我院从文科院系的特点出发，在教学硬件建设方面突出了图书资料建设。现共有藏书近12万册（文史资料、史志资料、党史资料9万余册，单本图书11303册，丛刊4376册，期刊1万余册）。无论从图书的数量，还是图书的质量与特色来说，我院资料室藏书在全国同类院系资料室中都是很突出的。收藏文史资料、史志资料、党史资料9万余册，"党史资料"，包括中国共产党及其领导下政权、军队、群团的组织与活动史资料；"史志资料"，包括现中央及地方各级行政单位与部门的区域通志和行业专志及其资料；"文史资料"，包括全国各级政协的文史资料和民主党派史资料等。我院资料室是全国收藏此类图书最为齐全的一家。其中"文史资料"有近 3 万册，业经整理并被超星数字图书网收藏供社会各界利用。为了使我院的图书资料建设更好地为本科教学服务，我们多年来采取了一系列旨在鼓励学生"多读书，读好书"的系列措施：（1）由学生辅导员兼任资料员，使我院的图书资料建设更好地面向本科教学，方便教师，方便学生；（2）所有图书面向本科高年级学生开放，还建立了主要面向学生的学生读书室；（3）多年来坚持开展"多读书，读好书"读书辅导系列讲座，已举办过 60 多场报告会；（4）出版学生刊物《读书辑刊》，发表学生读书心得等。《开展"多读书，读好书"活动，提高大学生的复合型素质》于 2000 年获得校级教学成果一等奖。

（三）人才培养质量与社会评价

我院倡导的"尚德乐学"的院训，既是对教师、教风建设的要求，也是对学生、学风建设的要求。我院重视学生的全面素质教育和创新能力培养，尤其注重新生入学后的成才教育、四六级统考、考研动员、专业实习、教学实习与毕业论文等环节。近年来历史学专业与社会工作专业本科生升研率都在 40%以上，历史专业 2001 届考取研究生为41.4%，2002 届为 47.8%，2003 届为 42.6%，2004 届为 41.74%，2005届为 40.74%，2006 届为 41.2%，2007 届为 47.7%；社会工作专业首届毕业生升研率为 45.6%。本科毕业生的学士学位授予率在 90%以上。我院毕业生就业率 2004 年达到 93.94%，2005 年达到 100%，2006 年达到 89.37%。我院毕业生在走上工作岗位后表现出基础扎实、社会适应能力较强等特点，受到用人单位的广泛好评。到中学任教的毕业生多已成为教师队伍的骨干，有的成为了省级教学能手。到其他岗位就业的毕业生也取得了出色的业绩，受到社会的好评。通过考研继续升学的学生在学习与工作中也屡创佳绩。有多人考取了博士生。我院毕业生李军因其优异的外语与专业课成绩，在美国总统克林顿访华时作为其翻译，引起媒介的广泛关注。我院毕业生李玉尚，在本科毕业后考取复旦大学硕士生、博士生，其毕业论文获全国百篇优秀博士论文。

3.2 教学改革（人才培养方案、管理制度、课程与教材建设、实践教学、学习效果评价方式等方面内容）

（一）人才培养方案

本专业的人才培养方案一直是按照教育部专业培养目录规定的目标和规格严格制定的，并且力求体现其科学性和创造性，从社会需要出发，坚持以人为本，注重知识、能力、素质的协调性，重视学生实践能力和创新能力的培养。从 2003 年学校实行学分制以来，重新调整了教学计划，加大了学生自主选课的力度。今后修改调整的重点是：（1）适应基础教育课程改革，进行相应的课程体系调整，增加选修课，增加历史研究性学习等课程；（2）突出创新能力与实践能力的培养，更加重视毕业论文、实习等环节，落实"史料阅读→学术动态→小论文→毕业论文"的"四步式学习法"；（3）适应学分制改革要求，加强综合性课程的开发，为实现在历史专业、人文教育专业等范围内选专业、选课程奠定基础。

（二）管理制度

我院有由党政负责人、教研室主任组成的教学委员会，定期召开会议，讨论教学问题；党政一把手重视教学工作，注意定期听课等；有 1 名副院长分管教学，具体负责历史专业教学方案的制定与实施等；每年出席全国、华东地区和山东历史系系主任联席会，与全国同行交流历史专业办学经验，提高管理水平。今后要在管理手段现代化、教研室活动经常化、教学档案规范化方面加大力度，并继续完善教学会议制度、院领导定期听课制度等基本制度，加强在教学管理方面的对外交流力度，不断提高办学水平。

（三）课程与教材建设

学院把课程建设视为教学基本建设的基础与关键，一直高度重视课程建设，在课程体系改革方面与课程建设方面取得了较显著的成效。现有省级教改试点课程 1 门——中国古代史，已于 2005 年通过鉴定获得好评。有省级精品课程 3 门，分别是由李炳泉任课程负责人的中国古代史，由赵慧峰任课程负责人的中国近代史，由俞祖华任课程负责人的中国现代史。中国古代史、中国现代史分别于 2005 年与 2006、

2007年由山东省推荐参加国家级精品课程评选。有校级优质课程2门。
重视教材选用与教材建设。教材是体现教学内容与教学方法的载体，
是确保人才培养质量的关键。我院注意选用如"面向21世纪课程教
材"、"九五""十五""十一五"国家重点教材、高等教育出版社出版
的教材、获得省级以上奖励的教材和新近出版的教材。学院还鼓励由
本院教师自编高质量的教材，由俞祖华任分卷主编的《中国通史教
程·现代卷》（山东大学出版社1999年、2001年、2004年版）及配套
的《中国通史教程教学参考·现代卷》已被全国150多所高校采用，
包括该教材的两门通史共6本教材曾以整体获得过省级教学成果一等
奖、国家级教学成果二等奖。其他由我院教师担任主编的教材还有俞
祖华等主编的《中国现代政治思想史》（山东大学出版社1999年）、林
治理主编的《中国民主党派史》、李炳泉主编的《中国史学史纲》等。
修订出版俞祖华等主编的《中国现代政治思想史》教材。编写出版《中
华民族精神概论》教材。

（四）实践教学

1. 教学条件和教学手段现代化建设

已建成计算机辅助语文教育实验室和中文信息处理实验室，正在
建设办公自动化模拟实验室，建有自己的教学局域网，积极开展网络
教学，做到课课有网站，课课有课程教学软件包，教师人人有自己的
教学网点，人人有公开的教学邮箱，建立电子化教学体系，搞好课堂
延伸、教师延伸和网络考试等工作。

2. 实习基地建设

在曲阜、威海等地建立了稳定的历史学专业实习基地。

在各地中学进一步增加一些教学实习基地。

3. 图书资料

依托省级重点学科专门史与硕士学位点，突出专业特色方向资料
建设，使我院藏书增加到13万册。

（五）学习效果评价

通过学生网上评教、同行互相评教、督导组评教、外请专家评教
等多种方式相结合，对教学效果做出客观评价，促进教学改革。

四、建设保障

4.1 学校的支持保障措施

历史学专业是我校历史与社会学院的主干专业，也是学校特色专业和山东省省级特色专业，2007 年被列入中国大学排行榜历史学 50 强。学校一直积极支持本专业的建设，今后也将在政策、经费和制度上予以最大可能的支持。

（一）政策倾斜

学校积极支持该专业改善办学条件，加强师资队伍建设，对人才引进工作采取灵活政策；在教改立项、课程建设、教材建设、师资培训等方面予以优先考虑；重点扶持该专业加强与产业、行业的联系与合作，进一步加强实习基地建设。

（二）经费支持

本专业教师目前承担了 10 余项校级以上教学改革项目，经费达 10 余万元；承担国家社会科学基金、省社科、省教育厅、校基金等科研项目 20 余项，经费达 80 余万元，这些经费将成为本专业建设的重要保障。该专业 2006 年、2008 年相继被评为学校特色专业和省级特色专业建设对象。为了鼓励专业建设，学校对校级特色专业提供 10 万元专项经费；对省级特色专业，在省拨经费基础上，学校追加 10 万元建设经费；对国家级特色专业建设点，学校将进一步追加建设经费，主要用于师资队伍建设、课程与教材建设、实践教学、教学改革与研究、图书资料建设、网络等方面。

（三）制度保障

学校将按照学校有关文件规定以及省教育厅、教育部等相关要求，依照《高等学校特色专业建设点任务书》，对专业建设进行督促检查，确保按期高质量完成特色专业建设任务。

4.2 经费预算表

序号	支出科目 (含配套经费)	金额 (元)	计算根据及理由
1	教学条件现代化建设	150000	本院教学条件需进一步改善。
2	课程建设	250000	现在建3门省级精品课程，拟再建至少1门省级精品课程，需要经费支持。
3	特色教材建设	100000	根据特色专业的需要，要求结合教学实践和经验自编一些教材。
4	图书、网络资料建设	200000	学校图书馆以及本院资料室需更充分地满足教学、科研需求。
5	教学团队建设	250000	现在建中国近现代史省级教学团队，拟再建1个教学团队。
6	专家论证费、聘请名师讲座	50000	完善培养方案等需专家论证。
7	会议费、材料费	50000	召开教学改革研讨会等。
合计		1050000	

五、学校学术委员会意见

历史学专业始建于1989年，是我校强化建设专业，2006年、2008年相继被评为校级特色专业、省级特色专业。2007年被列入中国大学排行榜历史学50强。长期以来，该专业坚持先进的教育教学理念，转变教育观念，深化教学改革，不断适应教师教育和社会发展的需要，专业建设取得显著成效。现拥有1个省级教学团队，3门省级精品课，精品课数量在全省同专业中位居前列；有1名全国优秀教师、1名省级教学名师、1名校级教学名师。该专业积极开展科学研究，组织教师撰写学术论文，出版学术专著，取得了较高水平的研究成果。该专业注重办学模式的改革、创新专业课程的设置与建设，重视学生综合素质、实践能力和创新能力的培养，为我省特别是鲁东地区基础教育事业做出了突出贡献。

本任务书思路清晰，目标明确，具有可操作性；有良好地调动教师和管理人员积极参与专业建设的机制和措施，经费有保障，成果具有明显的创新性和先进性。

经学校学术委员会审核，认为方案合理、可行，建议批准实施。

（盖 章）　　　主任签字：

2009 年 6 月 10 日

六、学校审核、推荐意见

同意学校学术委员会审核意见，建议批准实施。

（盖 章）　　　学校领导签字：

2009 年 6 月 10 日

七、学校主管部门意见

（盖 章）

年　月　日

鲁东大学中国近现代史国家级教学团队简介

中国近现代史教学团队以历史文化学院中国近现代史教研室为基础组建，2007年获批省级教学团队，2010年入选国家级教学团队。所属历史学专业为国家级特色专业。负责中国近代史、中国现代史等课程的教学任务。团队也是国内有一定影响的科研创新团队，以"中国近现代史史料学研究所"、"中国近现代思潮与中华民族精神创新团队"的组织形式进行攻关。挂靠我校的国家级学会中国近现代史史料学学会是团队对外交流的重要渠道。

团队负责人俞祖华教授，1997年被评为省级学术骨干，2007年被评为山东省教学名师，2008年被批准为享受国务院特殊津贴专家。团队现共有11名成员，另聘请兼职教授1名，有享受国务院特殊津贴专家2人（1人为兼职），全国优秀教师1人，山东省有突出贡献的中青年专家1人，山东省教学名师2人，省级学术骨干2人，有教授5人、副教授5人。

团队重视课程建设，"中国近代史"、"中国现代史"于2005、2006年被评为省级精品课程，"中国现代史"还被山东省推荐参加国家级精品课程评选。

团队重视教材建设，出版了《中国通史教程·现代卷》、《中国现代政治思想史》等。《中国通史教程·现代卷》与其他5本通史教材一起获得过省级教学成果一等奖、国家级教学成果二等奖，已被全国150多所高校采用，2009年新版入选国家级"十一五规划教材"。

团队重视教学改革，承担过省级教改与教学研究课题6项。获得过省级教学成果一等奖1项、二等奖2项、三等奖1项，校级教学成果一等奖2项。2009年，《以教学团队精品课程与教学方式为重点，推进历史学专业改革与建设》，获省教学成果一等奖；2005年，《历史研究性学习：基础教育新课程与高师历史专业教学改革》获省优秀教学成果二等奖；2001 年，《强化"两个空间" 凸现"三个途径"——〈中国通史·近现代史〉教材与教学改革》获省优秀教学成果三等奖；2009 年，《从史学动态教学入手引导研究生实施"创新型研究性学习"》获山东省研究生教学成果二等奖。

团队重视进行学术研究，并注意将科研成果及时转换为教学内容。团队成员承担过国家社会科学基金项目 1 项、教育部课题 2 项、省重点文化工程项目 1 项、省社会科学规划项目 6 项；获得中国图书奖 1 项，省社会科学优秀成果一等奖 1 项、二等奖 2 项、三等奖 8 项，省"精品工程"奖 2 项；出版著作多部，《中国社会科学》、《光明日报》等权威报刊发表书评对《全国各级文史资料篇名索引》、《深沉的民族反省》、《中华民族精神论》、《中华民族精神新论》等著作给予了好评；发表论文多篇，《新华文摘》全文转载 5 篇、摘要 4 篇，"人大复印资料"全文复印30 余篇。

团队重视教学资料与学术资料的建设。资料室藏书 12 万册，其中，大型丛书有台湾出版的"近代中国史料丛刊"、上海书店出版的"中华民国丛书"、《山东通志》等；另藏有上世纪 60 年代以来全国党、政、军、统、群 5 大系统，县以上史志编写研究机构编印或出版的、数达 10 万册约百亿字的中国史志类 3 大书刊资料（党史资料、文史资料、史志资料）。

附：2010 年国家级教学团队推荐表（本科）

学科门类（二级类）：历史学类

2010 年国家级教学团队推荐表

（本科）

团队名称：　中国近现代史教学团队

团队带头人：　俞祖华

所在院校：　鲁东大学

推荐部门：　山东省教育厅

教育部高等教育司制

二〇一〇年一月

填 表 说 明

    1. 本表用钢笔填写，也可直接打印，不要以剪贴代填。字迹要求清楚、工整。

    2. 推荐表由推荐部门通知拟推荐的教学团队填写。所填内容必须真实、可靠，如发现虚假信息，将取消该团队参评国家级教学团队的资格。

    3. 表格中所涉及的项目、奖励、教材，截止时间是 2009 年 12 月 31 日。

    4. 如表格篇幅不够，可另附纸。

    5. 各级单位意见务必加盖公章，否则推荐无效。

一、团队基本情况简介

　　鲁东大学中国近现代史教学团队以历史文化学院中国近现代史教研室为基础组建，主要负责中国近代史、中国现代史、中华人民共和国史、中国近现代史纲要等基础课与中国近现代社会史、中国近现代思想史、中国民主党派史、晚清政治史、北洋军阀史等选修课的教学任务。有专门史1个省级重点学科，有专门史、中国近现代史、马克思主义发展史、历史教学论等4个硕士点，可作为中国近现代史本科教学的支持和建设平台。该教学团队同时又是在国内外有一定影响的科研创新团队，以"中国近现代史史料学研究所"、"中国近现代思潮与中华民族精神创新团队"的组织形式进行科研攻关。李永璞教授曾在教研室从事中国近现代史教学与研究。由他任法人代表的国家级学会中国近现代史史料学学会于1992年4月28日经业务主管部门原国家教育委员会（教办〔1992〕21号文件）批复同意成立，6月27日民政部准予登记注册（社会团体登记证第1065号、新登记证书第4294号），学会接受中华人民共和国教育部、民政部的业务指导和监督管理，挂靠鲁东大学。团队现共有11名成员，另聘请兼职教授1名，有享受国务院特殊津贴专家2人（1人为兼职），全国优秀教师1人，山东省教学名师1人，省级学术骨干2人，有教授5人，副教授5人，有博士学位人员7人，在职攻读博士学位1人，在岗人员均具有博士、硕士学位。团队成员毕业于北京大学、北京师范大学、东北师范大学、南京大学、复旦大学、南开大学、中国人民大学等高校，多具有名校教育背景，学缘结构佳。60岁以上1名，50岁以上2名，40—49岁8名，30—39岁1名。是一个学历、职称、年龄、学缘结构合理，合作精神优良的教学团队。

　　团队负责人俞祖华教授，1997年被评为省级学术骨干，2005年被确定为烟台市首批有突出贡献的中青年专家，2007年被评为山东省教学名师，2008年被批准为享受国务院特殊津贴专家，是国家级特色专业建设点历史学负责人、国家级获奖与规划教材的主编（《中国通史教程·现代卷》分卷主编（包括该书在内的通史系列教材第1版于2001年获国家级教学成果二等奖，2009年出版的第四版被批准为国家"十一五"规划教材）、国家级学会负责人之一（中国近现代史史料学学会副会长）。他还是省级精品课程中国现代史的负责人、省级精品课程中国近代史的主要成员（第二位），是省重点学科专门史（文化史）负责人，是专门史硕士点与马克思主义发展史硕士点的负责人。他教学与学术研究水平较高，主持的项目获得省级教学成果一等奖1项、二等奖1项、三等奖1项，独立完成或以首位作者完成的成果获得省社会科学优秀成果二等奖2项、三等奖4项。出版教材、著作10余部，《中国社会科学》、《光明日报》等权威报刊发表书评对其《深沉的民族反省——中国近代改造国民性思潮研究》、《中华民族精神论》、《中华民族精神新论》等著作给予了好评；在《光明日报》、《北京师范大学学报》等刊物发表论文80多篇，《新华文摘》全文转载3篇、摘要4篇，"人大复印资料"全文复印20余篇，《高等学校文科学术文摘》摘要5篇，其他反响多处。在《历史教学》、《教学与研究》等书刊发表教学研究论文近10篇。兼职有中国社科院中国近代思想史研究中心理事、省社会科学规划小组专家组成员、省社会科学优秀成果评选委员会评委、中国近现代史料研究会副会长、省历史学会副会长、烟台市政协常委等。

团队成员有赵慧峰、林治理、刘兰昌、李存朴、李丽、侯风云、杨焕鹏、胡瑞琴、王海鹏等。赵慧峰教授是山东省省级学术骨干，烟台市有突出贡献的中青年专家，是省级精品课程中国近代史的课程负责人、省级精品课程中国现代史的主要成员（第二位）、中国近代现代史硕士点负责人。她教学与学术水平高，是鲁东大学教学名师，出版著作10余部，发表论文50多篇，获省级优秀社会科学研究成果二等奖1项、三等奖3项，获省教学成果一等奖1项（第二位）、二等奖1项（第一位）。林治理教授是全国优秀教师，主要承担中华人民共和国史的教学任务。中华人民共和国史为鲁东大学优质课程。刘兰昌副教授曾被评为鲁东大学教学能手。

团队重视课程建设，中国近代史、中国现代史于2005、2006年被评为省级精品课程，中国现代史还被山东省推荐参加国家级精品课程评选，中华人民共和国史为校级优秀课程。

团队重视教材建设，主编出版了《中国通史教程·现代卷》（山东大学出版社 1999、2001、2004、2009 年版）、《中国通史教程教学参考·现代卷》（山东大学出版社 2005 年版）、《中国现代政治思想史》（山东大学出版社 1999 年第 1 版、2009 年第 2 版）、《中国民主党派史》（江西人民出版社 1996 年版）等。《中国通史教程·现代卷》与由齐涛教授任总主编的其他 5 本中国通史、世界通史教程一起，获省级教学成果一等奖、国家级教学成果二等奖，该教材已被全国 150 多所高校采用，该教材 2009 年新版入选国家级"十一五规划教材"。

团队重视教学改革，承担过省级教改与教学研究课题 6 项，校级教改课题 6 项。获省级教学成果一等奖 1 项、二等奖 2 项、三等奖 1 项，校级教学成果一等奖 2 项、三等奖 6 项。获得的省级教学成果奖为：2009 年俞祖华等完成的《以教学团队精品课程与教学方式为重点，推进历史学专业改革与建设》获省教学成果一等奖；2005 年俞祖华等完成的《历史研究性学习：基础教育新课程与高师历史专业教学改革》获省优秀教学成果二等奖；2001 年俞祖华等完成的《强化"两个空间"凸现"三个途径"——〈中国通史·近现代史〉教材与教学改革》，获省优秀教学成果三等奖；2009 年赵慧峰等完成的《从史学动态教学入手引导研究生实施"创新型研究性学习"》获省研究生教学成果二等奖。团队成员在《历史教学》、《历史教学问题》、《教学与研究》等期刊发表了《高中历史研究性学习问题综述》、《试析历史教学方式及其转变》、《从"忽略"到"重视"——对"过程与方法"目标的一点看法》、《本科高校教学团队建设的理论与实践探索》等多篇教学研究论文。

团队重视学术研究，并注意将科研成果及时转化为教学内容。团队成员承担过教育部课题 2 项、省重点文化工程项目 1 项、省社会科学规划项目 6 项；获得中国图书奖 1 项，省社会科学优秀成果二等奖 2 项、三等奖 8 项，省"精品工程"奖 2 项；出版了《全国各级文史资料篇名索引》（李永璞主编，共 5 分册）、《深沉的民族反省——中国近代改造国民性思潮研究》、《中华民族精神论》、《中华民族精神新论》、《近代转型社会中的集团与人物》、《二十世纪五十年代末中国共产党对农业问题的认识与探索》、《扰动文化的逆流》等著作。

团队重视教学资料与学术资料的建设。学科资料室、学会资料室藏书12万册，其中，大型丛书有台湾出版的"近代中国史料丛刊"、上海书店出版的"中华民国丛书"、《山东通志》等；另藏有上世纪60年代以来全国党、政、军、统、群5大系统，县以上（含县级）史志编研机构编印或出版的、数达10万册（集、辑、期）约百亿字的中国史志类3大书刊资料（党史资料、文史资料、史志资料）。

中国近现代史教学团队建设在历史学专业建设中发挥了重要作用。我校历史学专业于2008年被批准为山东省省级特色专业，于2009年被批准为国家级特色专业建设点。

二、团队成员情况

1. 带头人情况

姓 名	俞祖华	出生年月	1964.5	参加工作时间	1988.6
政治面貌	中国民主同盟	民 族	汉族	性 别	男
最终学历（学位）	研究生、硕士学位（现在职攻读博士学位）	授予单位	北京师范大学	授予时间	1988.6
高校教龄	23	专业技术职务	教授	行政职务	院长
联系地址、邮编	鲁东大学历史文化学院，264025				
办公电话	(0535)6695460	移动电话	13220936539		
电子邮件地址	Yuzhh64@163.com				

获奖情况（省部级以上）

综合性荣誉：

（1）2008 年被批准为享受国务院特殊津贴专家；

（2）2009 年批准的国家级特色专业"历史学"的专业负责人；

（3）2007 年被评为省级教学名师。

获省级教学成果奖四项（一等奖 1 项、二等奖 2 项、三等奖 1 项）：

（1）2009 年，《以教学团队精品课程与教学方式为重点，推进历史学专业改革与建设》获山东省优秀教学成果一等奖，第一位；

（2）2009 年，《从史学动态教学入手引导研究生实施"创新型研究性学习"》获省研究生教学成果二等奖，第二位；

（3）2005 年，《历史研究性学习：基础教育新课程与高师历史专业教学改革》获山东省优秀教学成果二等奖，第一位；

（4）2001 年，《强化"两个空间" 凸现"三个途径"——〈中国通史 · 近现代史〉教材与教学改革》获山东省优秀教学成果三等奖，第一位。

另有合作成果《高等学校历史专业主干课程的改革与创新》于 2001 年获得国家级教学成果二等奖。

获省级精品课程两门：

（1）"中国现代史" 2006 年被评为省级精品课程（第一位）；

（2）"中国近代史" 2005 年被评为省级精品课程（第二位）。

独立完成或首位完成的成果获山东省优秀社会科学成果二等奖 2 项、三等奖 4 项、省"精品工程奖" 1 项、省软科学优秀成果三等奖 1 项：

（1）《近代启蒙思想家对儒学的批判与认同》，1997 年获山东省社会科学优秀成果二等奖；

（2）《中华民族精神新论》，2007 年获山东省社会科学优秀成果二等奖、省软科学优秀成果三等奖、省"精品工程奖"；

（3）《深沉的民族反省》，1998 年获山东省社会科学优秀成果三等奖；

（4）《近代民族主义的类型、结构及主导价值》，2002 年获山东省社会科学优秀成果三等奖；

（5）《论文化保守主义思潮的两次转向》，2006 年获山东省社会科学优秀成果三等奖；

（6）《略论近代中国的民族反省》，2009 年获山东省社会科学优秀成果三等奖。

另有合作成果《中华民族精神论》于 2000 年获中国图书奖；《本土视野与基督教研究》（第二位）、《大学道德概论》（第三位）获山东省社会科学优秀成果三等奖。

主要学习、工作简历		
起止时间	学习工作单位	所学专业/所从事学科领域
1981.9—1985.7	北京师范大学本科	历史
1985.9—1988.6	北京师范大学研究生	中国近现代史
1988.6—	鲁东大学历史文化学院（原烟台师范学院历史系）	中国近现代史

2. 成员情况：成员人数 ___11___（不含兼职）

姓 名	赵慧峰	年 龄	47	参加工作时间	1984
最终学历(学位)	研究生、硕士	专 业	中国近现代史	高校教龄	27
职 称	教授	职 务	文科学报主编、教研室主任		
姓 名	林治理	年 龄	64	参加工作时间	1981
最终学历(学位)	本科、学士	专 业	中国近现代史	高校教龄	30
职 称	教授	职 务			
姓 名	刘兰昌	年 龄	46	参加工作时间	1989
最终学历(学位)	研究生、博士	专 业	中国近现代史	高校教龄	22
职 称	副教授	职 务			

姓　名	曹希龄	年　龄	48	参加工作时间	1987
最终学历(学位)	研究生、硕士	专　业	中国近现代史	高校教龄	24
职　称	教授	职　务			
姓　名	李存朴	年　龄	46	参加工作时间	1990
最终学历(学位)	研究生、博士	专　业	中国近现代史	高校教龄	23
职　称	副教授	职　务			
姓　名	侯风云	年　龄	43	参加工作时间	1991
最终学历(学位)	研究生、博士	专　业	中国近现代史	高校教龄	17
职　称	副教授	职　务			
姓　名	杨焕鹏	年　龄	35	参加工作时间	2004
最终学历(学位)	研究生、博士	专　业	中国近现代史	高校教龄	6
职　称	副教授	职　务			
姓　名	李丽	年　龄	40	参加工作时间	1995
最终学历(学位)	研究生、博士	专　业	中国近现代史	高校教龄	5
职　称	讲师	职　务			
姓　名	王海鹏	年　龄	40	参加工作时间	1990
最终学历(学位)	研究生、硕士	专　业	中国近现代史	高校教龄	4
职　称	讲师	职　务			
姓　名	胡瑞琴	年　龄	41	参加工作时间	1985
最终学历(学位)	研究生、硕士	专　业	中国近现代史	高校教龄	18
职　称	副教授	职　务			

三、教学情况

1. 主要授课情况（2005 年以来）

课程名称	授课人	起止时间	总课时
中国现代史	俞祖华、杨焕鹏等	2005—2009	90 课时
中国近代史	赵慧峰、刘兰昌等	2005—2009	90 课时
中华人民共和国史	林治理、付庆敏等	2005—2009	72 课时
中华民族精神论	俞祖华等	2005—2009	36 课时
中国近代社会生活史	刘兰昌等	2005—2009	36 课时

2. 教材建设情况（主要教材的编写和使用情况）

教材名称	作者	出版社	出版年	入选规划或获奖情况
中国通史教程·现代卷（第 4 版）	俞祖华分卷主编（齐涛总主编）	山东大学出版社	2009	入选国家级"十一五"规划教材
中国通史教程·现代卷（第 1、2、3 版）	俞祖华分卷主编（齐涛总主编）	山东大学出版社	1999、2001、2004	2001 年获国家教学成果二等奖、省教学成果一等奖
中国通史教程教学参考·现代卷（第二版）	俞祖华分卷主编（齐涛总主编）	山东大学出版社	2005	
中国现代政治思想史	俞祖华等	山东大学出版社	1999	
中华民族精神论	赵慧峰、俞祖华等	泰山出版社	1998	2000 年获第五届中国图书奖
中华民族精神新论	俞祖华、赵慧峰	山东大学出版社	2005	2007 年获省社会科学优秀成果二等奖

教材名称	作者	出版社	出版年	入选规划或获奖情况
中国民主党派史	林治理、俞祖华	江西人民出版社	1996	
中国通史教程·近代卷（第一、二、三版）	赵慧峰参编（齐涛总主编、郭大松分卷主编）	山东大学出版社	1999、2001、2004	2001 年国家教学成果二等奖、省教学成果一等奖
中国通史教程·近代卷（第四版）	赵慧峰参编（齐涛总主编、郭大松分卷主编）	山东大学出版社	2008	入选国家级"十一五"规划教材
中国现代政治思想史（第二版）	俞祖华、赵慧峰主编	山东大学出版社	2009	

3. 教学成果获奖情况

项目名称	奖励名称	奖励级别	时间
高等学校历史专业主干课程的改革与创新（《中国通史教程·现代卷》为系列教材 6 本中的一本）	国家级教学成果奖	二等奖	2001
以教学团队精品课程与教学方式为重点，推进历史学专业改革与建设	省级教学成果奖	一等奖	2009
从史学动态教学入手引导研究生实施"创新型研究性学习"	省级教学成果奖	二等奖	2009
历史研究性学习：基础教育新课程与高师历史专业教学改革	省教学成果奖	二等奖	2005
强化"两个空间" 凸现"三个途径"——《中国通史·近现代史》教材与教学改革	省教学成果奖	三等奖	2001

4. 教学改革项目（省部级以上、2000 年以来，如精品课程、教学基地等，限 15 项）

项目名称	经费	项目来源	起止时间
国家级特色专业建设点"历史学"	20万(校匹配20万)	教育部、财政部	2009—2013
省级特色专业"历史学"	20万(校匹配20万)	山东省教育厅	2008—2012
中国近现代史省级教学团队	3万	省教育厅批准、校匹配	2007
省级精品课程"中国近代史"	6万	省拨、校匹配	2005—2010
省级精品课程"中国现代史"	6万	省拨、校匹配	2006—2011
历史专业课教学改革深化研究	0.5万	省教育厅	2004
基础教育新课改与高师历史教学改革	0.4万	省教育科学规划项目	2004—2005
"基本能力测试"学科关联度研究	1万	省教育科学规划项目	2009—2011
科举考试中的自考性质研究	1万	省教育科学规划项目	2009—2011
教学型高校历史专业教学团队整合与建设的探索与实践	1万	省级教改项目、校匹配	2009—2011
从学术动态教学入手，引导学生进入研究性学习状态	3万	省研究生创新项目	2009—2011
文化阻滞力系统研究及对策分析	2万	省研究生创新项目	2008—2010

5. 教学改革特色（团队设置特色，切实可行的创新性改革措施、实验教学或实践性教学、资源建设、网络教学等）

> 团队设置特色。师资力量强，团队带头人与主要成员学术水平与教学水平高，团队具有兼具教学团队与创新团队的"一体两面"性质。有国务院特殊津贴专家 1 名、全国优秀教师 1 名、省级教学名师 1 名、烟台市"突出贡献专家" 2 名、校教学名师 1 名、校级教学能手 1 名，

省级学术骨干 2 名。团队成员近年来共承担省社科规划项目 6 项、省教育科学规划项目 3 项，获得省级优秀教学成果一等奖 1 项、二等奖 2 项、三等奖 1 项，获得中国图书奖 1 项，获得省级优秀社会科学成果二等奖 2 项、三等奖 8 项。

专业特色。团队带头人同时为历史学专业负责人。鲁东大学历史专业有较强的办学实力与潜力，有专门史、中国近现代史、历史文献学、世界史、历史教学论与马克思主义发展史等 6 个硕士点，1 个省级重点学科，被列入了中国大学排行榜历史学 50 强。历史学专业于 2008 年被批准为山东省省级特色专业，于 2009 年被批准为国家级特色专业建设点。

课程特色。团队成员承担了历史专业 3 门基础课与多门选修课的教学。团队重视课程建设，有省级精品课程 2 门：中国近代史于 2005 年被评为省级精品课程，中国现代史于 2006 年被评为省级精品课程，还被推荐参加国家级精品课程评选。另有中华人民共和国史为校优质课程。

创新性改革措施。（1）重视教学团队建设。培育或引入校内外名师资源，建设高水平高绩效教学团队，发挥好教师在教学过程中的主导作用。团队负责人于 2007 年被批准为省级教学名师；"中国近现代史教学团队"被批准为省级教学团队。（2）重视教学模式、教学方式的改革。倡导"通过读书从书本获取知识，通过网络从电子媒体获取知识，通过实践从社会获取知识"的三个途径，并为此建立了电子阅览室，创办了学生期刊《读史辑刊》。以充分发挥学生主体作用为目标，引导体现"研究性、实践型、互动式、社会化"特点的学习方式，对接新课程理念，并努力探索与这种学习方式相适应的教学方式，着重发展师生多元互动模式，教师由"知识传递者"向"学生学习的引导者"转变，形成师生相互启发、共同研究问题、共同探寻历史结论、共同切磋教学技能的局面。（3）重视教材改革与建设。《中国通史教程·现代卷》"重在体现研究性学习与能力培养的主旨，试图做到给教师留下发挥的空间，给学生留下思考的空间"，并建立了定期更新机制以及时反映学术界最新进展，该教材已修订过三次，已成为全国有较大影响的教材（由齐涛任总主编的、包括该教材在内的通史教材获得了省教学成果一等奖、国家教学成果二等奖），第四版入选国家级"十一五"规划教材；《中国现代政治思想史》于2009年修订再版。（4）倡导研究性学习。本科阶段形成"史料阅读→撰写研究动态→3 年级学年小论文→4 年级毕业论文"的"四步式研究性学习法"。《历史研究性学习：基础教育新课程与高师历史专业教学改革》于2005年获省优秀教学成果奖二等奖。注意探讨本科阶段历史研究性学习与研究生阶段"创新性历史研究性学习"的联系与区别，《从史学动态教学入手引导研究生实施"创新型研究性学习"》（第二位）于2009年获省研究生教学成果二等奖。

重视网上教学资源建设。中国近代史、中国现代史申报国家级与省级精品课程的有关文件与教学资源已上网。

6. 教学改革成果应用推广情况

教学改革成果包括了多项"国"字、"省"字号项目，理论成果也在全国性期刊发表，因此，成果的应用与辐射范围不仅使我校历史专业学生受益，而且对全校各专业及省内历史专业也有示范性作用，在省外也有一定影响。

（1）中国近代史、中国现代史（中国现代史曾被推荐参加国家级精品课程评选）等2门省级精品课程课程资源全部上网，在全省乃至省外有示范效应。

（2）《中国通史教程·近代卷》、《中国通史教程·现代卷》被全国150多所高校采用，并被批准为国家级"十一五"规划教材；《中国通史教程教学参考·现代卷》被省内外20多所高校采用，《中国现代政治思想史》也被多所高校采用为教材；《中国通史教程·现代卷》曾与其他5本教材一起作为整体获得国家级教学成果二等奖、省级教学成果一等奖。

（3）中国近现代史省级教学团队的做法、经验及教学建设在全校有示范作用，在全省历史专业有一定的影响。

（4）发表的理论成果《让"死学"变成浇灌两个文明之花的活水——历史教学改革探索》（《中国大学教学》2004年第6期）、《高中历史研究性学习问题综述》(《历史教学》2004 年第 5 期)、《基础教育实施课程标准对高师历史教学的挑战》(《烟台师范学院学报》2004 年第 1 期)、《中学历史课程标准研究述评》(《济南教育学院学报》2004 年第 2 期)、《本科高校教学团队建设的理论与实践探索》(《鲁东大学学报》2008 年第 2 期)、《以新课程与研究性学习理念推进历史教改》、《高校中国古代史课程的几点思考》(《中国成人教育》2005 年第 12 期)、《试析历史教学方式及其转变》(《历史教学问题》2008 年第 4 期)、《论加强高校毕业论文（设计）的实践性》(《教育学刊》2008 年第 5 期)、《从"忽略"到"重视"——对"过程与方法"目标的一点看法》(《历史教学问题》2010 年第 1 期) 等教学研究论文对学术界研究有关教学团队、课程建设与教学方式的教学理论有借鉴与促进作用。

（5）专业建设的各项措施在我校历史专业人才培养中产生了积极的影响。人才培养质量稳中有升。升研率 2006 届为 41.2%，2007 届为 47.7%。本科毕业生的学士学位授予率在 90% 以上。有多篇论文被评为省级优秀毕业论文。毕业生就业率 2006 年达到 89.37%。专业声望与影响力得到提高。在 2007 中国大学"历史学"50 强排行中，我校历史专业名列其中。2008 年，被评为省级特色专业。2009 年被批准为国家级"十一五"特色专业建设点。

7. 教学改革论文（限 10 项）

论文（著）题目	期刊名称、卷次	时间
高中历史研究性学习问题综述	历史教学	2004 年第 5 期
试析历史教学方式及其转变	历史教学问题	2008 年第 4 期
置重"两个空间"，强化"三个途径"	面向二十世纪教学改革论集	中国文联出版社 2001 年
本科高校教学团队建设的理论与实践探索	鲁东大学学报	2008 年第 2 期
论加强高校毕业论文（设计）的实践性	教育学刊	2008 年第 5 期

论文（著）题目	期刊名称、卷次	时间
以新课程与研究性学习理念推进历史教改	以评估促发展全力推进综合大学建设	山东大学出版社 2006 年
从"忽略"到"重视"——对"过程与方法"目标的一点看法	历史教学问题	2010 年第 1 期
"历史教学论"的演进历程	中国成人教育	2006 年第 9 期
"历史教学论"课程改革初探	中国成人教育	2007 年第 6 期
"历史教学论"课程性质述略	世纪桥	2007 年第 4 期

四、培养青年教师、接受教师进修工作

1. 引进优秀青年教师。近两年从复旦大学、北京师范大学、南京大学、中国人民大学新进有博士学位的青年教师 5 名，1 名在职攻读博士学位，1 名教师获得硕士学位，使教师队伍的结构得到了优化与改善。

2. 青年教师入学之初先过教学关，除学校组织的教师技能培训外，还要在上课前先在教研室试讲，并经常组织活动，一起听课、评课，使青年教师通过观摩等形式提高教学水平。

3. 发挥老教师对青年教师的传、帮、带作用。青年教师在老教师指导之下，进行课堂教学、课程建设等活动。省级精品课程中国近代史、中国现代史有来校不久的杨焕鹏、王海鹏等青年教师参加，教改课题与教学成果有胡瑞琴等青年教师参加。

4. 聘请中国社会科学院近代史所研究员、湖南师范大学特聘教授郑大华担任兼职教授，聘请其他著名专家来校讲学，并鼓励青年教师外出出席学术会议，使其不断开阔视野，感受名师风范。近年来曾邀请中共中央党校郭德洪教授、北京师范大学朱汉国教授、社科院学部委员耿云志研究员、中山大学周兴樑教授、中国人民大学黄兴涛教授等来校讲学，中国近现代史教研室的老师随堂听课，借此提高自己的

教学与学术水平。

5．通过"教育硕士·历史"招收在职的高校、中学与教学行政部门管理人员进行进修学习。

五、科研情况

1. 科研项目（限 5 项）

项目名称	经费	项目来源	起止时间
山东半岛滨海城市带：城市史·城市化·近代化	2万	省社会科学规划项目	2001—2006
胶东文化与中华民族精神	2万	省社会科学规划项目	2003—2005
中华民族精神与民族凝聚力研究	3万	省社会科学规划项目	2006—2007
民族主义与中国近代史上的三大思潮	2万	省社会科学规划项目	2008—2009
胶东通史	6万	省重点文化工程项目	2009—2011

2. 科研转化教学情况

科研对教学的促进作用主要体现为：

（1）促进办学条件的改善。学科建设投入的电子阅览室、资料室对全体学生或高年级学生开放，为学生计算机能力的培养、论文写作等提供了有利条件。近年有3篇选题为中国近现代史方面的本科毕业论文被评为省级优秀学士学位论文。

（2）促进教师不断更新教学内容。俞祖华教授在对中国近现代史进行深入研究的基础上主编了《中国通史教程·现代卷》、《中国现代政治思想史》两部教材，《中国通史教程·现代卷》成为全国有影响的教材，《中国现代政治思想史》也已被全国多所高校采用，并被多所高校作为考研指定参考书。俞祖华、赵慧峰教授在中华民族精神领域的研究取得了在全国有较大影响的成果,他们合作的《中华民族精神论》、《中华民族精神新论》曾获得过中国图书奖、省社会科学优秀成果二等奖,他们在对民族精神科学研究的基础上,开设了全校性的公共选修课和历史专业、人文教育专业的专业选修课中华民族精神概论,受到了学生的欢迎与好评,他们正在编写一部关于中华民族精神方面的教材争取近期由高等教育出版社推出。

（3）促进学生的研究性学习。有的学生参与了教师主持的课题,直接受到了创新性能力的培养,如俞祖华教授主持的、获省二等奖的教学成果有历史专业本科毕业的刘虹参加,俞祖华教授主编的《中国现代政治思想史》有历史专业本科毕业的李慧敏同学参加,赵慧峰教授主编的《文化名人与胶东》有历史专业本科毕业的王丽同学参加。实行研究生课程向本科生开放,引导他们进入学术前沿。

（4）研究生课程向本科生开放,促进学生创新能力提高。专门史、中国近现代史硕士点的《中国近代思想文化史专题》等课程向全校本科生开放,促使一部分优秀学生进入学术前沿,并方便其与研究生共同进行创新性探索。

六、团队建设及运行的制度保障

外部支持环境建设。教学团队是一种教学组织形式的创新,是建立现代大学制度的重要尝试,其发展与外部资源支持环境是分不开的。要建立与完善优秀教学团队建设的外部资源支持机制建设,既为其提供硬环境的、物质资源的支持,又为其提供软环境的、政策资源的支持。这种外部支持包括:一是资源支持,包括校院所提供的团队活动的地点、基本条件,教师的培训机会,以及适当的权力下放;二是评价机制与评价体系,即团队外部对整体进行评价的标准和方式;三是激励与约束,包括学校、院根据团队目标的实现程度和团队个人在目标实现中所作出的不同贡献而作出的对团队整体或成员的奖励或约束。我们将努力营造有利于团队建设的外部支持环境,着力做好:（1）争取学校政策支持。学校出台了相关文件,在人员梯队、经费、场所等方面予以大力支持。同时团队要自觉接受学校教务部门的督察、管理。（2）学院的协助。学院把教学团队的建设作为重要工作，建立了职责明确、分工协作的工作机制。加强领导，落实责任。（3）接受上级教育行政部门的管理，并争取其在精品课程建设、教学改革项目立项等方面的支持。

团队内部结构建设。一是教学团队负责人制度建设。中国近现代史教学团队负责人同时为国家级特色专业历史学专业负责人、重点学科负责人、硕士点负责人，可以统筹使用教学资源、学术资源，并具有团结、协作精神和较好的组织、管理和领导能力。二是团队队伍建设。教学团队与创新团队建设并重，以教研室为教学团队的运行组织，以研究所为创新团队的科研平台，实现"一体两面"。以系列课程或专业为建设平台，形成老中青搭配、职称和知识结构合理的团队梯队结构。团队成员在教学技能、教学经验和教研能力方面要有一定的梯队差别，以实现优势互补，共同发展，共同提高。三是提出团队目标。提出作为团队成员共同愿景的团队建设目标是教学团队的"顶层设计"。要贯彻"质量工程"的理念，把提高所承担课程教学质量作为核心目标。四是形成沟通与合作机制。形成团队成员之间通过对话、讨论、集体备课、观摩教学等多种方式，在备课、课堂教学、教学评价、团队规划、教学资源共享等各层次进行沟通与合作的定型做法与团队规范，实现团队中知识、经验、教学资源的共享和增殖。五是倡导和培育团队精神。团队的基本特征是实现集体绩效的目标、积极协同配合、个体或者共同的责任、相互补充的技能，其核心是团队精神。团队精神是团队成员为了团队的共同建设目标、共同利益而相互协作，为提高教学质量共同负起责任，它是优秀教学团队的灵魂与特质，是其成功的基础。我们理解，团队精神的内涵应为：（1）对团队建设目标与核心价值观的认同感。每个成员都理解、赞成与支持团队建设目标。（2）对实现团队目标的责任感。每个团队成员都要有为实现共同目标承担责任的责任意识，都要有自己应当为实现建设目标作贡献的贡献意识。（3）团队成员体认自己是团队的一员的强烈归属感。团队成员都能把个人目标和团队目标结合起来，对团队表现出一种忠诚，对团队的业绩表现出一种荣誉感，对团队的成功表现出一种骄傲，对团队的困境表现出一种忧虑，从而使团队充满凝聚力。（4）为实现"1+1>2"的教师整体素质与人才培养最优绩效，认识到个人与其他成员合作的必要性、愿意合作并善于合作的合作意识。团队成员之间相互容让，相互尊重，相互信任，相互帮助，相互关怀，共同发展，共同提高，利益和成就共享，困难与责任共担。

实行教学团队与创新团队"一体两面"的运行机制。团队成员在进行教学研讨时以"中国近现代史教研室"的形式活动，并与"中国近现代史纲要教研室"进行定期沟通，实现资源整合，实现优质教学资源从专业课向公共课"中国近代史纲要"辐射；在组织科研攻关时以"中国近现代史史料学研究所"的形式进行组织。同时，在对外交流时依托挂靠我校的国家级学会"中国近现代史史料学学会"进行一些学术交流。

实行本科教学团队与相近重点学科、硕士点的统筹管理，将学科优势转换为本科教学优势。中国近现代史教学团队负责人同时为专门史重点学科、专门史硕士点、马克思主义发展史硕士点的负责人，团队主要骨干同时为中国近现代史硕士点负责人。把重点学科建设、硕士点建设更好地与本科教学团队建设结合起来，发挥这些平台对优秀教学人才的吸引作用，对不断改善办学条件的支持作用，对不断更新教学内容的先导作用，对促进学生进行研究性学习的示范作用。

七、团队今后建设计划

团队建设的指导思想是：以提高人才培养质量为着眼点，以引进与培养高水平的教师为基础，以建设全国有影响的高水平教学团队为目标，继续重视课程建设、教材建设与教学资源建设，继续发挥科研对教学的支持作用，继续重视标志性教学成果的培养与转化，不断深化教学改革，不断培育团队的优势与特色，不断提升团队的教学与学术水平。

1.师资建设。引进与培养相结合，大力加强教师队伍的建设。引进的重点是争取进1名高水平的、具有博士学位与正高职称的高层次人才，作为中华人民共和国史的课程负责人，为该课程的精品课建设奠定基础。同时要提高现有人员的学术水平与教学水平，争取使团队带头人与主要成员尽快达到"省突出贡献专家"层次，争取新增1名省级教学名师、1名省级以上人才工程人选。加强对青年教师的教学技能培养，使他们尽快提高教学基本功。还要争取与我校马克思主义学院从事中国近代史纲要教学与研究的教师实现教学资源的整合。尽早将中国近现代史教学团队建设成为国家级教学团队。

2. 课程建设方面。尽快将中华人民共和国史建设成省级精品课程；加大力度，争取将现为省级精品课程的中国近代史、中国现代史尽早建设成国家级精品课程；近期内将不少于2门中国近现代史方面的选修课程建成校级优质课程。

3. 教材建设方面。按照省教育厅领导的统一部署，修订《中国通史教程·现代卷》，使教材体例更加完善，使其能反映学术界最新进展；编写出版《中国通史教程·当代卷》，争取尽快成为国家级规划教材；按照出版社的要求，修订再版《中国现代政治思想史》，今后继续完善，争取使该教材成为国家级规划教材；在《中华民族精神论》、《中华民族精神新论》的基础上，编写适合本科教学的《中华民族精神概论》，争取2010年前后出版，并争取成为国家级规划教材；修订再版《中国民主党派史》。

4. 教学资源建设。加强中国近现代史教学资料建设，购置、尽量配齐重要的教学参考用书。完善相关课程多媒体课件的制作。按照国家级精品课的要求，完成中国近代史、中国现代史的课程网上资源建设，按省级精品课程的要求完成中华人民共和国史的课程网上资源建设。争取建成面向全国的"中国近现代史教学网站"。

5. 标志性教学成果建设。要把教学成果的培育与不断深化教学改革有机结合起来，与不断提升课程建设水平有机结合起来，与编写、修订教材有机结合起来，使教学成果实实在在地贯穿于教学过程。力争在下次教学成果评审中获得国家级教学成果奖励。

6. 提升学术水平，加强科研转换教学能力建设。不断提高团队的学术水平，提高团队科研转换教学的意识与能力，是建设高水平的教学团队的重要保证。团队现为校级A类创新团队，要通过努力使其成为省内一流、国内有影响的科研创新团队，大力开展科学研究，并以科研转换促进教学。建设期内，出版《民族主义与中国近代史上的三大思潮》（俞祖华主持）、《中华民族精神与民族凝聚力研究》（赵慧峰主持）、《近代山东乡村自卫研究》（杨焕鹏主持）、《传教士与近代中国风俗嬗变》（王海鹏主持）等著作，并争取获得多项标志性论文类学术成果。

八、评价、推荐意见

教务部门评价意见

　　该团队于 2007 年被批准为省级教学团队，经过 2 年建设，各方面都有很大进展。团队负责人为享受国务院特殊津贴专家、国家级特色专业负责人、国家级获奖教材与规划教材主编、国家级学会负责人；有很强的师资力量，有享受国务院特殊津贴专家 2 名（兼职 1 名），全国优秀教师 1 名，省级教学名师 1 名，省级学术骨干 2 名，教授 5 名，有博士学位人员 7 名，在岗人员均具有博士、硕士学位；课程建设取得显著成绩，有省级精品课程 2 门，校优秀课程 1 门；重视教材建设，《中国通史教程·现代卷》已被全国 150 多所高校采用，并被批准为国家级"十一五"规划教材，包括该教材在内的通史教材获得过国家级教学成果二等奖，在全国有较大影响；重视教学改革，有四项成果获得省级教学成果奖，其中一等奖 1 项、二等奖 2 项、三等奖 1 项。所在"历史学"专业被批准为国家级特色专业建设点。同意推荐。

（公章）

负责人（签字）　　　　2010 年 3 月 1 日

学科专业：中国古代文学

手机：15066386521

个人电子信箱：zbr57@sohu.com

学校推荐意见

　　同意推荐。

（公章）
校长（签字）李清山　2010 年 3 月 19 日

地方教育行政部门推荐意见

　　同意推荐。

（公章）
负责人（签字）宋承祥　2010 年 3 月 20 日

教学理论探讨与教学实践新探

搭建五个平台，注重四个衔接，推进国家级教学团队与历史学国家级特色专业建设

俞祖华

我校历史专业在"十五"、"十一五"前期实现了省级本科教学质量工程的"全满贯"："中国古代史"、"中国近代史"与"中国现代史"于2004、2005、2006 年获批省级精品课程；中国近现代史教学团队于 2007 年获批省级教学团队；专业负责人于 2007 年获批省级教学名师；历史学专业于 2008 年获批省级特色专业；"国家级十一五规划教材"中国通史教材于 2008 年、2009 年出版；1 项本科类教学成果于 2009 年获批省级教学成果一等奖。在此基础上，我们发起了向国字号教学质量工程项目的冲击，并取得了可喜的成绩：历史学专业于 2009 年 9 月获批国家级特色专业建设点①，中国近现代史教学团队于 2010 年 7 月入选国家级教学团队②。此后，我们理清思路，务求实效，坚持教育教学理念创新与教育教学实践创新的有机结合，扎实推进国家级教学团队与国家级特色专

---

① 《教育部 财政部关于批准第四批高等学校特色专业建设点的通知》（教高函〔2009〕16 号，发布时间：2009 年 9 月 4 日）。

② 《教育部 财政部关于立项建设 2010 年国家级教学团队的通知》（教高函[2010]12 号，发布时间：2010 年 7 月 27 日）。

业两项国字号教学项目建设。

（一）

时代的发展、实践的发展在不断促进教育教学观念的变革，同时教育教学理念创新又推动着教育教学实践的创新。进入新世纪以来，"以人为本"的理念深入人心，它也成了新时期教育教学理念创新的主题与核心。在教育教学领域贯彻"以人为本"，既是针对学生，也是针对教师而言的。正是从这一角度，不久前出任第 18 任清华大学校长的陈吉宁强调要以学生为本，学者为先。他在第一次身为校长的发言里谈到了对大学的理解："大学不仅是传授知识和技能的场所，更是培养人的思想、情感、意志、品质之所在，是铸造灵魂的地方。因此，大学的根本不在'大'，而在'学'，在于学生、学者、学术、学风。"[①]基于此，他提出了自己的四条办学理念：学生为本、学者为先、学术为基、学风为要。

把以人为本的理念贯穿、体现于人才培养与教育教学的全过程，贯穿、体现于专业建设与学科建设，贯穿、体现于教学的建设、改革与管理，要求做到：以提高人才培养质量为出发点与着眼点，以出人才、出名师、出高素质学生为目标；体现学生为本，不断优化提升人才培养的平台与结构，不断充实学科、专业建设的内涵，不断创新人才培养模式、人才培养体系，不断完善课程体系与教学内容体系，不断加强人才培养的实践实训环节，不断培育厚德乐学、善于思考、勤于学习、敢于创新、乐于实践的学风；体现学者为先，重视学术带头人、骨干教师的引进与培养，重视高水平教学团队与创新团队的组织与建设，重视充分发挥学者、教授在学科专业建设与教学管理中的作用，重视弘扬以独立思考、大胆怀疑、善于创新、张扬个性、敢于担当等为重要内涵的学术精神；等等。

依据学者为先的理念，我们坚持团队建设作为学科、专业建设的龙头。根据学科、专业的特点与我校历史学专业教师队伍的现状，近年来我们立足于搭建"五个平台"，旨在打造一支"学高为师，身正为范"，教学水平高、科研能力优、育人意识强，活跃于学术界并在社会上尤其

---

① 周逸梅：《48 岁陈吉宁执掌清华大学》，《人民日报海外版》2012 年 3 月 9 日。

是地方经济文化建设中有广泛影响力的教师队伍、学者队伍。我们的教师团队从教学的角度讲是一支水平高的教学团队，从科研的角度讲是一支能力强的创新团队，从德育的角度讲是一支素质优的史学公共教育团队、文化素质教育团队，从服务地方的角度讲是一支影响大的服务团队，从对外交流的角度讲是一支活动频的学术团队。以团队作为学者队伍建设的载体，以学者带动学生，以学者学术精神示范学生学风，以学术水平拉动教学水平，是落实"以人为本"的关键与重要途径。

下面我们再展开做些说明：

1. 坚持以教学为中心，建设好已获批的中国近现代史省级、国家级教学团队。

中国近现代史教学团队以历史文化学院中国近现代史教研室为基础组建，主要承担中国近代史、中国现代史、中华人民共和国史、中国近现代史纲要等基础课与中国近现代社会史、中国近现代思想史、中国民主党派史、晚清政治史、北洋军阀史等选修课的教学任务，于 2007 年获批省级教学团队，于 2010 年获批为国家级教学团队。团队现共有 11 名成员，另聘请兼职教授 1 名，有享受国务院特殊津贴专家 2 人（1 人为兼职），全国优秀教师 1 人，山东省教学名师 2 人，省级学术骨干 2 人，有教授 5 人，副教授 5 人，有博士学位人员 7 人，在职攻读博士学位 1 人，在岗人员均具有博士、硕士学位。

团队建设之初，提出外部支持环境建设与内部结构建设并重。从外部来说，要努力营造有利于团队建设的外部支持环境，着力做好：（1）争取学校政策支持。学校出台了相关文件，在人员梯队、经费、场所等方面予以大力支持。同时团队要自觉接受学校教务部门的督察、管理。（2）学院的协助。学院把教学团队的建设作为重要工作，建立了职责明确、分工协作的工作机制。加强领导，落实责任。（3）接受上级教育行政部门的管理，并争取其在精品课程建设、教学改革项目立项等方面的支持。团队内部结构建设包括教学团队负责人建设，团队队伍建设，形成沟通与合作机制，倡导和培育团队精神等。

2010 年获批国家级教学团队以来，取得了显著进展。如：《高等院校历史专业教学团队建设的实践与理论探讨》获批为省级教改项目，获3 万元经费支持。在以往发表的《本科高校教学团队建设的理论与实践探索》(《鲁东大学学报》2008 年第 2 期)等文的基础上,又撰写《高等学校本科教学团队问题研究综述》等文,继续围绕教学团队建设等问题进行理论层面的探讨。在教学团队负责人与教学队伍建设方面,团队负责人在 2008 年获批享受国务院特殊津贴专家后,近又获批山东省有突出贡献的中青年专家,赵慧峰教授于 2011 年被评为省级教学名师,近两年还新进了 2 位具有博士学位的青年教师。我们对团队精神的理解、培育与践行也有了提升,我们理解,团队精神的内涵应为:(1)对团队建设目标与核心价值观的认同感。每个成员理解、赞成与支持团队建设目标。(2)对实现团队目标的责任感。每个团队成员都要有为实现共同目标承担责任的责任意识,都要有自己应当为实现建设目标作贡献的贡献意识。(3)团队成员体认自己是团队的一员的强烈归属感。团队成员都能把个人目标和团队目标结合起来,对团队表现出一种忠诚,对团队的业绩表现出一种荣誉感,对团队的成功表现出一种骄傲,对团队的困境表现出一种忧虑,从而使团队充满凝聚力。(4)为实现"1+1>2"的教师整体素质与人才培养最优绩效,认识到个人与其他成员合作的必要性、愿意合作并善于合作的合作意识。团队成员之间相互容让,相互尊重,相互信任,相互帮助,相互关怀,共同发展,共同提高,利益和成就共享,困难与责任共担。

2. 坚持以科研为重点,重视创新团队建设,建设好 2011 年获批的山东省高校人文社会科学研究基地——"中华文化传统与中国现代思想研究基地"。

如果说教学团队建设是高校教学基层组织的一种创新,那么,创新团队就是高校科研基层组织的新型模式,都是对人才队伍建设的新探索。2008 年,"中国近现代思潮与中华民族研究创新团队"获批为校级 A 类创新团队,同时"世界宗教史研究"获批为校级 B 类创新团队。在"中国近现代思潮与中华民族研究校级创新团队"的基础上,经过建设,到 2011 年获批为省高校人文社会科学研究基地——"中华文化传统与中国现代思想研究基地"。

该基地主要研究方向为:(1)传统文化与马克思主义在中国的发展。以传统文化与马克思主义的关系为研究重点,考察马克思主义传播到中国以后如何与中国优秀文化传统相结合、传统文化对中国化的马克思主义的发展产生什么影响等问题。目前承担国家社会科学基金课题"《中国共产党章程》研究"等项目的研究。（2）中华民族精神与中国现代思想。民族精神方面，目前正从事省社会科学规划项目"中华民族精神与中华民族凝聚力研究"、国家社会科学基金重大招标项目"全球化时代中华民族精神的认知与教育对策研究"之子课题"近代中国社会的巨变与中华民族精神的发展与升华"等课题；现代思潮方面，目前正从事教育部人文社会科学一般项目《离合之间——中国三大现代性思潮及其相互关系》、省社会科学规划项目《民族主义与中国近代史上的三大思潮》等项目的研究。（3）胶东地域文化与齐鲁文化、东北亚文化。以胶东地域文化及该区域文化与齐鲁文化、东北亚文化的关系为研究对象，致力于区域文化资源的调研与挖掘，并进行山东半岛蓝色经济区文化资源文化产业的开发研究。

3. 挖掘中华历史文化的德育资源，设立"山东省高校中华民族精神教育研究基地"，在弘扬与培育民族精神、"以高尚的精神塑造人"中发挥积极作用。

民族精神是引导民族前进的精粹思想，是国家综合国力的重要组成部分。十六大报告提出了"弘扬和培育民族精神"的重要课题，将中华民族精神概括为"以爱国主义为核心的团结统一、爱好和平、勤劳勇敢、自强不息的伟大民族精神"，提出把弘扬与培育民族精神纳入国民教育的全过程。专家、学者们也纷纷强调加强民族精神教育的重要意义。李文海先生指出，"随着世界多极化和经济全球化的曲折发展，科技进步的日新月异，各国间综合国力的竞争也就日趋激烈"，"把民族精神看作是综合国力的重要组成部分，正是对综合国力认识的一个意义重大的深化和飞跃"。他提出应该把历史教育、爱国主义教育、民族精神教育作为"学校德育工作的基础和核心内容"[①]。在民族精神教育中，历史学具有很大的优势，正如郑师渠先生所说，"离开了历史教育，所谓民族精神的培育云云，因缺少历史文化认同这一基本承接面，将成为空话"[②]。

我们多年来一直重视以中华优秀文化传统即民族精神作为大学德育教育的重要内容。上个世纪 90 年代，出版了《大学礼仪概论》（山东友

---

① 李文海：《民族精神：综合国力的重要标志》，《人民论坛》2003 年第 1 期。
② 郑师渠：《历史教育与民族精神的弘扬》，《史学史研究》2003 年第 1 期。

谊出版社 1995 年）、《大学道德概论》（山东人民出版社 1997 年）、《中国公民道德礼仪读本》（泰山出版社 2000 年）等，尤其是《中华民族精神论》（泰山出版社 1998 年）于 2000 年获得了中国图书奖。从 90 年代起，我校一直开设了"中华民族精神概论"的全校选修课，该课同时作为历史专业、人文教育专业的专业选修课。2005 年，"以培育民族精神与培养创新能力为重点，充分发挥历史教学在人文素质教育中的作用"获批为校级教改课程。在设立省高校中华民族精神教育研究基地后，我们将与"省高校慈善文化研究基地"统筹考虑，在"实现中国当代历史学家，同时也是整个中华民族的价值目标"中发挥应有作用。

4. 挖掘地域文化资源，争取建立"山东半岛蓝色经济区文化资源与文化产业省软科学研究基地"，发挥在服务地方经济社会发展中的作用，并引导学科发展、专业建设适应地方经济文化发展需求。

胡锦涛在清华大学校庆讲话中指出，"全面提高高等教育质量，必须大力服务经济社会发展"，要求高校"不断增强服务经济社会发展能力"，"自觉参与推动区域协调发展"，"为社会提供形式多样的教育服务"等[①]。对于一个具体的专业、具体的学科来说，服务地方经济社会发展也是一个努力的方向，尽管要考虑到基础学科与应用学科之区别等因素。

我校于 2004 年 7 月成立了胶东文化研究中心，后又于 2011 年初在此基础上成立了胶东文化研究院，致力于挖掘整理、研究传承胶东历史文化。承担过省社会科学规划项目"山东半岛城市群：城市史·城市化·现代化"、"胶东地域文化与中华民族精神"等项目的研究。2005 年在文登主办了"齐鲁文化与全真道国际学术研讨会"，2007 年在栖霞主办了"丘处机与全真道国际学术研讨会"，2008 年在牟平主办了"齐鲁文化与昆嵛山道教国际学术研讨会"，2008 年与联合国泛丝绸之路·系列活动组委会等单位联合在蓬莱主办了"登州与海上丝绸之路国际学术研讨会"，出版了《昆嵛山与全真道》、《丘处机与全真道》、《问道昆嵛山》等三部会议论文集。2005 年出版了"胶东文化研究丛书"9 本，如《胶东文化概要》、《胶东历史上的文化名人》、《文化名人与胶东》等。2007 年出版了《山东半岛与东方海上丝绸之路》等著作。2010 年，刘凤鸣研

---

① 胡锦涛：《在庆祝清华大学建校 100 周年大会上的讲话》，《人民日报》2011 年 4 月 25 日。

究员的《山东半岛与古代中韩关系研究》，王树春教授的《明末清初胶东文化拾遗》等相继出版。今后要与山东半岛蓝色经济区的国家战略密切结合，努力挖掘、研究山东半岛蓝色经济区丰富的陆域文化资源，目前正从事省重点文化工程项目"胶东通史"、省政协组织的"山东区域文化通志·烟台卷"等项目的研究。

5. 广泛开展对外学术交流，以挂靠我校的国家级学会——中国近现代史史料学学会和省历史学会"传统文化与现代化专业委员会"作为展示的窗口与交流的平台。

中国近现代史史料学学会于1992年4月28日经业务主管部门原国家教育委员会（教育部）（教办[1992]21号文件）批复同意成立，6月27日民政部准予登记注册成为由从事中国近现代史志资料征研与教学单位和个人自愿结成的、学术性的、全国性的、非营利性的社会组织。该会接受中华人民共和国教育部、民政部的业务指导和监督管理，挂靠单位为鲁东大学。截止到2010年10月，该学会有单位会员70个（内含个人会员4331人），个人会员525位。另有一个满铁资料研究分会，内含有37个理事单位。学会筹备期间与成立以来，共组织了20次学术讨论会，其中：第一次是学会成立前的中国近现代史史料学学术讨论会，该会于1989年7月在我校举行；第二次学术讨论会于1992年10月在山东省烟台市鲁鹰宾馆举行。学会成立以来，共编辑出版了学会学术会议论文集9集，即第1集（《抗日战争史及史料研究》，南开大学出版社2005年）、第2集（《中国近现代史及史料征集研究》，新疆教育出版社2002年）、第3集（《少数民族史及史料研究》，德宏民族出版社1998年）、第4集（《中外近现代文化研究》，中国社会出版社2004年）、第5集（《中国近现代史史料学国际学术会议论文集》，新华出版社2005年）、第6集（《中国近现代人物史料研究》，中国广播电视出版社2006年）、第7集（《纪念中国人民抗日战争胜利专辑》，世界知识出版社2007年）、第8集（《中国及太平洋抗战及战俘问题研究》，辽宁人民出版社2009年）和第9集（《中国近现代史及史料研究》，社会科学文献出版社2010年）。学会资料室主藏全国各级政协文史资料、全国各级党委党史资料、各级政府地方史志资料等三大史志资料书刊，已入藏约计10万册辑期（含复本），为全国收藏该类书刊之最，也是学会的一大特色，编成了《全国各级政协文史资料篇目索引》（中国文史出版社 1992 年）、《全国各级政协文史资料书刊名录（1960—2008）》（中国书籍出版社 2009 年）等图书。

历史专业近年还主办、承办过多次学术研讨会，如：2006 年 8 月在我校举行的"第二届中国近代思想史国际学术研讨会"；2006 年 10 月，由省世界史专业委员会和我院主办、承办的"山东省第四届世界史学术讨论会"；2011 年 9 月由中国苏联东欧史研究会与我院联合主办的"国家、社会、现代化：中国苏联东欧史研究会 2011 年年会暨世界现代化历史进程研究"等。

（二）

胡锦涛在清华大学百年校庆的讲话中，提出了"大力提升人才培养水平"、"大力增强科学研究能力"、"大力服务经济社会发展"和"大力推进文化传承创新"等 4 项任务。在这 4 项任务中，人才培养更为根本，"高等教育的根本任务是人才培养。要坚持把促进学生健康成长作为学校一切工作的出发点和落脚点，全面贯彻党的教育方针，坚持育人为本、德育为先、能力为重、全面发展"①。学者为先最终要落脚在学生为本。如果高校的学者、学术、学科、学风等优质教育资源远离人才培养，尤其是远离本科教学，这是大学尤其是教学型大学的最大浪费。学生为本，要体现出教育资源的"全面投入"，成长阶段的"全程关注"，素质结构的"全面发展"，教育对象的"全员面向"，使人人成才，人人享受优质教育资源，人人接受系统教育，人人接受持续、一贯的教育以至终身学习，造就信念执著、品德优良、知识丰富、本领过硬的高素质人才。

为了体现学生为本的理念，我们在学科发展、团队建设与专业建设中，注重处理好四个关系，做好"四个衔接"：

1. 注重学科建设与专业建设的衔接，以学科支持专业，以学者引导学生，以学术涵养学风，以学科基地转换为教学实习基地，体现优质教育资源对人才培养、对本科教学的"全面投入"。

学科的立足点是知识，是相对独立的知识体系，是与科学知识体系相联系的学术概念，与重视知识创新的研究生教育对应；而专业的立足

---

① 胡锦涛：《在庆祝清华大学建校 100 周年大会上的讲话》，《人民日报》2011 年 4 月 25 日。

点是人才，是人才培养方案或人才培养计划的基本单位，是与人才培养方案相关的教育管理概念，与重视知识积累与转换的本科教育对应。以产出科研成果为直接目的、对应研究生教育的学科建设与以人才培养为直接目的、对应本科教育的专业建设，有区别，又有联系，相互依存，相互发展。学科是专业的基础，学科建设要自觉树立为专业建设提供服务的意识，自觉把学科资源转换为教学资源，包括把学术名流转换为教学名师，学术队伍转换为师资队伍，学科知识体系转换为教学内容体系，学科研发基地转换为教学实习实训基地等。

我们一直重视处理好科研与教学的关系，处理好学科建设与专业建设的关系，注意以学术涵养学生、以学术水平提高带动教学水平的提升，注意发挥好学术研究对提高教师教学水平、提升学生创新能力的保障、支持与引领作用。历史专业较早注意到对这个方面的探索，《教学与科研相结合，加强历史学专业建设》于1997年获省优秀教学成果二等奖。科研对教学的促进作用主要体现为：（1）创新团队与教学团队建设互相促进，学科建设中的学术队伍建设为培养一支高素质的优秀的师资队伍创造了有利条件，中国近现代史教学团队中的两名省级教学名师同时也是省级学术骨干。（2）促进教师不断更新教学内容。俞祖华教授在对中国近现代史进行深入研究的基础上主编了《中国通史教程·现代卷》、《中国现代政治思想史》两部教材，其中，《中国通史教程·现代卷》曾与其他5本教材一起作为整体获得国家级教学成果二等奖、省级教学成果一等奖，该教材已被全国150余所高校采用，发行量达到了5万册，2009年出版的第4版被列入"国家级十一五规划教材"；《中国现代政治思想史》也已被全国多所高校采用，2009年出版了第2版，被多所高校作为考研指定参考书。俞祖华、赵慧峰教授在中华民族精神领域的研究取得了在全国有较大影响的成果，他们合作的《中华民族精神论》、《中华民族精神新论》曾获得过中国图书奖、省社会科学优秀成果二等奖，他们在对民族精神的科学研究的基础上，开设了全校性的公共选修课和历史专业、人文教育专业的专业选修课"中华民族精神概论"，受到了学生的欢迎与好评。（3）让学生走近大师，接近名师，感受学术氛围，使其眼界更加开阔，见识不断增长。（4）通过参加教师的课题，让学生更好地进入研究性学习的状态。俞祖华教授承担的《历史研究性学习：基础教育新课改与高师历史教学改革》获得了省教学成果二等奖，历史与社会学院毕业的刘虹同学是项目的重要完成人，由刘虹、俞祖华完成的教学研究论文发表在《历史教学》杂志上；历史与社会学院的李慧敏同学参加了教材《中国现代政治思想史》的编写工作，赵慧峰教授主编的《文化名人与胶东》有历史专业本科毕业的王丽同学参加。教师的课题也成为本科毕业论文选题的重要来源。

2. 注重本科教学与基础教育、与研究生教育、与就业创业的衔接，对接基础教育，接轨研究生教育，适应就业创业需求，倡导终身学习观念，实现"上承下接"，体现对学生不同成长阶段的"全程关注"。

由于我校历史专业作为师范专业的特点，我们一直较为关注与中小学教育的对接。基础教育实施新课程改革是我们的关注点之一，发表过《基础教育实施课程标准对高师院校历史教学的挑战》(《烟台师范学院学报》2004 年第 1 期)、《以新课程与研究性学习理念推进历史教改》、《基础教育课程改革对"历史教学论"的影响》(《烟台师范学院学报》2004 年第 3 期)、《试析历史教学方式及其转变》(《历史教学问题》2008 年第 4 期)等研究基础教育新课改的教学研究论文。基础教育阶段实施的研究性学习是我们的又一重要关注点，《历史研究性学习：基础教育新课程与高师历史专业教学改革》于 2005 年获得省级教学成果二等奖。此后，我们继续进行"历史研究性学习"的理论与实践探索，发表了《高中历史研究性学习问题综述》(《历史教学》2004 年第 5 期)等文，指出研究性学习的提出是从基础教育阶段开始的，是基础教育课程体系的结构性突破与新课程改革的一大亮点；基础教育课程改革中提倡研究性学习所取得的成效，促使高校教师进行在大学本科阶段实施研究性学习的思考与探索；主张将研究性学习与高等师范院校的历史专业教学改革有机结合起来，在历史专业本科阶段倡导"历史研究性学习"，其实质是使学生由历史知识的被动接受者转换成自主学习、主动探究的科学研究者，参与课题研究是其基本途径。探索与完善本科阶段"史料阅读→撰写研究动态→3 年级学年小论文→4 年级毕业论文"的历史研究性学习模式具体实现途径；探索教学团队同时为创新团队的教学与科研结合形式，探索科研反哺教学能力建设，并通过让学生参加教师科研课题等形式探索历史研究性学习的其他具体实现途径。我们还重视对高考的研究，承担了

"'基本能力测试'与学科关联度研究"等省教育科学规划课题，参加过高考命题，发表了《清新 轻松 亲和——2008年山东省高考"基本能力测试"试卷总体印象》(《现代教育》2008年第19期)等文。近期我们团队继续关注专业建设与基础教育的对接，发表了《从"忽略"到"重视"——对"过程与方法"目标的一点看法》(《历史教学问题》2010年第1期)等文。

在专业建设接轨研究生教育与适应就业创业需求方面，我们也一直在坚持探索与创新。发表了《从史学动态教学入手引导研究生实施"创新型研究性学习"》(《鲁东大学学报》2008年第4期)等文，对本科阶段"历史研究性学习"与研究生阶段的"创新型研究性学习"进行了比较。与基础教育阶段、本科教育阶段相比，创新教育是研究生培养教育中的重要任务，培养创新型人才的关键在于实现从传统教学模式到研究性学习模式的转变，帮助学生确立一种探索性的学习方式，并在主动获取知识的基础上进行知识创新、理论创新与科技创新。2009年，《从史学动态教学入手引导研究生实施"创新型研究性学习"》获得省首届研究生教学成果二等奖。近年，我们继续探索实现专业建设与学科建设互通、本科生与研究生互动的改革措施。如研究生课程与本科生课程双向开放，即研究生课程向本科生开放与本科生课程向研究生开放，如专门史、中国近现代史硕士点的"中国近代思想文化史专题"等课程向全校本科生开放，促使一部分优秀学生进入学术前沿，并方便其与研究生共同进行创新性探索。

3. 注重理论教学与实践环节、第一课堂与第二课堂的衔接，引导学生德智体美、知情意行的"全面发展"。

高校学生的素质、质量直接关系千家万户，直接关系到人才的整体实力和水平，而其素质、质量既体现在对政治理论与专业基础理论的掌握程度，体现在对科学知识体系的熟悉程度，也体现在或者说更体现在处理实际问题能力、自主创新意识和实践动手能力。因此，如何加强高校大学生综合素质，培养学生实践能力和创新精神，提高毕业生就业能力成了政府关注、家长关心、社会关切的大学教育中的亟待解决的问题。我们在专业建设中本着"把握基础学科的优势，适应应用型需求的挑战"的理念与"优化理论课程，加强实践环节，理论课程增强实效性，实践环节提升理论性，实现理论课程与实践环节双向互动"的思路，做好理论课程与实践环节的衔接。

我们坚持对实现理论教学与实践环节、第一课堂与第二课堂的衔接进行不断的探索。如 2001 年获得省级教学成果三等奖的《强化"两个空间" 凸现"三个途径"》，总结了兼重理论课程与实践环节的"三个途径"，即凸现 "通过导读从书本获取知识，通过调研从实践获取知识，通过网络活动从现代媒体获取知识"；2005 年获得省级教学成果二等奖的《历史研究性学习：基础教育新课程与高师历史专业教学改革》，总结了将专业基础知识、基本理论与专业技能融为一体的本科阶段形成 "史料阅读→撰写研究动态→3 年级学年小论文→4 年级毕业论文"的"四步式历史研究性学习法"；多年中我们坚持的专业学习与师范技能同时贯穿本科阶段四年八学期的"双轨一贯制"，师范技能贯穿八学期的内容有"三字一画"（粉笔字、毛笔字、钢笔字与简笔画）、观摩教学、微格教学、见习与实习等；2009 年修订新版历史专业人才培养方案时提出的两年侧重基础理论、两年面向应用与提高的方向组合选修课的"平台+选修组合"的设计等。

4. 注重规范化管理与个性化培养的衔接，体现"全员面向"的学生个性发展，促进学生在各自的空间遨游思想，在各自的舞台展示风采。

高校教育教学需要处理好规范化与个性化的关系，实现规范化管理之下的个性化人才培养。规范化是高校教育教学的基础性和前提性的要求，而个性化则是高校教育教学更高层次的要求，规范化与个性化的统一是高校教育教学的理想追求。规范化管理本身不是目的，它是维持正常教学秩序，为个性化培养提供良好环境的需要，不能限制教师丰富多彩的教学风格，不能限制学生的个性化发展，应该是人性化、个性化、软性化的规范管理。教学管理不能纠缠于细枝末节，要着眼于大事，如课程体系的构建、教学内容体系的更新、创新意识培养、毕业论文的原创性等，尤其是人文学科应该给教师与学生留足空间。人才培养方案是面向全体学生的，是"面"上，但在教育教学的具体过程中，要尽可能关注每个学生的个性发展，实行"因材施教"。

在实现规范化管理与个性化培养的衔接方面，也一直在做思考与探索。20 世纪 90 年代我们提出过宽松式管理的理念。2001 年获得省级教学成果三等奖的《强化"两个空间" 凸现"三个途径"》，提出了"两个空间"即"给教师授课留下充分的自由发挥的空间，给学生学习留下充分的自由思考的空间"。我们的教学团队建设体现的是一种宽松、宽和、宽容，规范化主要体现在对学风严谨的谨守，个性化主要体现为对学术自由的追求。团队成员相信，大学的魅力在于它是独立思考的天地，自由探索的空间，驰骋想象的世界；它属于校园里的学者，更属于校园里的学生。

（三）

中国近现代史国家级教学团队与历史学国家级特色专业"两项建设"取得了显著的成效。我们在 2009 年申报国家级特色专业建设点时提出了学科、专业建设的四个标志性目标：（1）在实现省级本科教学质量工程"满贯"后，向国字号推进，实现国家级建设项目的突破；（2）获得省级教学与科研成果一等奖；（3）突破硕士点一级学科；（4）突破省级学科建设项目。现在看来，这些目标可以说均已达到。有些方面还超过了我们的预期。

四个标志性目标的实现。一是历史学专业、中国近现代史教学团队于 2009 年、2010 年获批为国家级特色专业建设点、国家级教学团队，分别获得 20 万、30 万元的经费支持，中国近现代史教学团队是我校第一个也是唯一的国家级教学团队。"十二五"期间，国家级精品课程等已不再评审，与历史专业相关的惟余国家级教学名师，难度很大，但仍要争取。二是教学成果《以教学团队精品课程与教学方式为重点，推进历史学专业改革与建设》，科研成果《戊戌思潮：中国三大现代性思潮的共同源头》，于 2009、2011 年分别获得省级教学成果一等奖和省级社会科学优秀成果一等奖。《戊戌思潮：中国三大现代性思潮的共同源头》一文发表后被《新华文摘》、《中国高等院校文科学术文摘》全文转摘，同时被《光明日报》、《北京日报》、《中国社会科学文摘》、《文摘报》、《文史知识》、《中华读书报》等十余家报刊摘要或介绍观点；被"人民网"、"光明网"、"新浪网"等多家网站收录、转载；还被收入纪念戊戌变法 110周年学术会议论文集，且被会议综述作了重点介绍。三是中国史与世界史学科于 2011 年被批准为硕士点一级学科。四是"中华文化传统与中国现代思想研究基地"于 2011 年被批准为省高校人文社会科学研究基地，这也是我校此类项目的率先突破。

超过预期的如人才队伍建设方面新增 1 名省级教学名师，新增 1 名省有突出贡献的中青年专家；在科研项目方面，近三年新上了 5 项国家社会科学基金项目，承担 2 项国家社会科学基金重大招标课题子项目等。我们将加倍努力，为不断提高团队建设水平与专业建设水平、打造名副其实的"国家队"而扎实工作。

（该文刊于《鲁东大学学报》2012 年第 3 期）

"十一五"期间高等学校本科教学质量与教学改革工程"历史类"项目回顾

谭建东　俞祖华

　　为全面贯彻落实科学发展观,切实把高等教育重点放在提高质量上,教育部、财政部于 2007 年决定实施"高等学校本科教学质量与教学改革工程"(以下简称质量工程)。四年来,通过质量工程的实施,高等学校教学质量得到了提高,高等教育规模、结构、质量、效益协调发展和可持续发展的机制基本形成;人才培养模式改革取得突破,学生的实践能力和创新精神显著增强;教师队伍整体素质进一步提高,科技创新和人才培养的结合更加紧密;高等学校管理制度更加健全;高等教育在落实科教兴国和人才强国战略、建设创新型国家、构建社会主义和谐社会中的作用得到更好的发挥,基本适应我国经济社会发展的需要。

　　接下来,我们将以"历史类"为例,着重回顾该工程过去四年间在"国家级精品课程"、"国家级教学团队"以及"高等学校教学名师"等方面所取得的成果以及我们从中获得的启示。

(一)国家级精品课程

　　国家级精品课程是指具有一流教师队伍、一流教学内容、一流教学方法、一流教材、一流教学管理等特点的国家级示范性课程。[①]精品课程建设是高等学校教学质量与教学改革工程的重要组成部分,对于切实推进教育创新,深化教学改革,促进现代信息技术在教学中的应用,共享

[①]《教育部关于启动高等学校教学质量与教学改革工程精品课程建设工作的通知》。

优质教学资源，进一步促进教授上讲台，全面提高教育教学质量，造就数以千万计的专门人才和一大批拔尖创新人才，提升我国高等教育的综合实力和国际竞争能力等方面具有重要意义。

在过去的四年间，各高等学校根据《教育部关于启动高等学校教学质量与教学改革工程精品课程建设工作的通知》的要求，认真规划、精心组织，全面启动了学校精品课程建设工作，并保证了精品课程的可持续发展。各高等学校在建设精品课程过程中，重点围绕以下七个方面的工作进行了部署：

1. 制订科学的建设规划。各高等学校在课程建设全面规划的基础上，根据学校定位与特色合理规划精品课程建设工作，以精品课程建设带动其他课程建设，通过精品课程建设提高了学校的整体教学水平。

2. 切实加强教学队伍建设。精品课程通常由学术造诣较高、具有丰富授课经验的教授主讲。通过精品课程建设逐步形成了一支结构合理、人员稳定、教学水平高、教学效果好的教师梯队，并鼓励博士研究生参加精品课程建设。

3. 重视教学内容和课程体系改革。准确定位精品课程在人才培养过程中的地位和作用，正确处理单门课程建设与系列课程改革的关系。精品课程的教学内容在及时反映本学科领域的最新科技成果的同时，广泛吸收先进的教学经验，积极整合优秀的教改成果，体现出新时期社会、政治、经济、科技的发展对人才培养提出的新要求。

4. 注重使用先进的教学方法和手段。各高等学校通过运用现代信息技术等手段，对传统的教学思想观念、教学方法、教学手段和教学管理进行了改革。此外，学校还通过网络对精品课程进行教学与管理，并鼓励将网络课件、授课录像等上网开放，实现了优质教学资源的共享，带动了其他课程的建设。

5. 重视教材建设。精品课程教材应是系列化的优秀教材。精品课程主讲教师可以自行编写、制作相关教材，也可以选用国家级优秀教材和国外高水平原版教材。鼓励建设一体化设计、多种媒体有机结合的立体化教材。

6. 理论教学与实践教学并重。各高等学校高度重视实验、实习等实践性教学环节，通过实践培养和提高学生的创新能力。大力改革实验教学的形式和内容，鼓励开设综合性、创新性实验和研究型课程，鼓励本科生参与科研活动。

7. 建立切实有效的激励和评价机制。各高等学校鼓励教师、教学管理人员和学生积极参加精品课程建设，对国家精品课程参与人员给予了相应的奖励，鼓励高水平教师积极投身学校的教学工作，建立健全了精品课程评价体系，促使精品课程建设不断发展。[①]

2007–2010年"历史类"国家精品课程

年份	学科门类	专业类	课程名称	学校名称	负责人
2007	历史学	历史学类	中国古代的政治与文化	北京大学	邓小南
	历史学	历史学类	中国少数民族史	兰州大学	王希隆
	历史学	历史学类	中国古代后期史	南开大学	李治安
	历史学	历史学类	区域社会史导论	山西大学	行龙
	历史学	历史学类	世界近现代史	首都师范大学	徐蓝
	历史学	历史学类	史前考古学	西北大学	张宏彦
	历史学	历史学类	中国古代史	厦门大学	陈支平
2008	历史学	历史学类	中国古代史	安徽师范大学	裘士京
	历史学	历史学类	史学导论	复旦大学	章清
	历史学	历史学类	国际关系史	吉林大学	刘德斌
2009	历史学	历史学类	田野考古实习	北京大学	张弛
	历史学	历史学类	中国古代史	武汉大学	杨果
	历史学	历史学类	中国近代史	湖南师范大学	李育民
	历史学	历史学类	中西文化关系史	清华大学	张国刚
2010	历史学	历史学类	史学概论	中山大学	陈春声
	历史学	历史学类	世界近代史	武汉大学	向荣
	历史学	历史学类	中国古代史	华中师范大学	吴琦
	历史学	历史学类	世界古代史	北京师范大学	杨共乐
	历史学	历史学类	中国古代史	中山大学	曹家齐

---

① 《教育部关于启动高等学校教学质量与教学改革工程精品课程建设工作的通知》。

（二）国家级优秀教学团队

1. 国家级优秀教学团队的建设目的与内容

（1）建设目的

为全面贯彻落实科学发展观,切实把高等教育重点放在提高质量上,教育部、财政部决定实施"高等学校本科教学质量与教学改革工程",其中明确提出加强本科教学团队建设,并将其作为提高教学质量的一条重要举措。通过建立团队合作的机制,改革教学内容和方法,开发教学资源,从而促进教学研讨和教学经验交流,推进教学工作的传、帮、带和老中青相结合,提高教师的教学水平。

（2）内容

团队（Team）是人力资源管理尤其是企业人力资源管理中的一个概念,是指由员工和管理层组成的一个共同体,该共同体合理利用每个成员各自拥有的知识、技能、信息与其他资源,协同工作,解决问题,达到共同的目标,其构成要素为 5P 即目标（Purpose）、人员（People）、定位（Place）、权限（Power）、计划（Plan）。将团队（Team）这一人力资源管理的理论运用到高等学校的教学与科研管理中,可引申出教学团队、学术团队（创新团队）等概念。[①]

加强国家级优秀教学团队建设,就是要在教学管理中有计划、有目的地组织教师团队,建立有效的团队合作机制,促进教学研讨和教学经验交流,开发教学资源,提高教学水平。具体体现在:根据地域分布和行业分布现状,建立老中青搭配合理、教学效果明显、在师资队伍建设方面可以起到示范作用的国家级教学团队,资助其开展教学研究、编辑出版教材和教研成果、培养青年教师、接受教师进修等工作。加强教学团队建设是教师队伍建设的重要一环,也是学校学科建设的重要组成部分,是推动学校可持续发展的关键。各高等学校通过建立团队合作的机制,改革教学内容和方法,开发教学资源,从而促进教学研讨和教学经验交流,推进教学工作的传、帮、带和老中青相结合,提高教师的教学水平。

---

① 俞祖华、赵慧峰、刘兰昌:《本科高校教学团队建设的理论与实践探索》,《鲁东大学学报》2008 年第 2 期。

2. 国家级优秀教学团队的基本要求①

（1）团队及组成。根据各学科（专业）的具体情况，以教研室、研究所、实验室、教学基地、实训基地和工程中心等为建设单位，以课程或专业为建设平台，在多年的教学改革与实践中形成团队，具有明确的发展目标、良好的合作精神和梯队结构，老中青搭配、专业技术职务结构和知识结构合理，在指导和激励中青年教师提高专业素质和业务水平方面成效显著。团队规模适度。

（2）带头人。应为本学科（专业）的专家，具有较深的学术造诣和创新性学术思想；长期致力于本团队课程建设，坚持在本校教学第一线为本科生授课。品德高尚，治学严谨，具有团结、协作精神和较好的组织、管理和领导能力。一名专家只能担任一个国家级教学团队的带头人。

（3）教学工作。教学与社会、经济发展相结合，了解学科（专业）、行业现状，追踪学科（专业）前沿，及时更新教学内容。教学方法科学，教学手段先进，重视实验/实践性教学，引导学生进行研究性学习和创新性实验，培养学生发现、分析和解决问题的兴趣和能力。在教学工作中有强烈的质量意识和完整、有效、可持续发展的教学质量管理措施，教学效果好，无教学事故。

（4）教学研究。积极参加教学改革与创新，参加过省部级以上教改项目如面向 21 世纪课程改革计划、新世纪教学改革工程、国家级精品课程、教育部教学基地、国家级双语课程改革、实验教学示范中心等，获得过教学成果奖励。

（5）教材建设。重视教材建设和教材研究，承担过面向 21 世纪课程教材和国家级规划教材编写任务。教材使用效果好，获得过优秀教材奖等相关奖励。

（6）运行和管理机制。积极探索并建立了教学团队运行机制、监督约束机制等方面的运行和管理模式，能够为高等学校教学队伍建设提供示范性经验。

---

① 《2010 年国家级教学团队申报指南》。

3. 国家级优秀教学团队的名称及分布

2007-2010 年"历史类"国家级优秀教学团队

年份	团队名称	带头人	所在学校
2007	中国古代史教学团队	阎步克	北京大学
2008	世界近现代史教学团队	徐 蓝	首都师范大学
	区域社会史教学团队	行 龙	山西大学
	科学史学科群教学团队	郭世荣	内蒙古师范大学
	考古学专业教学团队	朱 泓	吉林大学
	中国近现代史纲要教学团队	马 敏	华中师范大学
2009	田野考古实习教学团队	赵化成	北京大学
	中国通史教学团队	陈支平	厦门大学
	中华民族精神概论教学团队	王育济	山东大学
	世界近现代史课程教学团队	王 玮	山东师范大学
	中国近现代史纲要教学团队	何云庵	西南交通大学
2010	世界史教学团队	姜桂石	内蒙古民族大学
	中国近现代史教学团队	隋丽娟	哈尔滨师范大学
	中国近现代史教学团队	张艳国	江西师范大学
	中国近现代史教学团队	俞祖华	鲁东大学
	中国近现代史本科教学团队	桑 兵	中山大学
	中国古代史教学团队	田 澍	西北师范大学

通过比较分析,我们对国家级优秀教学团队分布的规律进行了总结:
首先,从区域分布上看,在"十一五"期间"历史类"国家级优秀
教学团队中,华北、华东地区各占 31%,东北地区占 14%,西北、华南、

西南、华中地区各占 6%。由此可见，国家级优秀教学团队的分布并不均衡，呈现出南少北多、西少东多的局面。

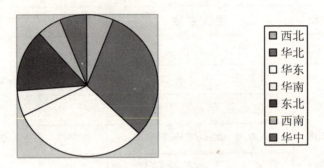

其次，从专业分布上看，在"十一五"期间"历史类"国家级优秀教学团队中，中国近现代史教学团队建设取得了显著的成绩，成为历史教学团队的首选。此外，中国古代史、世界史等专业都属于教学团队研究的热门方向。相比而言，考古学、科学史、社会史、中华民族精神概论研究则略有欠缺。

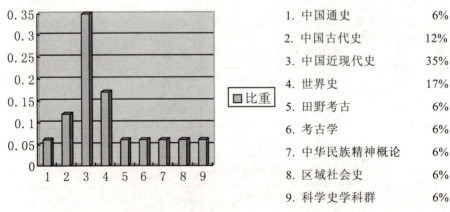

1. 中国通史	6%
2. 中国古代史	12%
3. 中国近现代史	35%
4. 世界史	17%
5. 田野考古	6%
6. 考古学	6%
7. 中华民族精神概论	6%
8. 区域社会史	6%
9. 科学史学科群	6%

4. 国家级优秀教学团队的意义

长期以来，由于受传统教学观的影响，人们过分强调教师个体在教学中的作用，再加上绩效考评和激励制度也是以教师个人为基础的，在教学管理实践中，教学团队的建设性没有得到应有的重视。而团队则是学校工作的一种新型的重要组织形式，它可以增进学校各方面的协作和整体能力，极大地提高组织效率。就高校教学而言，教学计划的制定，课程建设，教学的组织实施等都需要教师的团体合作，单靠教师个人是难以完成人才培养任务的。[①]

随着国家级优秀教学团队的建立，学校成为了发挥教师智慧和创造力的舞台，这在一方面促进了教师的专业发展，实现了教师之间的经验交流与知识共享，另一方面也培养了教师团结协作的意识和技巧，加强了教师之间的交流与沟通，提高了人才培养质量。此外，教学团队的建立从总体上促进了学校教育教学质量的改善，为我国教育事业的发展开辟了一条新路。

（三）高等学校教学名师

高素质教师队伍是高等学校的核心竞争力，是提高高等教育质量的关键。大力表彰在教学和人才培养领域做出突出贡献的教师，组织开展教学名师奖的评选表彰工作，是激发高校教师从事一线教学、促进高校提高教学质量的一项重要举措。

通过设立"高等学校教学名师奖"，能够鼓励在教学改革、师资队伍建设上做出突出贡献的教师，激发他们的斗志以推进我国教育事业的发展。同时，有助于学校广大教师向获奖教师学习，切实把主要精力投入到提高教育教学质量上来。

高等学校通过名师的引导示范作用，能够推进教育教学观念更新，不断对人才培养模式、教学内容和教学方法进行改革，促进课程建设、教学团队建设、教材建设，为办好人民满意的教育、促进我国高等教育改革和发展做出新的更大贡献。[②]

---

① 田恩舜：《高校教学团队建设初探》，《理工高教研究》2007 年第 4 期。
② 《教育部 财政部关于表彰第五届高等学校教学名师奖获奖教师的决定》。

2007-2010 年"历史类"高等学校教学名师奖

时间	姓名	主讲课程	地区	所属院校
2007	阎步克	中国古代史（上）	北京市	北京大学
	王育济	中国古代史/中华民族精神概论	山东省	山东大学
2008	邓小南	中国古代史（下）	北京市	北京大学
2009	王希隆	中古史宋元明清、中国少数民族史	甘肃省	兰州大学
2010	——	——	——	——

（四）人才培养模式创新实验区

被列入教育部、财政部"人才培养创新实验区建设项目"的历史类立项有：

时间	学校	负责人	项目名称
2007	中国人民大学	孙家洲 袁济喜	中国人民大学国学人才培养模式创新实验区
2008	中央民族大学	苍铭	历史学研究型人才培养模式创新实验区
	首都师范大学	刘新成	历史学科教学和科学研究人才培养模式创新实验区
	南开大学	陈志强	研究—实践型历史教学和人才培养模式创新实验区
	华东师范大学	余伟民	史学人才培养模式创新实验区
	武汉大学	陈伟	历史学人才培养模式创新实验区
	华中师范大学	彭南生	历史学教学双优型人才模式创新实验区
	西北大学	陈峰	历史学人才培养模式创新实验区
	兰州大学	王希隆	兰州大学历史学人才培养模式创新实验区
2009	—	—	—
2010	—	—	—

高等学校本科教学团队建设问题研究综述

纪文姣　俞祖华

2007 年 1 月，教育部、财政部颁发了《关于实施高等学校本科教学质量与教学改革工程的意见》（教高函〔2007〕1 号）（简称"质量工程"）。此次"质量工程"的启动，其中重大举措之一是"教学团队与高水平教师队伍建设"，提出：加强本科教学团队建设，重点遴选和建设一批教学质量高、结构合理的教学团队，建立有效的团队合作的机制，推动教学内容和方法改革的研究，促进教学研讨和教学经验交流，开发教学资源，推进教学工作的老中青相结合，发扬传、帮、带的作用，加强青年教师培养。因此，随着《意见》的出台，理论研究如火如荼地展开。围绕本科教学团队组建这一问题，不少学者主要就本科教学团队的内涵、特征、组建原则、建设必要性、实施途径及措施等方面纷纷发表文章，展开激烈的讨论，为教学团队的顺利组建提供理论基础。目前各专业各研究领域已出现不少优秀的教学团队。在教学团队建设的过程中，成功经验不少，困难问题也层出不穷。及时总结经验教训，探索解决新问题是加强教学团队建设理论研究的强大动力。本文试图对当前的研究成果进行简单的综述，希望能够有助于加快本科教学团队的建设，促进本科教学质量和水平的进一步提高。

（一）关于本科教学团队的概念界定

团队概念最先起源于企业，是企业管理的重要方式，被认为是企业经营获得成功的重要保障。它随后就被应用于教育界。20 世纪 50 年代美国首先在中小学引入团队的概念，推行团队教学，又称小队教学或协同教学。70 年代，团队又被应用于高等教育，各种各样的教学团队形式应运而生。我国自 90 年代以后高等院校也开始了对团队教学的探索。

对于团队的定义说法不一。"美国学者乔恩·卡曾巴赫和史密斯 1993 年提出的团队定义比较有代表性。他们认为，团队就是由少数有互补技能愿意为了共同的远景目标、业绩目标和方法而相互承担责任的个体所组成的群体。"①那么对于教学团队的概念定义更是莫衷一是，没有明确的定论。

董文良认为，高校教学团队是"根据各学科（专业）的具体情况，以教研室、研究所、实验室、教学基地、实训基地和工程中心等为建设单位，以系列课程或专业为建设平台，由一定数量知识与业务能力互补、年龄结构和职称结构合理的教师组成。在多年的教学改革与实践中形成的，具有明确的发展目标、良好的合作精神和梯队结构所组成的正式群体"②。笔者认为这一概念表述是比较完整的，涵盖了团队建设的教学目标、基本内容、教师的组成结构及分工合作等方面的内容。

赵恒平、林金凤对教学团队的概念定义与前文基本一致，不同的是他们的定义更强调团队建设的目标性，认为教学团队是"以教学工作为主线，以专业建设、课程建设、教材建设、实验及实践基地建设、教学研究等为重点，以推进教学改革、提高教学质量为主要任务，以院、系、中心（所、室）等为建设单位，以教学科研等各方面优势互补的教师建构的核心队伍"③。

刘宝存对教学团队作了一个更为简单的定义。他提出教学团队应是，"以教书育人为共同的远景目标，为完成某个教学目标而明确分工协作，相互承担责任的少数知识技能互补的个体所组成的团队"④。这一定义同样指出了团队建设所必须包含的几大要素，但值得注意的是刘在定义中提出了团队建设的最终目标——教书育人。他强调了学校教育寓教于人的职能，指出在学校教学中教师应对学生进行人文道德素质的培养。

① 刘宝存：《建设高水平教学团队 促进本科教学质量提高》，《中国高等教育》2007 年第 5 期。
② 董文良：《地方高校教学团队建设探析》，《中国电力教育》2009 年第 6 期。
③ 赵恒平、林金凤：《基于本科教学质量提升的教学团队建设》，《华北电力大学学报》2009 年第 6 期。
④ 刘宝存：《建设高水平教学团队 促进本科教学质量提高》，《中国高等教育》2007 年第 5 期。

臧兴兵、娄星则在定义中加入了跨专业跨院系组建教学团队的想法。认为教学团队"可以打破原有的教学行政组织（如院、系、教研室），实行跨专业或跨院系组合"。[①]俞祖华等人认为"教学团队是指为完成共同的教学目标、建设目标，由教学任务相近的教师组成，由教学水平高、学术造诣深的教授领衔与负责，有合理的知识结构与年龄结构，有有效的沟通与合作机制，有合理配置教学资源的途径，经常性地开展教学内容与教学改革的教研，经常性地开展教学经验交流，经常性地开展学术合作，实现优势互补，实现共同发展，实现携手前进的教师群体"。[②]可以看出这一定义更侧重于从教学团队的日常开展方面进行概述，明确指出了如何组织和发展团队，提出了团队的组织活动内容和形式，体现了团队的活力。

在高校中开展团队教学，目的在于提高教学质量，开展学术研究。因而高校中的教学团队不应是只有一种形式、一种类型，而应是多形式、多层次并行。张德良等人在《基于大学本科"质量工程"意义的省属高校教学团队建设模式》[③]一文中指出教学团队是省属高校最基本的学术组织形式。他们认为学术不仅指通过研究获得知识，还应包括对知识的传授。因此，他们根据当前省属高校层次和类型的不同，将团队形式分为四个组织层次，依次是教学型团队、教学为主型团队、教学科研并重型团队、科研为主型团队。这一金字塔式的团队形式是将团队内部成员进行了合理的分工，让教师根据各自的知识水平和科研能力分别加入团体，各自树立明确的目标，通过知识技能的互补、取长补短、团结合作，最终完成教学和科研目标。

（二）关于本科教学团队的特征

关于教学团队的特征问题，学界作了不尽一致的概括与表述。多篇文章中对此都有论述，如臧兴兵、娄星的《略论本科教学团队建设》，朱

---

① 臧兴兵、娄星：《略论本科教学团队建设》，《国家教育行政学院学报》2007年第7期。
② 俞祖华、赵慧峰、刘兰昌：《本科高校教学团队建设的理论与实践探索》，《鲁东大学学报》2008年第2期。
③ 张德良、李德才、关立军：《基于大学本科"质量工程"意义的省属高校教学团队建设模式》，《现代教育科学》2008年第1期。

军、郭斌的《研究型大学优秀教学团队建设诸要素探析——基于复旦大学两个国家级教学团队的思考》[①]，陈世平、彭瑶、谭伟的《高校教学团队的建设与管理》[②]，刘昱、程玲玲的《地方高校教学团队的建设》[③]，仲耀黎的《高水平教学团队建设与管理研究》[④]，马廷奇的《高校教学团队建设的目标定位和策略探析》[⑤]，孙华、余宏亮的《"质量工程"背景下高校教学团队建设的路径选择》[⑥]等。下面就简单介绍几个比较有代表性的观点。

陈世平等人认为教学团队的特征有六个：一是有明确的教学建设目标；二是有鲜明的团队精神；三是有合理的教学梯队；四是有优良的教学建设成果。

刘昱等人把教学团队的特征归纳为清晰的目标、知识技能的互补、相互信任、分工协作、良好的沟通、恰当的领导。

马廷奇认为优秀教学团队应具备的基本特征是：清晰的教学改革方向、合理的教学团队组成结构、良好的教学实践平台、明确的教学改革任务。

仲耀黎则指出一个高水平或高效的教学团队最显著的特征应该包括四个方面：（1）工作目标明确；（2）组织结构合理；（3）团结协作紧密；（4）教学成果显著。

孙华、余宏亮指出高校教学团队的特征有三：方向的一致性、组织的统一性、实践的创新性。

由此可见，一个高水平的教学团队应具备的特征无外乎上述所说的几个方面。虽然表述不同但其实质是一样的。首先是目标性。目标是向导，如制定团队的专业建设目标、课程建设目标、实验基地建设目标，等等。有了明确的目标，才会有奋斗的方向，形成拧成一股绳的力量。

---

① 朱军、郭斌：《研究型大学优秀教学团队建设诸要素探析——基于复旦大学两个国家级教学团队的思考》，《科教文汇》2008年第8期。

② 陈世平、彭瑶、谭伟：《高校教学团队的建设与管理》，《重庆工学院学报》2008年第6期。

③ 刘昱、程玲玲：《地方高校教学团队的建设》，《孝感学院学报》2009年第6期。

④ 仲耀黎：《高水平教学团队建设与管理研究》，《国家教育行政学院学报》2010年第2期。

⑤ 马廷奇：《高校教学团队建设的目标定位和策略探析》，《中国高等教育》2007年第11期。

⑥ 孙华、余宏亮：《"质量工程"背景下高校教学团队建设的路径选择》，《阜阳师范学院学报》2009年第1期。

其次是结构互补性。一个优秀的团队必然是结构合理的团队。无论是知识水平、教学技能、职称、年龄、学缘等方面都会存在一定的梯度，这种梯度是团队内部成员形成互补的需要，是团队灵活性和活跃性的体现。再次是合作性。一个高效的教学团队最重要的特征是合作。只有具备了高度的团队合作意识，团队成员之间才能进行良好的沟通，广泛的交流，畅所欲言，分工协作，提高效率。还有是创新性。有了创新才会有发展。创新既是高校教学团队的发展目标，同时也是创建教学团队的重要途径和手段之一。最后是成果评价性。一个优秀的教学团队必然有丰硕的教学成果，否则优秀无从谈起。教学成果的出现也就意味着评价体系的存在，因而建立一个科学合理的评价体系对促进团队建设有着巨大的推动作用。

（三）关于本科教学团队建设的措施与对策

高水平教学团队的组建对提升本科教学质量具有举足轻重的作用。如何建设一支高水平、高绩效的教学团队，各研究单位、专家、教育工作者纷纷进行了相关的理论研究和探讨。主要文章有：田恩舜的《高校教学团队建设初探》[①]、李淑芳的《高校教学团队建设探究》[②]、滕祥东等的《地方高校教学团队建设路径与管理策略探析》[③]、杜立文等的《加强高校教学团队建设的探讨》[④]、张健沛等的《可持续发展教学团队建设的思考》[⑤]、陈昌云的《普通本科院校如何建设高水平教学团队》[⑥]、毛彦琴的《新升本科院校教学团队建设研究》[⑦]、常子龙的《对高校学科团队建设的研究》[⑧]、刁叔钧的《高校教学团队的建设与管理》[⑨]、刘

---

① 田恩舜：《高校教学团队建设初探》，《理工高教研究》2007 年第 4 期。
② 李淑芳：《高校教学团队建设探究》，《黑龙江高教研究》2009 年第 6 期。
③ 滕祥东等：《地方高校教学团队建设路径与管理策略探析》，《北京联合大学学报》2009 年第 11 期。
④ 杜立文、李重阳、陆静、王兆云：《加强高校教学团队建设的探讨》，《河北科技师范学院学报》2010 年第 2 期。
⑤ 张健沛、徐悦竹、张万松：《可持续发展教学团队建设的思考》，《计算机教育》2010 年第 10 期。
⑥ 陈昌云：《普通本科院校如何建设高水平教学团队》，《科技信息》2010 年第 31 期
⑦ 毛彦琴：《新升本科院校教学团队建设研究》，《河南工程学院学报》2010 年第 4 期。
⑧ 常子龙：《对高校学科团队建设的研究》，《法治与社会》2007 年第 7 期。
⑨ 刁叔钧：《高校教学团队的建设与管理》，《教育探索》2010 年第 3 期。

昌安等的《高校教学团队建设策略探析》^①、孟雷的《建设高水平教学团队 促进教学质量提高》^②等。这些文章大多是从团队的目标、内部结构、合作意识、制度保障、评价体系、激励机制等方面着手进行论述的。下面笔者就对这些对策成果分别进行梳理总结如下：

1. 树立明确的共同目标

马廷奇在《高校教学团队建设的目标定位和策略探析》一文中指出，从高校发展以及提高教学质量的角度而言，教学团队担负着三大任务：创新教育思想和教育理念；创新教学模式；推进教学改革，提升教学质量。这就说明了教学团队建设的总体目标和最高宗旨。

目标是团队的指导方向和根本动力。没有明确的共同目标的团队就像是一盘散沙必将无所成就。田恩舜在《高校教学团队建设初探》一文中谈到一个有效的团队必须"要树立共同的愿景"。他认为只有充分了解了成员的渴望和追求之后，才能确立明确的共同目标。也只有这样才能充分体现教师在团队中的主人翁地位，才能更好地调动教师的工作积极性和使命感。此外，他还指出高校教学团队的建设不仅要有长远的发展规划，还要有具体的中短期目标。如教学团队需要在不同的年度和学期制定相应的教学改革计划和科研目标；每一学期或阶段又必须根据教学科研中的重点难点问题进行特定攻坚，提出切实的解决方案，逐个解决问题。

一个团队的目标不是随随便便设定的，而是有一定的标准。这个标准取决于团队对自身的正确定位。俞祖华等人在其文章中指出"教学团队的定位是指该团队在专业中处于什么位置，所承担的课程或课程群在专业课程体系中处于什么位置，及它在什么层面（校级、省级、国家级）起到示范性作用"。因此说团队只有明确了位置才能制定出切实可行而非好高骛远、遥不可及的目标。

2. 组建优秀的教师团队

教师是教学团队中最重要的因素，建设一支高水平的教师队伍是提高高等学校本科教学质量的重要保证。为此，如何提高教师个人素质、

① 刘昌安、温勤能：《高校教学团队建设策略探析》，《中国成人教育》2009 年第 4 期。
② 孟雷：《建设高水平教学团队 促进教学质量提高》，《黑龙江生态工程职业学院学报》2008 年第 6 期。

处理好团队中教师间的关系进而提高团队效能便被提上了日程。李江林在《高校教学团队构建的思考》一文中指出构建教学团队应遵循五个基本原则，即关联性原则、整体性原则、独立性原则、把握好团队的规模和进行整体规划[①]。此外，杨君的《高校教师团队建设的有效路径》[②]、孙丽、苏朋飞的《高校教师队伍团队建设与高校校园文化建设》[③]，郭琳琳的《浅议高等学校教师团队建设》[④]等文章都对高校教师队伍建设进行了专门论述。

就团队结构而言，李淑芳在《高校教学团队建设探究》一文中指出，"一个结构合理的教学团队是由不同层次年龄、职称、知识和学缘结构等构成的群体。老、中、青互相搭配，通过传、帮、带使得青年教师迅速成长起来"。由此可见这种多元化结构的教师团队能够充分发挥互补作用，取得良好的教学效果和成果。此外，不少学者还提出了以课程组等形式进行跨专业跨院系组建教师团队的意见。如俞祖华、陈恒平等人写的文章中都有论述，前文已有所述，这里就不赘言。

就团队规模而言，田恩舜在其文章中认为一个高效的教学团队规模不宜过大，通常不要超过 12 个人。因为成员太多往往会导致交流不充分，团队内部容易出现小群体，影响团队成员之间的团结和互相信赖感，进而影响整个团队的凝聚力。李漫在《高等院校优秀教学团队的构建模式研究》一文中提出团队总人数应在 10 人左右，不超过 20 人为好[⑤]。

就团队分工而言，一个高效的教学团队需要团队成员明确分工、密切合作，当然这就意味着团队内部成员的地位和权责会有所不同。赵恒平等人在文章中指出"要以学术带头人和教学骨干为中心组建教学研究团队"，认为"团队带头人是团队的引导者、组织者、推动者，其作用主要在于设定团队目标、制定计划、组织协调、不断创新进取"[⑥]。田恩舜在其文章中还指出了选取团队带头人的标准，认为只有拥有诚信精神、

---

① 李江林：《高校教学团队构建的思考》，《湖北师范学院学报》2010 年第 1 期。
② 杨君：《高校教师团队建设的有效路径》，《广州化工》2008 年第 4 期。
③ 孙丽、苏朋飞：《高校教师队伍团队建设与高校校园文化建设》，《黑龙江教育》2007 年第 3 期。
④ 郭琳琳：《浅议高等学校教师团队建设》，《沈阳教育学院学报》2007 年第 2 期。
⑤ 李漫：《高等院校优秀教学团队的构建模式研究》，《科教文汇》2008 年第 8 期。
⑥ 赵恒平、林金凤：《基于本科教学质量提升的教学团队建设》，《教育科学文摘》2010 年第 2 期。

为人正直，才能卓越，思想开放，具有高度的自信和良好的亲和力的人才能担当大任领导团队建设。而团队其他教师应以学术带头人为核心各展所长、通力合作，不仅要出色地完成好自己的本职工作，还要帮助同事做些力所能及的事情。

就团队规则而言，滕祥东等在《地方高校教学团队建设路径与管理策略探析》一文中指出，要"明确建立一套大家共同认可和共同遵守的团队规则，比如，构建领导权和决策权共享的团队管理模式；明确团队协作的方式、沟通途径和处理矛盾的原则；团队活动时间、活动地点、活动内容等"。

就团队类型而言，滕祥东等人指出应打造不同类型的教学团队，主要分为专业团队和系列课程团队。系列课程团队又包括专业核心（主干）课程教学团队、实践课程教学团队、公共基础课程教学团队和综合性课程教学团队。

就团队发展而言，陈恒平等人认为应按"重点建设，分层推进"原则建设教师团队。"在建设好学校级的教学团队的基础上，要选择一批工作基础好、建设目标明确、成效明显、发展趋势好的教学团队进行重点扶植，冲击省级、国家级教学团队，并对不同层次的教学团队给予不同的政策支持"。

3. 培养合作意识

团队合作对于建设一支高水平的教学团队的重要性已是不争的事实。在做这篇综述所涉及的文章中所有的作者都一致表达了团队成员合作对优秀教学团队建设的重要性和必要性。团队合作是团队获得成功的法宝，有助于加强教师间的交流和沟通，加深相互间的了解，增进友谊，形成良好的默契感和认同感，提高团队的凝聚力，从而高效地完成教学任务和目标。

4. 建立完善的制度保障

没有规矩不成方圆。郭长华在《高校教学团队建设的制度环境分析及对策研究》一文中指出了完善的制度保障对高水平教学团队建设的重要性，并提出教学团队制度环境建设的对策。其对策包括三方面：一是建立健全教学团队建设的制度体系。这其中需要完善学校宏观政策制度，形成有利于教学团队建设的外部制度环境；又需要完善教学团队自身建设的制度体系，形成有利于团队建设的内部制度环境。二是建立和完善教学团队制度环境建设的体制和机制。加强校系二级管理制度的完善和落实；加强团队内部管理与运行机制建设；建立有效的团队激励机制；建立严格考核和自我更新机制。三是着力达成教学团队制度环境建设的联动效应。对教学团队建设予以科学定位；着力加强富有特色的教学团队制度文化建设①。

赵宇在《高校教学质量工程中的高效教学团队建设》一文中明确提出两支持：物质支持和政策支持。物质支持主要是为团队提供活动需要的场地、设施、条件以及团队成员的培训机会等。政策支持则主要表现为为优秀教学团队的建设提供专门的经费及对作出突出贡献、取得优异成果的教师进行奖励等方面②。

此外，石巧君、章喜为在《高等院校教学团队内部运行机制探讨》一文中还提出了自主、公平的信任机制、团队考核与个人绩效相结合的利益分配监督机制和风险防范机制③。

5. 建立科学的评价体系

董文良认为团队评价体系的建立是十分必要的，并提出了变更传统的评价体系，建立新的评价体系。指出"除了根据教师个人的教学业绩进行考评和奖励之外，学校还应该考虑采用基于团队导向的绩效评价和奖励方式，由重视个人业绩的考核向重视团队长期价值的考核转变，由重视过程管理向重视目标管理转变，由重视年度考核向重视聘期考核转变"，从而制定出针对不同学科的不同特点，以业绩为核心，以同行认可为指标的科学、有效、公平、公正的考评指标体系。

6. 制定高效的激励机制

赖小萍在《高职院校教学团队建设激励机制研究》一文中阐明了高校建设激励机制的具体措施，主张实行多元化激励政策。这些政策包括：

---

① 郭长华：《高校教学团队建设的制度环境分析及对策研究》，《高等农业教育》2010 年第 5 期。

② 赵宇：《高校教学质量工程中的高效教学团队建设》，《经济师》2008 年第 6 期。

③ 石巧君、章喜为：《高等院校教学团队内部运行机制探讨》，《高等农业教育》2010 年第 9 期。

给予教师更大的自主权、更多的责任、更多的机会、更灵活的工作安排；设立优秀团队负责人表彰奖项；优先配备先进的办公设备；给予团队一定的财务权力；对优秀的团队予以集体聚餐、外出旅游奖励；优先给予国内外深造培训机会等①。

7. 提倡科学创新

科学创新既是教学团队为之奋斗的目标之一，也是建立发展教学团队的重要手段。李健等人在《教学团队建设中的机制创新与实践》一文中提出以课程组为单位的团队运行机制，实行以课程组为单位打造精品课程、编写精品教材、开发教学资源，鼓励科学创新。还提出了"以学为主、教学相长"的教学新范式，利用现代科技手段实现"有形课堂与网络课堂相结合，课内教学与课外辅导相结合，教师授课与师生研讨相结合，精读指定教材与泛读扩充性资料相结合，理论教学与实验教学相结合"，从而构建起突破时空限制的"多维—立体—交互"式教学平台②。章兢、傅晓军的《谈基于课程或课程群的教学团队建设》③和邹逢兴等人的《以国家精品课程带动系列课程建设，催生国家级教学团队，全面提升课程建设水平》④，两篇文章也都着重探讨了从课程建设方面着手建设教学团队。此外，杜天真等人在《高校教学团队建设的路径探索》一文中指出可以以科研项目为载体开展实践教学，并吸纳学生参与到教学团队的建设中共同进行科学创新⑤。关于学生参与教学团队建设的观点，另有文章进行了专门研究，阐明了学生的参与度对教学团队建设的促进作用。如李淑芝等人写的《以学生为中心理念在教学团队建设中的应用研究》⑥中明确地表达了这一观点。

① 赖小萍：《高职院校教学团队建设激励机制研究》，《湖南科技学院学报》2008 年第 5 期。
② 李健等：《教学团队建设中的机制创新与实践》，《中国高等教育》2009 年第 10 期。
③ 章兢、傅晓军：《谈基于课程或课程群的教学团队建设》，《中国大学教学》2007 年第 12 期。
④ 邹逢兴、刘嫒、张湘平、徐晓红：《以国家精品课程带动系列课程建设，催生国家级教学团队，全面提升课程建设水平》，《高等教育研究学报》2010 年第 3 期。
⑤ 杜天真、郭晓敏、刘苑秋等：《高校教学团队建设的路径探索》，《中国高等教育》2010 年第 15、16 期。
⑥ 李淑芝等：《以学生为中心理念在教学团队建设中的应用研究》，《黑龙江高教研究》2010 年第 6 期。

（四）关于本科教学团队的作用与意义

本科教学团队建设是适应"质量工程"的发展需要，是提高本科教学质量和提升师资水平的必然要求。组建教学团队具有深远的理论意义和紧迫的现实意义。

关于论述建设本科教学团队的意义与作用的文章很多。有专门论述其建设意义的文章，如周细根、刘星合写的《高校教学团队建设的意义探析》[1]。文章阐明了建设教学团队具有理论意义和现实意义。其理论意义在于目前关于"教学团队"的定义尚未确定；对于高校教学团队和教研工作的关系理解还存在偏差；教学团队理论建设还未形成完整的体系。因此加大高校教学团队建设有助于推动理论研究的发展。其现实意义在于高校教学团队能适应科技的高速发展；是我国高校教学发展的需要；是培养人才和提高教学综合实力的有效方式；能够应对和处理高难度的复杂教学项目工程；能够增进团队精神，打造和谐的高校人文氛围，增强凝聚力；是激励教学人员的重要途径；可以增强组织的灵活性，更好地满足学生的学习需求。

另外，在其他相关文章中也有关于教学团队的建设意义的探讨和论述。如姜艳萍的《高校优秀教学团队建设与管理问题研究》[2]、王涛等人的《基于科学发展观的高校教学团队建设研究》[3]、郑卫政的《建设高水平教学团队的组织策略》[4]、都光珍的《加强教学团队建设的思考》[5]等。归纳起来其意义包括以下几个方面：（1）高等院校组织特点要求组建教学团队；（2）有助于改革高校传统的组织体系，创立新的内部运行机制，开拓新的教学模式，促进学校的制度和体制创新；（3）适应科学技术综合化发展的趋势；（4）配合高校教师专业化发展的需要，形成小专业——大方向——互补合作的团队优势；（5）有助于打破孤立，促进课程、专业、学科发展。

---

① 周细根、刘星：《高校教学团队建设的意义探析》，《新余高专学报》2010 年第 3 期。

② 姜艳萍：《高校优秀教学团队建设与管理问题研究》，《西安邮电学院学报》2009 年第 6 期。

③ 王涛、孙伟、王红梅：《基于科学发展观的高校教学团队建设研究》，《长春工业大学学报》2008 年第 2 期。

④ 郑卫政：《建设高水平教学团队的组织策略》，《宜春学院学报》2009 年第 1 期。

⑤ 都光珍：《加强教学团队建设的思考》，《国家教育行政学院学报》2009 年第 1 期。

（五）关于对建设本科教学团队的思考和建议

自 20 世纪 90 年代以来，我国高校就已开始了建设教学团队的探索和尝试。到目前为止取得的成果是显而易见的，组建了一大批优秀的教学团队，省级、国家级的教学团队数不胜数。有不少的文章对某个学科中出现的优异教学团队进行了专门研究和介绍；也有一些文章对涌现出的优秀团队作出了综合概述。如：郝先中、王俊的《"中国近现代史纲要"课程教学团队建设的思考》[1]、俞祖华等人的《本科高校教学团队建设的理论与实践探索》、任晓光的《高等学校高绩效教学团队建设初探——以北京石油化工学院化工原理教学团队建设为例》[2]、赵虹等人的《地质学教学团队的建设与思考》[3]、曾勇等人的《"地质工程专业主干课程群国家级教学团队"的建设与实践》[4]、朱骏、王炬成的《船舶工程专业团队毕业设计的探索与实践》[5]、黄芬香的《河南电大汉语言文学专业教学团队建设的思考》[6]、周艳等的《基于"工程热力学"精品课程的教学团队建设实践》[7]等。

但是，在建设教学团队的工程中出现的困难和问题也不少。许多人为解决这些问题，揭露建设中出现的弊端和误区进行了深入研究。文章有曾勇、隋旺华合写的《高校教学团队建设的思考》[8]，文中谈到了对团队建设的几点想法；黄辉的《高校教研室建设与教学团队建设关系辨

---

① 郝先中、王俊：《"中国近现代史纲要"课程教学团队建设的思考》，《郑州航空工业管理学院学报》2008 年第 5 期。

② 任晓光：《高等学校高绩效教学团队建设初探——以北京石油化工学院化工原理教学团队建设为例》，《国家教育行政学院学报》2008 年第 5 期。

③ 赵虹、李勇、孔金玲、闫颖：《地质学教学团队的建设与思考》，《中国地质教育》2009 年第 3 期。

④ 曾勇、隋旺华、董守华、刘树才、王文峰、董青红、陈同俊、姚晓娟：《"地质工程专业主干课程群国家级教学团队"的建设与实践》，《中国地质教育》2010 年第 4 期。

⑤ 朱骏、王炬成：《船舶工程专业团队毕业设计的探索与实践》，《中国电力教育》2010 年第 28 期。

⑥ 黄芬香：《河南电大汉语言文学专业教学团队建设的思考》，《河南广播电视大学学报》2010 年第 2 期。

⑦ 周艳、何燕、李晶：《基于"工程热力学"精品课程的教学团队建设实践》，《中国电力教育》2010 年第 33 期。

⑧ 曾勇、隋旺华：《高校教学团队建设的思考》，《中国地质教育》2007 第 4 期。

析》①，文中着重论述了教研室与教学团队的关系，强调了两者的不同，指出了在建设教学团队的过程中将二者混为一谈的错误观念。陈媚的《关于构建师生教学团队的思考》②，文中指出教学团队应包括教师和学生两种因素，不单是教师教学和研究，还应有学生的学习和参与。这是对教学团队建设模式的突破。孙明的《加强教学团队建设的思考》③，文中指出了团队建设还需在制度和教师素质方面进行努力。还有黄兴帅的《论高校教学团队建设》④和禹奇才、张灵的《准确把握内涵破解教学团队建设中的问题》⑤。总之，这些文章指出了建设教学团队遇到的困难和应注意的问题，并提出解决这些困难和障碍的方法。

另外，有人还有针对性地对地方民办本科院校或某个省份、地区的本科院校或研究型大学本科教学团队建设进行了专门研究。文章有李恕宏的《地方一般本科院校教学团队建设研究》⑥，叶如意的《民办本科院校应用型教学团队建设探索》⑦，辛明军、沈云付、吴悦的《研究型大学本科教学创新团队建设的探索与思考》⑧，刘晓军、赵会朋、张宇的《论陕西地方高校教学团队建设的关键要素》⑨等。这些文章分别指出了他们各自在建设教学团队的过程中存在的问题和具体解决措施。

此外，本人想在此对教学团队建设提出几点小小的建议：一是进一步加强理论研究，深入理解教学团队的内涵，进行深度的理论建设，形成完善的理论体系；二是对团队建设中出现的问题及时进行研究讨论，不掩不藏、不随之任之；三是加强交流和沟通，发挥团队群策群力优势，避免个人独断；四是改变传统观念，创立、引进、接受新的理念；五是注重团队的多元化发展；六是迅速地将理论研究成果运用到实践中去，

① 黄辉：《高校教研室建设与教学团队建设关系辨析》，《高教论坛》 2010 年第 2 期。

② 陈媚：《关于构建师生教学团队的思考》，《辽宁医学院学报》2008 年第 1 期。

③ 孙明：《加强教学团队建设的思考》，《青岛远洋船员学院学报》2008 年第 3 期。

④ 黄兴帅：《论高校教学团队建设》，《皖西学院学报》2008 年第 1 期。

⑤ 禹奇才、张灵：《准确把握内涵破解教学团队建设中的问题》，《中国高等教育》2008 年第 8 期。

⑥ 李恕宏：《地方一般本科院校教学团队建设研究》，《经济研究导刊》2010 年第 8 期。

⑦ 叶如意：《民办本科院校应用型教学团队建设探索》，《中国高等教育》2010 年第 10 期。

⑧ 辛明军、沈云付、吴悦：《研究型大学本科教学创新团队建设的探索与思考》，《教育与教学研究》2009 年第 2 期。

⑨ 刘晓军、赵会朋、张宇：《论陕西地方高校教学团队建设的关键要素》，《西安电子科技大学学报》2010 年第 5 期。

不要使其成为一纸空文；七是创建一套公平、公正、科学的评价体系。

　　每个新生事物总要经受一定的磨难，只有在摸爬打滚中才能茁壮地成长起来。教学团队在我国的发展不过近二十年，它还是个新生事物。它的成长壮大以至开枝散叶还需我们继续努力。

历史专业应用型人才培养与实践教学的若干环节

胡瑞琴

　　培养应用型人才是对高等学校发展的综合性要求。为了适应国家和社会对各类人才的不同需要，近十年来，鲁东大学历史文化学院历史专业在应用型人才培养模式的探索上作出了不懈的努力。尤其是近年在鲁东大学总的"办学层次和定位"以及"学科和专业结构"方向的指导下，历史专业在实践教学各个环节中开展了大量细致、积极的教学实践工作和基础教育理论研究。为的是历史专业的毕业生在教育教学技能上显示出自己的真正优势，使其在未来职业竞争中处于有利的地位。

　　目前，在高等学校分类定位的研究中，有学者倾向于把高等学校分为三种基本类型：第一类是综合性研究型大学，培养自然科学、社会科学和人文科学的研究人才；第二类是专业性应用型的多科性或单科性的大学或学院，培养理论基础宽厚的不同层次的专门人才和各级干部、管理人员，如律师、教师、工程师、医师等；第三类是职业性技能型高等院校，培养在生产、管理、服务第一线从事具体工作的技术人才。①这三种类型主要是依据人才培养类型的不同来划分。第二类高校所培养的人才主要是应用型人才。所谓应用型人才主要是指在一定的理论规范指导下，从事非学术研究性工作，其任务是将抽象的理论符号转换成具体的操作构思或产品构型，将知识应用于实践。但是，应用型人才并非只"应用"知识和理论，不进行研究。恰恰相反，应用型人才不仅在知识的应用方面发挥作用，而且在理论的创新方面常常给人们以启发，特别是应用型人才所开展的应用性研究，更具广泛的意义与作用。师范院校和

---

① 潘懋元，石慧霞：《应用型人才培养的历史探源》，《江苏高教》，2009年第1期。

师范专业如何将教学理论转化为具体的实践教学形式一直都是各个专业的培养目标。历史专业如何在应用型人才培养模式中从传统的实践教学模式中走出一条新的发展道路来，是新时代新形势下的新要求。

（一）历史专业应用型人才的培养目标定位

应用型人才培养特色就是地方高校在长期的办学实践中形成、符合学校定位和社会需求、为社会所公认、区别于其他类型人才培养的风格、特点与个性风貌。[①]鲁东大学作为一个发展中的综合性大学，在办学层次和定位上"从教学型向教学研究性转变"；在学科和专业结构上也"从师范性向综合性转变"。这两个转变的长期目标就是"建设特色鲜明、人才培养质量和学科实力位居省内同类院校前列，国内有较大影响的高水平综合性大学"。历史专业是一个基础性学科专业。那么，如何使历史专业在"应用型人才培养"的新形势下既能保持传统学科专业的优势，又能保证传统学科专业的稳步发展？历史学科是属于师范专业，因此，在应用型本科人才培养目标的制定过程中，我们首先把握五方面的原则：一是从传统的继承性教育理念向现代的创新性教育理念转变；二是从传统的注入式、接受式教学方法方式向生动活泼的启发式、讨论式、研究式教学方法方式转变；三是从以历史学科为中心的教育观念向建设整体综合化的教育观念转变；四是从注重学会学习的教育观念向既学会学习又学会做人的教育观念转变；五是从完善学生的共性教育观念向更注重学生个性发展的观念转变。其总体目标是要通过系统教育全面培养提高学生的综合素质和创新实践、就业创业能力。从培养目标看：培养具有创新能力和实践操作能力的应用型人才，体现为以历史通识为基础的创新应用型人才。从知识结构看：强调知识体系的完整性、系统性、科学性，深厚的历史专业知识基础，较宽广的知识面和较强的实践创新能力。从素质和能力培养看：重视历史知识和教学实践技能的应用能力培养，应用历史专业知识进行教学创新和教学实践的二次开发的能力。从人才培养模式看：理论教学和实践教学相结合，强化实践教学环节。以下主要就应用型人才培养过程中的实践教学若干环节作一论述。

---

① 胡璋剑：《应用型人才培养新论》，中国社会科学出版社，2009年版，第231页。

（二）历史专业应用型人才培养的教学实践环节实施

自 2000 年基础教育课程改革以来，对高等师范学校或者是综合性大学的师范专业产生了巨大的影响。历史学专业在实践教学环节主要的创新点就是如何使历史专业课程设计和基础教育课程改革紧密结合，使学生在学习期间就能具有"三意识"，即对基础教育课程改革从思想上有明确认知意识，从学习目标上有自我能力培养意识，从未来就业选择上有具体努力方向意识。长期以来，我们在教育实践中有许多薄弱的环节，比如教育类课程设置较少、总学时所占比例较小、课程内容重理论轻实践、与基础教育不能很好地衔接等。在整个学校实力不断提升、强化学生实践教学培养的大背景下，历史专业在教学实践环节也作了大量的调研工作，并从整体上对师范生的培养方案做了大幅度的调整，从 2006～2009 年"历史学专业本科培养方案"几经修订完善，反映出历史专业在学生的实践教学环节中从教师实践技能、史学论文写作、基础教育研究性学习探讨等三个大的方向作出的统一部署和安排。从学科专业建设来说，主要解决教学实践课程的设置；从教师队伍建设来说，从学院的院长到教学法教师以及专业任课教师都成为实践教学环节的主要参与者；从学生的实际能力活动来说，学生积极、认真地对待每一个实践教学环节，为他们尽早尽快地了解中学历史教学的实际情况奠定了思想基础，并通过各个教学实践环节为未来的实际工作做好了技能上的准备。

1. 教学实践课程与具体实施

（1）课程设置体系系列化

为了更好地说明教学实践课程的设置情况，这里简略地谈谈教学理论性、实践性课程的设置情况。"历史学专业本科培养方案"中教学理论性课程以传统的三大主干课程历史教学论、教育学、心理学为主，主要让师范生了解中学历史教学的整个过程，了解教育规律和原理，了解学生的基础心理要求和发展状况。在教学基本理论课程的主导下，我们对教学实践性课程作了较为宽阔和较大幅度的调整。"历史学专业本科培养方案"中规定的主要实践教学环节包括专业实习、教师教学技能训练、教育实习、毕业论文等四个环节。从综合性角度分析，为了让师范生对基础教育有较为深入的了解，在课程设置上的主要安排分为四大类：第一类是综合技能课程，包括普通话与教师口语表达艺术（必选）、汉字与书写艺术（必选）、现代教育技术等3门必修课程。第二类是教师教育类课程，包括教育心理学、教育社会学、学校心理健康教育、基础教育动态、教育研究方法、班主任工作艺术、历史学科名师教学艺术赏析等7门选修课程。第三类为历史学专业技能课程，包括教师教学技能综合训练、教育见习实习、毕业论文等3门实践教学课程，其中教师教学技能综合训练包括专业实习、微格教学等课程。第四类是中学历史基础课程的教学。为了让学生尽早地了解中学历史教学的教学实际，结合历史学科也特选了"中外历史人物评说"中学的六大选修课程之一，作为师范生的选修课程。

（2）教师实践技能训练的具体实施方案和方式

在课程设置的基础上，我们对教育实践技能的训练做了总体规划、设计及实施。

①师范生教学基本功的培养和训练。高师历史教育专业培养学生教学基本功是高等师范院校人才培养的目标要求。众所周知，在目前就业形势下，往往是几名、几十名甚至上百名大学毕业生应聘同一个中学历史教师岗位。有很多学生是综合性大学历史系的高材生，还有很多的硕士研究生也在其中"大显身手"。师范生要在"高手如林"的竞争中取得一点优势地位，恐怕惟有在教学基本功方面下大功夫。教师岗位的竞争除了要进行历史专业知识的比拼，更要看实际的教学能力。高师历史教育专业学生的优势和专长就是历史教学基本功，这也是增强师范生就业竞争力的决胜法宝。因此，我们在历史教育专业的教学实践中，为使历史教学基本功的培训具备可操作性，将历史教学基本功划分为师范基本功和历史教育专业基本功两个层次。

首先是师范基本功，这是指所有师范学生都应该具备的教学基本功，分为两个方面：一是语言技能，一是文字板书技能。具体地说，包括三笔字（钢笔字、粉笔字和毛笔字）、普通话、简笔画及计算机操作基础。这部分内容主要利用学校公共必修课和公共选修课完成：包括普通话与教师口语表达艺术（必选）、汉字与书写艺术（必选）、现代教育技术等3门必修课程以及书法课、演讲与口才、美术基础知识等选修课来完成。这些课程为培养学生的语言能力、书写能力、计算机的操作能力、课件的制作能力等中学教学需要的基本技能打下了坚实的基础。教师可以充分利用这些公共基础课程作为历史教学论的辅助课程。比如，教师要求学生在课堂上回答问题、讨论问题必须使用普通话；要求学生利用课前、课间休息时间练习板书，主要是粉笔字的训练；平时作业必须用钢笔书写等。计算机技术基础、现代教育技术等公共课程的开设，为学生制作一个较为实用、反映实际教学的课件提供了良好的基础。现代教育中，多媒体教学已经是不可或缺的教学手段。因此，在"微格教学"上，教师要求每一位学生至少完成二个教学课件，等等。在历史专业的这种整体设计中，使得各种校级课程资源的利用、整合达到最优化、最大化。除此之外，我们还自发地组织教师开展课前十分钟的演讲训练。使得每一个同学都可以在这个比较短暂的时间内在不同教师的指导和监督下，完成一次公开演讲训练。

其次是历史课堂教学的基本技能。一般包括理解中学历史课程标准和把握中学历史教材的基本功，备课的基本功，运用教学语言组织的基本功，设计板书的基本功，运用现代教学技术的基本功，组织教学的基本功，教学评价基本功，说课评课的基本功，准确地演示、分析以及绘制历史地图、文物图、图表的基本功，正确解读历史文献资料的基本功等。学生的这些能力主要通过历史课程与教学论和中学历史教材分析这两门专业课来完成。具体实施方法是：历史教学论与中学历史教材分析两门课程的"合作教学"。历史教学论作为高师院校的一门专业必修课程，它不是分析讲解历史知识本身，而是阐明如何有效地传授历史知识和能力。换言之，教学论的重心，不是具体研究某一历史事件和史学问题，而在于以现代教育理论、心理学原理为指导，阐述并讲清它在历史教学实践中如何运用，完成历史课堂教学目标。但不可否认的是，历史教学论又离不开具体的历史知识。因此，为了更好地把教学理论应用于实践和实验，我们把中学历史教材分析与历史教学论两门课程特意安排在同一级部的同一学期开课，也就是部分地实现教学理论知识与中学教材分析的同步进行。比如，新课程改革中提倡的研究性学习，作为中学历史教学的一个重要方式，要体现在历史教学论中，使学生较早地掌握这种新型教学方式的具体操作过程和实施步骤。我们在教学实践中进行了专门的训练。具体做法：第一步，教师利用理论课的时间讲解研究性学习的特点、实施步骤、操作过程、具体的实施方案。第二步，在教材分析课上，由教师与学生共同确定学生讨论的课题名称。研究课题必须来源于中学历史教材。第三步，学生根据指定的课题开始查找资料、筛选资料，并完成讨论文稿或者读书报告。这个过程在课后完成。第四步，在教材分析课上对研究课题进行讨论。这种讨论形式可以在各班级采取个人独立型的，也可以采取班级小组型的，也可以是整个级部学生的讲演形式的。这主要依据课题内容、教师的具体目标、对学生的操作要求等各方面的情况综合而定。第五步，由学生作出总的评价和总结。最后，由教师对整个过程作出评析。我们还通过类似的教学方式对中学历史教学中提出的"合作学习"、"探究学习"、"自主学习"等新课型进行了试验。这种合作授课的主要特点就是学生始终是课题研究的主人，他们既是研究课题的设计者，又是课题的研究者，还是课题的验收者。更为重要的是，整个教学中的理论知识，比如，教学过程、教学方法、学习方式、情感态度与价值观的培养等都能在教材分析课上得到及时演练，真正是活学活用。

②观摩教学活动。观摩教学是师范教育中重要的实践教学方式之一，但却是常常被忽略的一种教学形式。在具体的实践教学中，我们的观摩教学主要分为三种形式：第一种是观摩教学录像片。教学录像片的内容包括课堂教学导入、语言运用、教学内容讲解、教学问题设计、课堂结束、布置作业等各个环节。第二种是利用网络教学犹如远程教学。我们通过组织学生观摩全国有名的历史教师的讲课，然后通过评课，来获取教学信息资源。第三种是现场观摩。我们和一些地方中学比如烟台七中、烟台双语实验中学、烟台祥和中学建立了广泛的和深入的联系，邀请一些教师进到我们学院，让他们现场为学生进行教学授课。这种授课形式不仅让学生感受到了真实的教学环境，同时邀请的很多教师曾就读于历史文化学院，给学生一种亲切感，这样教师和学生之间的沟通和讨论更加和谐。

观摩教学这种教学形式，一是通过反复观摩实际中学历史教学课堂的教学情况，学生对整个中学历史教学的方法方式和初高中学生的实际状况有了更为直观的认识；也给学生以形象可感的技能示范和规范，使其知道正确做法和正确做法引起的良好教学效果。二是可以真正实现理论与实践的有机结合。观摩教学结束后，还有一个环节，就是写出对观摩教学的整体评价。这种做法让学生学会如何从上课、讲课、结课等过程，或者从教学课题、教学目标、教学方式、教学过程等多种途径评价一堂历史课。因此，学生对每一次观摩教学都充满了期待和热情，它是一种很受学生欢迎的实践教学形式。

③微格教学实验课程。微格教学又称微型教学，是20世纪60年代由美国斯坦福大学的阿伦和他的同事伊芙首先开发的。其微格教学定义为："一个有控制的教学实践系统，它使师范生和教师有可能集中解决某一特定的教学行为，并在有控制的条件下进行学习和训练。"因此，它是一个建立在教育教学理论、科学方法论、视听理论和技术的基础上，系统训练教师课堂教学技能的理论和方法。我们历史专业的学生在进行微格教学实验技能培训时主要技能的培训包括以下几方面内容：

第一，微格教学设计和教案的编写。教学法教师要求学生根据中学历史教科书，进行教学设计和教案编写，并结合现代化教学工具的使用，合理撰写微型课教案和课件制作。

第二，说课技能的训练。在微格教学试验开始前，先对准备好的教案进行说课训练。说课就是教师口头表述具体课题的教学设想及其理论依据，也就是授课教师在备课的基础上，面对教师和同学，讲述自己的教学设计，然后由师生共同评说，达到互相交流、共同提高的目的的一种教学研究和师资培训活动。通过说课训练，学生认识到中学历史课堂教学说课的作用，懂得说课的步骤与实施要领，说课要目的明确，概括一课的知识结构与重点，体现课程改革的精神，语言简洁、贴切、生动，富有感染力。同时，对自己编写的教案优点和存在的问题也有了清晰的认识，并进行修改，为进入试讲阶段做好准备。

第三，导入、讲解技能的训练。微格教学中的导入技能要求注重通过教师创设的教学情境，帮助学生在接受新知识前做好必要准备，把学生的注意力集中到特定的教学任务和程序上，引起学生对原有知识结构的重新调度，在教师传授知识的同时使学生获得最佳的学习效果，双方合作圆满完成教学任务的教学技能培训。例如，由经验导入生活，由旧知识导入新知识，由故事传说导入课程内容，由诗词歌赋导入历史史实等等。微格教学中的讲解技能则是教师口头语言的方式，是向学生描绘情境，叙述历史过程，解释历史概念和阐明历史发展规律，启发学生思维，表达思想感情的教学行为。微格教学要求教师在历史教学中，必须与课程目标体系、课堂教学目标相一致，这就要求在讲解技能实施时必须明确知识联系，深入掌握各种讲解技能，熟知讲解内容的运用原则，根据教材内容和学生需要选用适当的教学方法，并结合使用各种教学手段，切实有效地让教学讲解过程"渐入佳境"。具体的教学方法有很多，如讲述法、示范法、问题式教学法、启发式教学法，等等。讲解技能的培训是历史专业学生微格教学的重点，需反复训练。微格教学还注重变化技能、强化技能、演示技能、板书技能、课堂结束技能等多方面手段的培训和运用。在实际的操作过程中，学生的准备是在课下进行的，上机时间是30～40分钟。一般情况下学生先在班级或小组讲解2～3次，然后上机。

第四，微格教学的反馈与评价。及时进行教学技能训练的反馈和评价是受训练者寻找差距、改正错误、扬长避短、提高教学技能水平的重要步骤。同学们上机结束后，指导老师和小组其他同学对每一位同学的讲课示范进行点评，对教案编写、教学目标的设立、教学重点难点的确定、教学方法的选择、教学语言的组织和应用、板书格式设计等各项技能进行评价与自我评价。自我评价让师范生知道具体操作方法和效果，让他自己评价找出不足，也可以通过他评知晓其优缺点以促其改进。

第五，改进后重新训练。对于一些微格教学实验中教学技能表现差距比较大的学生，我们根据学生的自我观察和分析评价的结果以及指导评价后分析评价的结果重新编写和修改教案，认真准备后再次训练，再次观看录像后进行自评与他评。

通过微格教学实验课程，学生的教学技能有了较为明显的提高。一是在微格教学过程中的示范、备课、角色扮演、反馈、评价等一系列实践活动使教育教学理论得以贯彻和体现，既有理性知识也有感性收获，简化了复杂的教学过程，使教学技能更容易掌握。二是使班级教学和个别训练达到完美结合，使被训练者的知识、能力和个性素质得到全面发展。三是评价和反馈及时、直观、全面，保证了学生在最快的时间里成长提高。

④顶岗教育实习。顶岗教育实习是推动教师教育改革、强化师范生

实践教学、提高教师培养质量的有效措施。自2008年起，鲁东大学对所有师范生都采取了"顶岗教育实习"的教育实习模式。这种新型的教育实习模式，不仅改变了师范生的培养模式和培养内容，更从根本上提升了师范生教师教学专业能力，使师范生能够更好地在短期内适应教学工作，为其在今后的教学工作中大显身手、尽快成长为优秀的中学教师奠定了基础。同时也为广大的基层尤其是一些农村教育工作者带来了全新的教育理念，在一定程度上提高了农村教育教学水平，也为农村的一些学校带来了生机和活力。历史文化学院的所有师范生包括历史学专业和人文教育专业的学生都按照学校的统一部署和安排，分散到烟台七个县市区进行为期8周的教育实习。在实习过程中，首先是让学生树立起教育实习是一项系统工程，可以促进师范生专业能力成长的实践理念。其次是建立了比较完善的教育实习管理体系，提高教育实习的效率和质量。这种教学模式实行三级管理，即校教务处、各个学院、各个实习学校。实习前夕，学校教务处统一安排实习学校，然后由学院安排学生教育实习的组织工作。在实习过程中，历史文化学院有专门实习指导教师根据学校的安排到不同的实习学校检查和调研，学院领导也多次深入学生所在的学校进行走访，察看学生的实际教学情况以及学生在实习学校的生活情况等。学生在实习结束后，学院统一组织实习生的总结大会，并由优秀的实习生为所有实习生以及其他级部的学生进行"教学汇报示范"。通过这种教育实习方式，学生的课堂教学能力、教学基本技能、人际交往能力、沟通能力都有了明显的改善和提高。这也为他们在毕业后进入教师岗位打下坚实的基础。

2. 史学论文写作能力的训练

史学论文写作是本科学生必须具备的初步基本能力之一。进行史学论文写作能力训练，主要目的就是为学生将来的教学和研究工作奠定初步的基础。历史教学的科学研究可分为教育科学理论和历史教学研究两大类。教育科学理论研究不仅可丰富历史教育理论与教育学理论，而且也能促进和完善历史教育活动。教学研究则是对教学过程各种实际情况的初步总结，是对历史教育作用的认识的切磋，是对教学经验的及时概括、对教学内容的集体分析和对教学方法、教学方式的介绍评价等。所以历史教师的研究和日常的教学工作有着直接的联系。其研究成果也能直接反映其教学工作。作为师范生，初步了解如何探讨教学问题、摸索教学规律、研究教育理论，应该成为基础的教学研究内容。因此，通过论文写作可以提高学生作为一名历史教师的研究能力和素养，以保证历史教学质量的提高。因此，本科学生在校期间的史学论文写作训练就显得非常必要和重要。

（1）课程设置上。主要以"史学论文写作"课程为主，对论文的选题、开题、结题以及论文的资料搜集、整理、甄别、选择都有专门的讲解，并会选取优秀的科研论文进行详尽剖析。共有36学时。

（2）论文写作的日常训练。利用课程阶段性作业、期中检查、期末检查等形式完成课程论文的写作。这种写作都是在各任课教师的具体要求下进行的。

（3）毕业论文的设计和写作。毕业论文是考核学生学习成果的重要内容之一，因此毕业论文写作也成为一项独立的教学工作。对于这项工作，从学校教务处到学院，各个环节的具体安排都是相当严格的，需要认真执行。首先是教师设计和提供论文题目，论文题目与各自的学科相符，并且与往年的论文题目相比，重复率不得超过30%；其次是学生对论文题目和指导教师的选择。每位教师指导本科论文的数量不得超过10篇，以保证论文指导的质量。再次是指导教师和学生见面，确定论文的最后选题。复次是学生写出论文综述来说明论文选题的合理性和可行性。在此基础上，学生进入全面的资料搜集、整理、选择的阶段和写作的阶段。经过教师的多次反复论证修改后，最后确定论文是否可以结题。

总之，作为师范生，史学论文写作能力的训练，对历史教学实践、历史教学理论的发展、历史教学实践的提炼和升华都将起到积极的作用。这种初步的能力培养，使得历史专业教学工作以及教师在论文写作指导方面，不再是限制于毕业论文的指导工作上，而且也在教师日常的教学活动中潜移默化地传授和讲解论文写作的基本技巧和方法。

3. 基础教育研究性学习的探讨

设立"综合实践活动"，这是我国基础教育课程改革在课程结构上的重大突破，是近年来我国基础教育课程改革实践中涌现出来的一种崭新的课程形态。综合实践活动包括研究性学习、社区服务、劳动和技术教育等具体内容。2000年9月，研究性学习作为必修课纳入《全日制普通高级中学课程计划》（试行修订稿），全国十省市先期试验。之后不久，教育部发出通知，要求2002年9月1日全国各省市高中使用《全日制普通高级中学课程计划》，也就是正式把研究性学习纳入了课程体系中。研究性学习增强了学生关于社会发展的联系，可以说从根本上改变学生的学习方式，并为学生的全面发展、为培养创造型人才提供了时空上的保证。研究性学习在面向21世纪基础教育课程体系中具有突出地位，并将作为必修课程贯穿于小学至高中整个基础教育阶段。对于基础教育课程改革中如此重大的问题，如何在历史专业中得到落实，以使师范生能尽早尽快地了解中学历史教学的新理念、新方式、新方向，是大家普遍关心并需要得到落实的问题。

2003年起，历史专业在课程设置中对这一问题进行了认真的讨论，并确定将历史研究性学习作为一门任选课程正式纳入教学计划中。当然，这一重要问题不可能通过开设一门教学实践性课程就可以解决，而且急需从理论上对其进行准确的定位和分析，并就其教学内容作出合理的选择。为此，我们先后申报省级、校级教学研究课题"面向21世纪中国现代史课程教学内容体系改革探讨"、"中小学新课程与高师历史教学改革"。并组织教师展开了大量的研究工作，一是组织编写了《适应基础教育课改 深化高师历史教学改革》自编教材（未正式出版）；二是发表了一些研究论文，比如《高中历史研究性学习问题综述》（《历史教学》2004年第5期）等；三是到烟台市一些中学进行走访调查，和领导、教师、学生座谈，了解各个学校在落实研究性学习中采取的一些具体做法，并提出一些建议，使高师历史教学理论研究与中学历史教学的实际紧密结合。

历史专业为了切实抓好应用型人才培养这项工作，以学科专业课程为学生打下坚实的历史知识基础，以实践教学环节为学生搭建适当的操作平台，既加强了历史学科专业的建设，也使历史专业的实践教学环节得到了完善和发展。

（三）历史专业应用型人才培养的基础理论研究

实践教学环节的加强和发展，离不开教学理论的研究，离不开师资队伍的建设。近十年来，在历史文化学院的上下一致努力下，不仅在实践教学过程中形成了较为稳定的教学结构和实践模式，而且教学理论的研究也有了较大的突破。

1. 以"历史课程与教学论"和"学科教学（历史）"硕士点为依托，建立理论研究的基础

历史文化学院在基础教育课程研究方面设有"历史课程与教学论"和"学科教学（历史）"两个硕士点。其中"历史课程与教学论"研究方向以基础教育课程的理论研究为主要方向，"学科教学（历史）"研究方向侧重于基础教育课程的实践性教学研究。在"学科教学（历史）"方向又分为全日制教育和在职教育两种形式。在职教育研究生中大多数学员都是各个中学校第一线的教师，从初一到高三各个学级的教师都有。这些教师也为我们的教学研究提供了大量的教学研究信息。比如，2010级的学生在论文设计中有《初中生合作学习研究》、《高效、思维、和谐、对话：烟台市教学模式探究——以烟台三中为例》等，还有以潍坊市、平度市、文登市等各类学校为主体的研究形式，这些都在不断地丰富着我们的教学理论研究方向，也为历史专业本科教学实践提供了真实、有效的理论支持。2011年，胡瑞琴副教授申报并获批省级研究生教育创新计划项目《实习基地建设研究：鲁东大学历史文化学院与烟台中学合作培养研究生模式探索》。

2. 历史专业本科生教学研究课题的申报和完成

自2002年后至今，先后申报校级和省级研究课题"中小学新课程与高师历史教学改革"、"面向21世纪中国现代史课程教学内容体系改革探讨"、"以培育民族精神与培养创新能力为重点，充分发挥历史教学在人文素质教育中的作用"、"加强史料与史学动态教学，努力适应基础教育阶段历史研究性教学模式的要求"、"现有中学历史课堂教学模式实施状况及其评价"、"大学生'应用型'学习与烟台文化遗产的保护——以历史学专业本科人才培养为考察中心"等十多项。这些教学研究成果或者以论文、论著的形式完成，或者以研究报告的形式完成，有结项的，还有部分在研的。

3. 论文论著以及自编教材的发表、出版和使用

自2000年起，历史文化学院对于学生的培养目标从"培养合格中学教师"的目标转向"培养对21世纪社会具有广泛适应性的复合型人才"的模式；同时也实行了"双轨制"的培养模式（中学教师和向高层次发

展）相适应，为了积极配合教学实践的有效进行，学院组织教师编辑了《中学历史教师职业技能训练讲义》一书。2004 年，结合基础教育课程改革的精神，为了全面推进和深化素质教育，让教师和学生尽快地了解基础教育改革的总体形势，学院组织教师编辑《适应基础教育课改，深化高师历史教学改革》一书。并在此基础上发表了大量与基础教育课程改革有关的研究论文，比如，《基础教育实施课程标准对高师历史教学的挑战》（《烟台师范学院学报》2004 年第 1 期）、《基础教育改革对"历史教学论"的影响》（《烟台师范学院学报》2004 年第 3 期）、《高中历史研究性学习问题综述》（《历史教学》2004 年第 5 期）、《"历史教学论"概念的演进历程》（《中国成人教育》2006 年第 10 期）、《以新课程与研究性学习理念推进历史教改》（收入李清山主编：《以评估促发展全力推进综合大学建设》，山东大学出版社 2006 年）、《高师历史教学论课程改革初探》（《中国成人教育》2007 年第 11 期）、《"历史教学论"学科性质论略》（《世纪桥》2007 年第 4 期）、《试析历史教学方式及其转变》（《历史教学问题》2008 年第 4 期）《从"忽略"到"重视"——对"过程与目标"的一点看法》（《历史教学问题》2010 年第 1 期）等。

4. 历史教学法教学团队建设

建设教学团队是高校在创新教学组织形式上的一种实践，也是推动本科教学改革、提高教学质量的重要举措。近年来，教育部、财政部全面实施高等学校本科教学质量与教学改革工程，先后出台了一系列重要文件，明确提出加强本科教学团队建设的工作要求。经过近年的不懈努力，历史教学法教师队伍建设有了明显的提升。2012 年，历史教学法教学团队申报校级教学团队，并努力成为优秀的校级教学团队之一，在此基础上，努力成为省级优秀教学队伍。历史教学法教学团队以鲁东大学历史文化学院教材教法教研室为基础组建，主要负责历史教学论、微格教学、教育实习等基础课与历史研究性学习、中学历史教材分析等选修课的教学任务。有历史课程与教学论、学科教学（历史）2 个硕士点，可作为历史教学法本科教学的支持和建设平台。团队目前共有 7 名成员，有山东省教学名师 1 人，省级学术骨干 1 人，有教授 2 人，副教授 4 人，有博士学位人员 4 人，在岗人员具有博士、硕士学位 6 名，学士学位 1 名。团队 7 名成员毕业于北京师范大学、浙江大学、中国人民大学、河北师范大学等高校，多具有名校受教育背景，教学、学术研究结构良好。50 岁以上 1 名，40～49 岁 4 名，30～39 岁 2 名。是一个学历、职称、年龄、学缘结构合理，合作精神优良的教学团队。这支教师队伍将为历史专业在应用型人才培养方面作出积极的贡献。最终目标就是历史文化学院的师范毕业生在专业知识水平上力争不低于综合性大学毕业生，在教育教学技能上则要明显高于综合性大学毕业生。

让我们为此而不懈努力。

高校历史专业课程建设的意义和思路

赵慧峰

课程建设是专业建设的重要基础。我校历史专业多年来一直重视课程建设，曾获批省级教改试点课程 1 门、省级精品课程 3 门，取得了比较显著的成绩。这里结合我院课程建设的实际，谈谈高校课程建设尤其是历史学专业课程建设的意义和思路。

（一）课程于高等教育的意义

课程之于高等教育究竟具有怎样的意义，可以从以下四个方面理解：

1. 课程是实现教学目标的保证

"高等教育肩负着培养数以千万计的高素质专门人才和一大批拔尖创新人才的重要使命"[①]，其"根本任务是人才培养"[②]，尤其对教学型大学来说，情况更是如此。围绕这个根本任务，高等学校有诸多工作需要开展，其中最重要的是教学。教学离不开课程，教学工作是附着在一门门具体课程之中的实践活动，是育人工作的核心，是高校内涵和质量建设的重要内容，课程建设在高校中的地位就是在这样的逻辑关系中被推导出来的。课程不仅将各科教学内容和进程整合成一个便于教学的体系，而且每一门课程都是依据一定的体系所绘就的人才培养的蓝图，是实现教学目标的方案和途径，是教学活动中最实质的因素。其既是实现培养目标的重要途径，又是教学改革的突破点，处于教学体系的中心地

---

① 《教育部 财政部关于实施高等学校本科教学质量与教学改革工程的意见》（教高函[2007]1 号）。

② 《胡锦涛在庆祝清华大学建校 100 周年大会上的讲话》，《人民日报》2011-04-25.

位，直接制约着高教质量的高低，是高校创新人才培养的核心与关键。

2．课程是专业建设的单元

高等学校是依一定的专业划分进行高素质、专门化人才培养的基地。专业，指高等学校根据社会专业分工的需要而设立的学业类别，各专业都有独立的教学计划，围绕教学计划实现自己的专业培养目标和要求，或言高等学校的专业就是由一系列课程所组成的人才培养体系，课程是专业建设最基本的单元，教学计划的实质就是课程和学时的设计和分配，一个专业到底体现哪些知识特点，包含哪些知识体系，围绕该专业设计的一系列课程群中所承载的知识和内容就是其最具体的体现。

3．课程是教与学的连接方式

课程是专业的载体，是知识传授的重要渠道，教学的内容被科学地编制进一系列课程当中，所谓人才培养，或教育的过程，就是教师按照不同的课程编排，将相关知识传达给学生的过程，而学生获取专门知识和技能的过程，也就是以课程为媒介，实现知识、技能从教师向自身的转移的过程。教师是通过课程落实教学工作，向学生传授相关专业知识的，同时，学生也是通过每一门具体的课程获取相关专业的基本知识和基本技能，从而积聚起自己的专业素养和创新能力。课程是连接教与学的媒介和载体，是师生互动的平台和渠道，是实现教学目标的重要因素。

4．课程是各教学元素的汇集点

教师、学生、教学内容、教学方法等构成教学的诸要素，在这些元素组成中课程无疑是它们之间的汇集点。教学内容依据一定的规律被编排在一定的课程体系和具体课程中，实现自己的具象化和具体化；教师以课程为载体实现自己对知识的展示和传达；学生通过具体的课程感受知识的实质，接受教师所传达的信息；课程对教师的教学实践包括教学方法同时也起着一定的规约和导引作用。在教学活动的全过程中，课程实际上是连接教师与学生的媒介，承载知识和信息的平台，约定方法和手段的中心，是教学各元素的积聚点，发挥着中心与核心的作用。

总之，课程处于教学体系的中心地位，直接制约着高教质量的高低，是高校能否适应社会发展、培养创新人才的关键。因此，只有重视高校课程建设，才能使高校发展与社会经济、科技发展相适应，培养出适应新世纪的高素质人才。

（二）课程建设的门类

课程是一个反映社会发展需求和阶段的知识载体，总是随着一定社会的发展而处于一种动态的发展变化过程中，是一个建立在一定文化传统之上，并与一定国家和社会的经济发展相适应的产物。我国高校目前的课程体系是在接续我国教育与文化发展的脉系和基础的情况下，结合改革开放以来国家建设和社会发展的实际需要，以经济建设为中心，面向时代、面向现代化、面向国际而构建起来的，在内容上体现了改革开放以来的社会需要，承担了转型期人才培养的目标和任务。但是，人类历史上没有一种无需改变，可以一劳永逸的课程模式，高等学校要胜任人才培养的任务，就必须追踪时代的发展，适时更新教学内容，不断探索课程改革和建设的模式和经验。由于各类院校的性质、层次、任务与目标不同，课程体系模式也不完全相同，在同一学校中，课程又被分为不同的类别，有各专业学生必须学习的公共基础课、某一专业学生必须学习的基础理论、集中体现专业特点的专业课和为了扩展学生知识面而设立的跨专业、跨学科的公共选修课。

课程建设和改革要统领上述各个方面的情况，从适应性、多样性和发展性相统一的高度进行课程建设，将高校课程建设置放在教育适应社会发展动态的、多样性的背景中进行设计。要统一教育观、质量观和人才观的转变，要考虑课程的地位、作用、特点以及学科间的横向联系；要从教学模式、教学内容和教学方法上综合入手，要兼顾知识传授、技能的提高，全方位考虑课程建设的问题。

首先，课程建设的出发点是保证人才培养目标的实现，而社会对人才的要求是多元化的，各高校的层次不同，对自己的发展模式和办学特色的定位也必然不同，课程建设要体现不同层次的学校定位，根据研究型人才、应用型人才、技能型人才以及复合型人才等不同类型的人才培养目标，区别不同情况，确定自己的课程建设目标。

其次，课程建设要与社会发展、经济建设、科技进步的要求相适应，与人的全面发展需求相适应，与高等教育大众化条件下多样化的学习需求相适应，与高等教育课程改革与建设的国际化趋势相适应，同时，还要兼顾基础教育与研究生教育，实现高等教育上连下接的功能与目标，与基础教育和研究生教育的课程建设相协调。

第三，课程建设还要区分各门课程在整个人才培养计划中的作用和种类，按照主干课程与分支课程，基础课程与选修课程，理论课程和实践课程，一般课程和研究性课程等，制订科学的建设规划。以主干课程体现学科的主旨和发展趋势，以分支课程关照学科的发散和学科间的交叉，同时关注与经济、社会发展密切相关的各新兴和前沿学科，对各个层面的课程建设予以分别设计和施力。要在结合学校定位和人才培养目标的基础上分类设计出一批诸如合格课程、优质课程、重点课程、精品课程和双语试验课程等不同课程的建设标准，统筹规划，分期、分批进行建设。由于高等教育前期投入的限制，高等学校的办学条件一直并不充分，与高校其他方面的建设一样，课程建设的缺口很大，需要投入的环节和方面较为普遍，在这样的情况下，尤其不能平均用力，必须根据课程的现状，结合高等教育形势发展的需要，抓主要矛盾，紧紧抓住影响本科人才培养的关键，选择具有基础性、全局性、引导性、示范性的课程，有效推动本科教育教学改革和人才培养质量的提升，按照校级、省级和国家级三级质量建设体系的思路，对课程建设进行序级推进和展开。建立起一套具有一定操作性和针对性的合格课程、重点课程、优秀（优质）课程、精品课程的质量标准。经过统筹规划，分期、分批建设，采取自评自建与集中组织审评相结合，普及与提高相结合，少数重点课程、优秀课程与合格课程相结合的机制，深入研究教学改革，提高课程建设的功能和实效性。可以以精品课建设为重点，通过精品课程的建设，对整个课程建设起到引领和示范作用，逐渐推进课程体系改革的深入。

精品课程是"高等学校教学质量和教学改革工程"的重要组成部分，精品课程顾名思义，就是具有一流的教师队伍、一流的教学内容、一流的教学方法、一流的教材和一流的教学管理等特点的示范性课程。精品课建设包括六个方面内容：一是教学队伍建设。建设起一支由学术造诣较高、具有丰富授课经验的教授担任主讲，年龄结构合理，教学水平高，教学效果好并相对稳定的教师梯队，作为课程讲授的基本保证。二是教学内容建设。要广泛吸收先进的教学经验，积极整合优秀教改成果，体现新时期社会、政治、经济、科技的发展对人才培养提出的新要求，要将本学科领域最前沿的成果和信息及时反映在课程内容中，保证课程内容的先进性和科学性。三是教学方法和手段方面的建设。要改革传统的教学思想观念、教学方法、教学手段和管理方法，合理运用现代信息技术等手段，借助高科技的设备和手段，通过网络与学生进行即时的沟通和交流，将相关的教学大纲、教案、习题、实验指导、参考文献等所有网络资源免费开放，实现优质教学资源的共享。四是教材建设。选用国家级优秀教材和国外高水平原版教材，同时注重教材的整体性和系列化建设，鼓励建设一体化设计、多种媒体有机结合的立体化教材。五是实验建设。高校学生的素质、质量直接关系千家万户，直接关系到人才的整体实力和水平，而其素质、质量既体现在对政治理论与专业基础理论的掌握程度，体现在对科学知识体系的熟悉程度，也体现在或者说更体现在处理实际问题的能力、自主创新的意识和实践动手的能力中，知识来源于实践，能力来自于实践，素质养成于实践，各种实践教学环节对于培养学生的实践能力和创新能力尤其重要。要高度重视实验、实习等实践性教学环节，大力改革实验教学的形式和内容，鼓励开设综合性、创新性实验和研究型课程，通过实践培养和提高学生的创新能力。六是机制建设。要采取一定的措施，鼓励高水平教师积极投身学校的教学工作，同时各高等学校要通过精品课程建设，建立健全精品课程评价体系和学生评教制度，促使精品课程建设的持续发展。

要准确定位精品课程在人才培养过程中的地位和作用，正确处理精品课程和普通课程、单门课程建设与系列课程改革的关系。要将精品课程和其他优质课程、合格课程的不同层次的课程相关联，在一个课程群的总体框架中通盘考虑课程建设的总体方案，在兼顾教育观、质量观和人才观的大局中考量不同课程的地位和作用，结合各门课程的特点和学科间的横向联系，发挥好精品课程的示范和引领作用，以精品课程建设带动其他课程建设，通过精品课程建设提高学校整体教学水平。

双语教学示范课程是教育部 2007 年开始启动的课程建设门类，旨在"培养一批教学理念先进、教学方法合理、教学水平高的双语教学师资，发挥项目的示范辐射作用，提高高等学校双语教学水平"[①]。按照分批建设的原则，从 2007 年至 2010 年，每年都确定有关学科领域进行重点

---

① 《教育部 财政部关于实施高等学校本科教学质量与教学改革工程的意见》（教高函[2007]1 号）。

建设，共支持建设了 500 门双语教学示范课程。双语教学示范课程的建设内容包括双语师资的培训与培养、聘请国外教师、专家来华讲学、先进双语教材的引进与建设、双语教学方法的改革与实践、优秀双语教学课件的制作、双语教学经验的总结等。同时，积极利用现代教育技术手段，共享相关教学资源，以发挥示范辐射作用。双语教学示范课程的建设，有利于形成与国际先进教学理念和教学方法接轨的、符合中国实际的、具有一定示范性和借鉴意义的双语课程教学模式，有利于培养学生的国际竞争意识和能力。

以上是教育部从整体建设的思路对课程建设进行的设计和思路，对各类高校的课程建设工作无疑具有重要的指导意义。除此之外，各地、各类高校还根据自己的办学定位和特色，重点设计和思考自己的课程建设方案和目标，因地制宜，全面创新课程改革的新局面，如山东省在"十二五"期间进行了省级精品课程群建设。

（三）如何进行课程建设

1. 课程建设首先必须与人才培养的目标相一致。要在党的教育方针总体目标下，以邓小平理论和"三个代表"重要思想为指导，深入贯彻落实科学发展观，全面落实教育规划纲要，紧紧围绕人才培养这一根本任务。同时，课程改革和建设必须适应本国政治、经济和社会发展的背景与进程，根据我国经济体制、政治体制及社会主义现代化建设的实际需要，遵循教育教学规律和科学发展规律，本着推动科学技术进步，提高民族素质，增强综合国力的要求，建立符合我国实际，具有中国特色的大学课程体系，以适应我国社会主义现代化建设的需要，培养出适合未来发展和面向世界，具有国际视野的高水平的多类型创新人才。

2. 课程建设要有明确的质量标准。课程建设要关照高等教育质量的多维复合性特点，以全面实施素质教育为战略主题，以提高本科教学质量为核心，加强质量标准意识，着力于优化专业结构，用心于创新人才培养模式的尝试，致力于提高学生实践创新能力，大力提升人才培养水平，深入研究教学改革，提高课程建设的功能和实效性。提高课程改革在教学质量上的引领、示范、辐射作用，更好地满足国家经济社会发展对应用型人才、复合型人才和拔尖创新人才培养的需要。使高校通过一定时间的建设，绝大多数必修课程达到一个较高的水平，并创建出具有特色的重点课程，使高校的整体教学水平再上新台阶。

3. 建立一支素质高、结构合理的教师队伍，是搞好课程建设的关键。教师的整体素质关系到培养人才的质量，培养高素质教师队伍是高师课程建设的基本前提和内在需要。应根据《面向21世纪教育振兴行动计划》中的高层次创新人才工程，规范教学管理制度，强化教师的敬业精神、竞争意识和责任意识，积极开展教师培训、教学改革、研究交流、质量评估、咨询服务等各项工作，提高本校中青年教师教学能力，在满足教师个性化、专业化发展和人才培养需要的同时，建立一支业务过硬、素质优良、结构合理、教学科研相结合的相对稳定的教师队伍，以保障课程改革的顺利进行和教学质量的稳步提高。

4. 课程评估是做好课程建设的重要手段。课程质量评估是课程建设的重要环节，教学管理部门要建立课程建设档案，认真研究、分析课程建设的基本情况，要加强课程建设和其他教学基本建设，通过教学督导、教学考评、教学检查观摩、教学追踪测评、检查评比、听课评课等一系列措施，从教学基本环节抓起，加强教学质量监控，严格教学管理，增强各课程的管理意识，强化教师的质量意识。评估目的是为了保证本科教学质量，巩固教学工作的中心地位。开展对课程的硬件和软件的评估，可以了解课程建设的进展情况，把好课程建设质量关。通过课程评估和对合格课程的检查验收，为制定重点课程和优秀课程建设规划提供依据。

淡化学科边界，以基于学科关联度的有机整合

引领全面素质教育

——省教育规划项目《"基本能力测试"与学科关联度研究》
结题报告

鲁东大学历史文化学院　　　　　　俞祖华
烟台职业学院德育教研室　　　　　于　军
鲁东大学文科学报编辑部　　　　　赵慧峰
鲁东大学艺术学院　　　　　　　　王　刚

从 2007 年开始设立的山东省高考科目"基本能力测试"考试范围涉及高中新课程的技术、艺术、体育与健康、综合社会实践、人文与社会、科学六个学习领域 11 个具体科目的必修内容及相关内容。该考试科目的立意是引导实现不同学科的有机整合，引导考生实现不同学习领域的融会贯通，从而促进学校全面实施素质教育，促进学生全面发展；不能将该科目视为六个领域课程的简单拼盘组合。因此，需要具体探讨"基本能力测试"高考科目所涉及学科之间的学科关联度，探讨"基本能力测试"高考试题设计中学科关联度的呈现形式，进一步加强试卷的整合性、综合性，体现好引导全面素质教育的要求。

（一）全面、准确地理解"基本能力测试"科目的整合性特征与学科关联度的内涵

1. 整合性是"基本能力测试"的基本特征与重要特色，也是其最重要、最基本的命题指导思想，是使其成为山东省独具特色、别具一格的考试科目的基本因素。2007 年基本能力测试考试说明"整合性"一栏中，

提到"打破学习领域与学科界限，以研究主题的形式借助一定情境对各相关领域与学科知识进行适度的整合，不机械划分各学科所占分值的比例"。2010 年基本能力测试考试说明提出：继续完善"基本能力测试 1"科目，加大命题内容和命题形式的改革力度，加强考试内容和命题形式改革，进一步体现跨领域、跨学科、综合性的要求，使考试内容更加注重综合素养、更加注重综合能力的考核，引导综合性学习，引导关注社会生活。

"基本能力测试"考试科目所要求的"整合性"，与文科综合或理科综合的"拼盘综合"不同，文科综合或理科综合都是以各自的学科分值和独立的题目介入，不存在 3 门学科掺在一起的试题，而"基本能力测试"注重基于学科关联度的学科整合，注重"知识与技能"、"过程与方法"、"情感、态度与价值观"目标的有机统一，强调以体现学科交叉、领域交融、目标交集的呈现方式体现整合性。

2. 高考科目"基本能力测试"所要体现的基于学科关联的整合性，体现了全面素质教育的要求，符合新课程改革的理念。注重课程目标的完整性，强调学生全面发展，实施课程整合，是新课程的重要理念。《基础教育课程改革纲要·试行》在基础教育课程改革的具体目标中提出："改变课程结构过于强调学科本位、科目过多和缺乏整合的现状……以适应不同地区和学生发展的需求，体现课程结构的均衡性、综合性和选择性。"

3. 全面理解与把握"基本能力测试"科目的整合性。"基本能力测试"所引导的整合，不只是学科知识的综合，同时也是素质、素养、能力的交叉渗透，不仅知识点的布局要体现素质教育的要求，而且要更加注重综合素质、综合素养、综合能力的考核。

"基本能力测试"科目的整合、综合，其重要方面有：（1）知识整合，包括同一学科不同学习板块之间的知识整合与不同学习领域、不同学科乃至文理之间的知识整合。同一学科内，有时需要打破教材体系，将不同学科方向、不同学习时段、不同单元有联系和系统的内容相对集中，形成一个比较完整的知识体系，建构新的知识系统。不同学科之间，则形成基于学科关联度的跨学科知识框架。在上述两种整合中，"基本能力测试"更着重于引导跨学科的知识整合。（2）体现"知识与技能"、"过程与方法"、"情感、态度与价值观"三维目标的有机统一，实现目标的整合。既要把培养知识传承与知识创新能力放在重要地位，同时也要重视培养学生的创新精神和实践能力、收集与处理信息能力、分析与解决问题能力、交流与合作能力，重视培育与发展学生的亲情与爱心、责任感与使命感、担当精神与奉献精神等。把知识与思维、理论与实际、感性与理性辩证统一起来。（3）理论性课程与实验实践教学、综合实践活动的整合，课程与现实生活的整合。新课程观认为课程不仅是知识，也是经验、活动；不仅是文本课程，更是体验课程；是教师和学生共同探求新知识的过程。要引导学生关注社会、关注生活、关注实践，以所学学科素养观察、分析、解释、解决社会生活中的实际问题，实现学科知识与日常生活的整合。（4）国家级课程、地方课程与校本课程等各级课程的整合。

4. "基本能力测试"所要实现的整合、综合，应当建立在学科关联度的基础之上。是否能够实现基于学科关联度的有机整合，是检测"基本能力测试"作为高考科目能否立足的主要依据。学科与学科、学科方向与学科方向之间的关联度越大，综合化程度就越高，整合就越成功，这是整合性为基本特征、以引导全面素质教育的"基本能力测试"考试科目的价值所在、生命力所在。如果把毫无关联或关联度很小的学习内容进行拼凑，让学生记忆，甚至作为考试内容，那只能增加学生的负担，而起不到培养学生融会贯通能力的作用。学科之间关联关系越密切，据以进行的整合就越成功。

5. "基本能力测试"所涉及的学科关联度，是指作为其考试范围的六大学习领域的各学科之间的关系，包括文理之间、六大学习领域之间、具体学科课程之间、某一课程的不同学科方向不同模块之间的相互关系。一是文科与理科的关联。1978年恢复高考时实行了文理分科，以分科教育培养各类专业人才的制度。由于高考的导向作用，高中也实行了文理分科，一般是在高一进入高二阶段进行的。虽然实行文理分科，但是不管文、理科都包括语文、数学和英语，所分的科目为政治、历史、地理、物理、化学、生物。高考科目"文科综合"包括政治、历史、地理；"理科综合"包括物理、化学、生物。随着新课程改革的推进，取消文理分科制度的呼声渐高，山东省也明确将取消文理分科作为高考改革的方向。设置"基本能力测试"科目的重要目标是纠正文理偏科，促进学生全面发展。其目标不应是"基本能力测试"试卷上既有文科的题目，也有理科的题目，文科生也要应考理科，理科生也要应考文科，文理科"所有科目都考"；而是要引导基于关联度的文理交叉、文理交融，通过"文中有理、理中有文、文理交叉、文理融合"的试题设计，引导学生全面接受基本的包括人文素养与科学素养在内的、包括人文精神与科学精神在内的、包括人文哲理思辨与科学思维在内的通识教育、复合素质教育。二是六大学习领域的关联。以整合性为突出特征的"基本能力测试"考试科目的设置，是为了适应基础教育新一轮课程改革，全面提高学生素质与改变过于强调学科本位、科目过多、课程内容缺乏整合的理念。新课程由原来单一的科目构成变成了学习领域——科目——模块三个层次，设置了语言与文学、数学、人文与社会、科学、技术、艺术、体育与健康和综合实践活动八大学习领域。新课程改革中设置了综合性的课程，加大了综合社会实践课时的比重，但还需要在整合不同学习领域基础上进一步实现融会贯通。"基本能力测试"科目旨在引导学生关注所涉及的除语言与文学、数学以外的六个不同学习领域的关联、课程学习与社会实践的关联，通过打通、贯通、会通，促进学生和谐全面发展。三是具体科目课程之间的关联。六大学习领域之下，又细化为具体的科目课程，如"人文与社会"之下的历史、地理、政治，"科学"之下的物理、化学、生物，"艺术"之下的美术、音乐等。不同科目、课程之间，包括同一学习领域的不同科目之间、不同学习领域的不同科目之间，也有相互关联之处，也有相互联系、相互启发、相互补充的地方，这是"基本能力测试"所引导的整合、综合的又一层面。四是同一科目不同学科方向、不同模块之间的关联。模块是基于明确的教学目标，围绕某一特定内容，整合学生经验和相关内容，所构成的相对完整的学习单元。"基本能力测试"科目以整合为特色，就意味着决不能把孤零零的知识点作为考点，必须体现一定层面的整合性，而最起码、最基础层面的就是同一学科不同学习模块之间的整合与不同学习阶段之间的整合。

（二）"基本能力测试"：探索实现基于学科关联度的有机整合的思路与策略

1. "基本能力测试"的整合与综合要坚持"关联性、大跨度、开放型、交互式"等原则和特点。"关联性"要求整合必须依据有机的联系，必须基于学科关联度，不能将毫不相关或关系不大的知识、技能、素养进行机械拼接；"大跨度"就是要打破学习模块、学科课程、学习领域及文理的界线，追求多种学科、多种学习领域的综合，从不同的角度、不同的领域，以不同的方法、不同的思路对问题进行切入、解释、分析、解决，整合的立足点与重点不是学科内整合，而是多学科、跨学科整合；"开放式"就是以高中生应具备的适应社会生活最基本的基础知识、基本技能、学习能力为依据，在面向时代、面向社会、面向生产生活进行多元知识、多种技能与复合素养的应用，在解释与解决现实问题、实际问题中进行整合，即"整合的切入点在于课程与社会生活的结合，整合的目的在于通过多学科的知识与能力的融合来解释自然或社会现象、解决实际问题"；"交互式"是指整合要做到"你中有我，我中有你"，淡化学科色彩，融多学科为一体，集多学科为一题，或者通过一个考题设计考查多学科知识、多样能力、多种学习目标。

2. 运用不同策略，实现"基本能力测试"基于学科关联度的整合特色。美国学者雅克布斯把课程整合划分为六种不同的设计策略，这六种设计策略是：（1）学校本位的设计，即在学科的框架之内实现课程内容的整合；（2）平行设计，即将两门相关的学科的某些主题安排在同一时间教学，而把建立两门平行学科之间的关联的责任交给学生；（3）多学科设计，即围绕一个共同的主题将多个相关学科整合在一个正式的单元或学程里；（4）跨学科设计，即将学校课程中的所有学科有意识地统合在一起，形成常规的大单元或学程；（5）"统整"设计，即完全从学生生活世界或好奇心出发而开展活动；（6）现场教学，这是跨学科设计的一种极端方式，以学生所在的学校环境及日常的生活为内容展开学习，是一种完全的整合设计。上述策略是着眼于教学提出的。作为高考科目"基本能力测试"的整合策略则要着眼于考试命题，主要有：（1）创设一定有利于实现整合的情景。借助一定情景，置于不同的背景，从不同学科、不同学习领域的角度去理解。（2）从不同角度、不同学科解读、释义概念，进而揭示它们之间的联系。例如"变化"这个词，可能和历史学上的发展、生物学上的进化、物理学上的伸缩、化学上的周期规律、数学上的数字序列等联系起来。（3）采用主题呈现方式，以问题为中心，通过不同学科（如生物学、化学、政治、经济学等）的知识和思维方式去寻求解释与解决。（4）以活动为载体，以实践为桥梁，在感悟、体验、确证生活中形成各学科、各学习领域知识间的有机联系。总之，是从背景、概念、主题、活动等角度介入，"以研究主题的形式"、"借助一定情境"，采取不同策略实现整合。

3. 根据"基本能力测试"所涉及的六个学习领域中的不同学科、不同学习领域之间隐含的两两或多元的学科关联关系，实现不同层面、不同形式、不同类型的整合。依照关联的跨度，可以区分为两个科目课程、两个学习领域之间的"两两关联"和多个科目、多个学习领域之间的"多重关联"，或区分为同一科目不同学习模块、不同学习阶段之间的内部关联和不同学习领域、不同模块之间的外部关联，据此整合类型为"两两整合"与"多向整合"，或为包括文理交叉、跨学科整合、跨学习领域整合在内的"外部整合"与同一科目不同学习模块、不同学习阶段之间的"内部整合"。依照关联内容，可以区分为"基于主题共现"，从不同学科、不同学习领域、不同角度研究相同或相似主题的"主题整合"；基于相同或相似方法被交叉运用于多学科、多学习领域的"方法整合"；技术技能被运用到多学科、多学习领域，如信息技术被广泛应用于各学科、各学习领域的"技术、技能整合"[①]；以多学科、多学习领域知识、素养与方法解释、解决实际问题的"综合社会实践"或"实际应用整合"；以多学科、多学习领域知识、素养与方法解读、认可、支持主流价值与社会共识的"价值整合"，"价值整合是指国家的主导价值观取得社会各方面认同和支持的过程"[②]；体现新课程"知识与技能、过程与方法、情感态度价值观"三维目标有机统一的"目标整合"，"以'知识技能'为主线，渗透情感态度价值观，并充分地体现在过程和方法中"[③]。

4. "基本能力测试"所引导的学科整合，对教师教学、学生学习与考试命题都提出了更高的要求。学科整合通过各科目课程教师之间的合

[①] 教育部在《基础教育课程改革纲要（试行）》中提出：大力推进信息技术在教学过程中的普遍应用，促进信息技术与学科课程的整合，逐步实现教学内容的呈现方式、学生的学习方式、教师的教学方式和师生互动方式的变革，充分发挥信息技术的优势，为学生的学习和发展提供丰富多彩的教育环境和有力的学习工具。

[②] 邓云：《关于知识经济发展的社会学思考》，《广东农工商管理干部学院学报》2000 年第 4 期。

[③] 杨钦芬：《新课程三维目标的解读与整合策略》，《教育学术月刊》2008 年第 7 期。

作来完成，但要实现有机整合，还需要实现各学科的协调与对接，还需要参与整合的教师不仅具备本学科的知识、素养，还要具备宽阔的视野，具备完成整合所涉及学科、学习领域的通用知识、基本素养，还要具备基本的课程整合理念并接受相应的培训。实际上，与其他科目课程实现"外部整合"，也是各科目课程标准对课程目标与任课教师提出的要求，各科目教师也为跨学科整合进行了各种尝试。

（三）"基本能力测试"学科整合的实践探索：以高考命题为例

1. "基本能力测试"科目在以往5年的高考命题中，对学科与学习领域的整合进行了有效的、不懈的探索，做到了"基于学科关联度的有机整合"。如有的一线教师在评价2009年考题时指出：2009年试题的整合性，除了把精力花在每道小题与主题的整合上之外，更是下了大功夫在"小题"内部的整合上。也就是说，每道选择题下设的每个选项都力争从不同的学科领域或侧面设计，每个简答题或分析题也要求学生从不同的角度思考以组合答案。不是对各种不相关的基本能力的机械拼合，而是围绕特定情境和问题而设计的，具有内在关联的跨领域多学科知识和能力的融合。各个年度的命题者在整份试题的整合、第I卷第II卷的整合、每个主题之下各小题的整合、每小题之下各设问的整合、每道选择题下设的每个选项等各层面，都作了精心布局、设计，实现了跨学科、跨学习领域的有机整合。

2. 试卷的整体设计及第I卷第II卷的整合，体现的是每份试卷在总体上的整合性、综合性，是命题者对"基于学科关联度的有机整合"的宏观层面的追求。2007年推出的第一份试卷，在试题的整体设计上立意较高，视野开阔，具有比较周密的整体考虑和比较严密的逻辑结构，科学地、成功地综合了对不同学科基本知识与能力的考核，突出了基础性和整合性，较好地体现了对全面素质教育的导向作用：一是有利于引导中学按照高中课程方案要求开齐开好课程；二是有利于纠正文理偏科问题，培养学生的综合素质；三是有利于引导学生观察、关注与热爱生活，并运用所学知识解决生活与社会实际问题；四是有利于引导学生注重知识、能力、素养、情感与价值观等方面的全面发展等。2008年试题，以"爱"为总主题，从爱自然、爱生活、爱科学，到爱蓝天、爱大地、爱祖国、爱祖国文化，自始至终，一以贯之；又以传统文化的天地人为"三材"、人居天地之间而为万物之灵的思想作为第Ⅱ卷总体布局的基础，体现了深厚的人文关怀与深情的生命关爱。2009年试题第Ⅰ卷以时间为总主题，包括了"春天终会来的，谁也阻挡不住那波涛一样的绿色旋律"、"花草烂漫的春天固然可爱，瓜果飘香的秋色却更加使人惊喜。秋天象征着成熟、繁荣与收获"、"人生旅程要穿过一轮又一轮的春夏秋冬。青春是最美丽的，'我们出征，让生命与使命通行'"、"斗转星移，寒来暑往，重复不变的是日月轨道，不断嬗变的是物候风光"、"走进岁月深处，重温千年往事，感受人事代谢，体悟历史与生命的丰富与深刻"等题组；第Ⅱ卷以空间为总主题，包括"家和万事兴。家庭是社会的细胞，是情感的归依与幸福的港湾"、"'你走来，他走来，我们走到一起来。'从乡村与社区走来，融入群体，走向社会"、"心系民族命运，心系国家发展，在实现中华名族伟大复兴的历史征程上，谱写壮丽的人生篇章"、"各国人民生活在同一个'地球村'里，命运休戚与共，理应携手合作"、"沐浴皎洁的月光，仰望闪烁的星空，驰骋无羁的想象，探索宇宙的奥秘"、"世界上最宽阔的是海洋，比海洋还要宽阔的是天空，比天空还要宽阔的是人的心灵"、"'海内存知己，天涯若比邻。'交通与信息技术的发展使人们联系更加便捷"、"细心观察，用心思考，追寻古往今来的岁时变迁，探究由微而著的客观世界"等题组。2010年基本能力试卷整体上由第Ⅰ卷的"天、地、人、和"和第Ⅱ卷的"足迹、融合、思辨、践行、创新"等九个主题词建构的九个主题句构成。试卷在九个主题词的统领之下架构成一个前后紧密衔接、环环相扣的有机体，显得大气而庄重，清新而活泼，命题空间游刃而有余。2011年的基本能力测试试题充分体现了《考试说明》的对整合性的要求，第Ⅰ卷的"自然、人、文化"和第Ⅱ卷的"历史、生活、科技、声音"七个主题词形成一个有机开放的整体架构，融各学科知识于一体，各具特色，相映成辉。整合性加大的一个重要表现是第Ⅱ卷几乎均以题组的形式出现，或多学科的有机组合，或某一学科内容的层层深化。零散的、各自独立的试题明显减少。这一现象从题目数量充分反映出来。前几年的试题大致65道题目上下，今年48道，考查的题点（即答题点）共89个，比去年多5个，考查点不仅没有减少反而增加，这充分体现了2011年试题的整合力度之大。

3. 近年试卷"在每个主题之下各小题的整合、每小题之下各设问的整合、每道选择题下设的每个选项等各层面"也都作了有益的探索。2009年试卷，除了致力于宏观层面的整合，还注意把精力花在每道小题与主题的整合上，把功夫下在"小题"内部的整合上。也就是说，每道选择题下设的每个选项都力争从不同的学科领域或侧面设计，某个简答题或分析题也要求学生从不同的角度思考以组合答案。比如第1题（"一元复始，万象更新。"春天给大自然带来生机，给人们带来希望，给社会带来新气象。下列说法正确的是①春天万物复苏，惊蛰前后大多数蛰伏的动物开始活动；②春风化雨润物无声，齐鲁大地的春雨是由印度洋上的暖湿气流带来的；③"千门万户曈曈日，总把新桃换旧符。"王安石的《元日》描写了元宵节的习俗；④"莫道今年春将尽，明年春色倍还人。"这两句诗可借以表达人们应对国际金融危机的信心）涉及到生物、地理、历史、时政等学习领域。再如第30题（"下列对历史事件发生背景的描述准确的是 A. 圆月高悬的夜晚，伟大文学家屈原投汨罗江而亡；B. 张骞出使西域时，友人弹奏《阳关三叠》以表达惜别之情；C. 金田起义发生时，中国已经完全沦为半殖民地半封建社会；D. 南昌起义发生时，江淮大地已过了梅雨期）涉及到了历史、地理与音乐等学习领域。这种整合不是对各种不相关的基本能力的机械拼合，而是围绕特定情境和问题而设计的，具有内在关联的跨领域多学科知识和能力的融合。2011年试题在小题的跨学科整合上也作出了新的努力，更强调了各科知识之间的联系性，强调了知识的系统性，小题的跨学科整合求新求变，不做简单的拼凑，真正从所涉及学科内容之间的有机联系出发，使选项的组合体现学科关联。第1题（地球，我们共同的家园，江山如画，景象万千。下列说法正确的是 A. "夜来南风起，小麦覆陇黄"，风向因素决定小麦的成熟；B. "春江潮水连海平，海上明月共潮生"，潮起潮落与月球密切相关；C. "月下檐西，日出篱东"，日月星辰东升西落，绕地球运动周期相同；D. "山下桃花山上雪，山前山后两重天"，南坡暖北坡寒是世界各地都存在的现象）以地球为题材，考查考生对地理知识运用能力的同时，还涉及到生物、物理等学习领域。第3题（画家常常用画笔表现神奇的自然。油画《黄山云海》生动描绘了黄山的秀美景色。下列说法正确的是 A. 黄山地处热带地区；B. 黄山是"五岳"之首；C. 该画运用了散点透视中的高远法；D．作品表现出山色苍茫、云海弥漫的意境）通过油画所表现的黄山云海自然景观，将美术鉴赏与地理知识相融合，考查了考生艺术感受、表达与评价的基本能力和对基本地理知识的把握。第26题以齐白石的作品《蛙声十里出山泉》为平台，围绕画面中的小蝌蚪、意境中的蛙声这条主线，巧妙地将美术与地理、生物等学科融合在一起，难辨学科界限。

4. 近年试卷除了在知识与能力的跨学科、跨学习领域有机整合上作了大量探索外，还努力体现"知识与技能"、"过程与方法"、"情感、态度与价值观"的目标交集。试卷中出现了依托学科知识重点考察能力，考察"情感、态度与价值观"的试题。如2008年试卷第二题组"时间是生命的载体，理想是人生的航向，意志是成功的风帆，合作是共赢的保障"之下的各题就体现了"情感、态度与价值观"的引导。（第9题："一万年太久，只争朝夕"，警示人们要珍惜年华。古人对时间的体验与此类似的是①子在川上曰：逝者如斯夫，不舍昼夜；②人世几回伤往事，山形依旧枕寒流；③落霞与孤鹜齐飞，秋水共长天一色；④叹长河之流速，送驰波于东海 A．①② 　 B．①④ 　 C．②③ 　 D．③④。第11题：人生需要永不言败、永不放弃的顽强精神。下列事例中，凭借坚强意志从失败走向成功的是 A．勾践卧薪尝胆 　 B．项羽垓下突围 　 C．韩信胯下之辱 　 D．刘邦约法三章）

清新 轻松 亲和

——2008 年"基本能力测试"试卷总体印象

赵慧峰

　　随着 2008 年高考的顺利结束,作为山东省亮点与特色的高考科目的"基本能力测试"的新一份试卷再次呈现于我省的广大考生与社会公众面前。在我省新近大力推进全面素质教育的背景之下,承载着引导中学开足开齐新课改课程、引导考生掌握最基本的科技人文与艺术素养、引导考生在知情意等方面获得全面发展的特殊使命的这一新高考科目,如何发挥好它作为推进素质教育的助推器的作用,显得格外引人注目。该科目涉及高中新课程的技术、体育与健康、艺术、综合实践、人文与社会、科学等六个学习领域,如果处理不当使考生走上死记硬背的路子,必将使其成为考生面对高考时的"不可承受之重"。我们去年曾怀着忐忑不安的心情等待着其神秘面纱的揭开,此后又带着并未完全消除的疑虑期待着它的第二份试卷面世。这份以"清新、轻松、亲和"为总体风格的"基本能力测试"高考新卷,再次表明我们那种关于它会大大加重考生负担的忧心完全是多虑了。

　　"清新"体现为试卷与去年的"基本能力测试"试题相比、与各地的模拟试卷相比、与各种复习资料相比、与其他省份的综合性考试相比让人有耳目一新的感觉。它主要表现为:一是总体立意清新。试卷以"爱"为总主题,从爱自然、爱生活、爱科学,到爱蓝天、爱大地、爱祖国、爱祖国文化,自始到终,一以贯之;又以传统文化的天地人为"三材"、人居天地之间而为万物之灵的思想作为第Ⅱ卷总体布局的基础,体现了深厚的人文关怀与深情的生命关爱。二是试卷结构清新。如第Ⅰ卷将去年包括人文艺术、生活中的科技、体育与健康三个题组15小题的成例变脸为五个题组30小题，新增了综合性、跨学科领域的"走进大自然，走到阳光下，和阳光对话，感受光明、温暖、向上和力量"与"时间是生命的载体，理想是人生的航向，意志是成功的风帆，合作是共赢的保障"2个题组作为开篇，给人以积极向上之感。三是选用素材清新。试卷选用了阳光体育运动、耕地保护、建设中华民族共有精神家园、建设社会主义新农村、奥运圣火传递成功登顶珠峰、月球探测卫星"嫦娥1号"、汶川地震发生后国人献爱心等富有时代气息的素材。四是设题创意清新。采用了模拟组织听证会、概括关键词等形式。

"轻松"就是要体现"基本能力测试"考查最基本的能力、最基本的素养的定位。为了使这一排在考试日程最后的高考科目成为考生所喜爱的"甜点"，可以看出命题者在使之成为考生"轻松"面对的试卷上作出了很大的努力：一是控制试卷的篇幅，努力将其控制在中等以上考生在两个小时内顺利阅读、做完的范围。虽然第Ⅰ卷按今年考试说明的要求增加了15小题，全卷总题量也从去年的54小题增加到65小题，但试卷篇幅仍控制在12页之内。二是控制试题的难度。从考生作答的情况来看，估计今年试题的难度仍将保持在去年的水平上。三是凸显能力立意，避免将纯识记类知识作为考查的内容。考生完全可以不必凭借考前的专门备考，而是靠平日的积累、靠基本素养应考。

"亲和"就是要走进考生的学习、走进考生的生活、走进考生的心灵，响应考生的情感诉求，追随考生的心灵跃动，把以人为本体现在试题设计上。一是试题设计注意选取考生所熟悉的素材。如第59小题以取材于《青花瓷》的"素坯勾勒出青花笔锋浓转淡"、"色白花青的锦鲤跃然于碗底"歌词引出青花瓷的特点，第59小题以"在2006年1月全国少儿畅销书排行榜上，哈里·波特系列的6部作品分别占据前三甲及第五、七、八的位置"引出民族文化创新，所用素材都是考生熟悉的。二是试题设计注意创设考生所熟悉的场景。如第37小题"以光明中学组织地理夏令营活动，来到了我省某山区"引出对绘画技法、夏令营选址与垃圾分类的考查。三是注意试卷的审美性、抒情性，注意以情动人。试卷中在保证试题的严谨规范的前提下，选择了一些足以引起考生情感共鸣的诗句、歌词，这种审美性、抒情性的追求无疑会大大增加试卷的亲和力。这些美文如以温家宝总理《仰望星空》一诗中的"我仰望星空,它是那样寥廓而深邃;那无穷的真理,让我苦苦地求索、追随"引出天空主题;以诗人艾青"为什么我的眼里常含泪水?因为我对这土地爱得深沉"的诗句引出地球主题;以裴多芬的"我是你的,我的祖国!都是你的,我的这心、这灵魂"的诗句引出爱国主题;以"七色光,七色光,太阳的光彩,我们带着七彩梦走向未来"的歌词引出考查可以观察到"红、橙、黄、绿、蓝、靛、紫"七色光的光学元件;以"阳光想渗透所有的语言,春天把美好的故事传说"的歌词引出考查"阳光"丰富的象征意义;以"血脉能创造奇迹,你一丝希望是我全部的动力"的歌词引出考查四川汶川地震发生后国人为了挽救受灾同胞的生命加入无偿献血的行列;以"一九九二年又是一个春天,有一位老人在中国的南海边发表诗篇"的歌词引出考查邓小平的"南巡讲话";以现代奥运会创始人顾拜旦的名言"啊,体育,你像高山之巅出现的晨曦"引出赞美四个不同体育项目的"奔逸绝尘"、"力拔山兮"、"灵若猿猴"、"百步穿杨"等词语。试卷还引用了"死去元知万事空,但悲不见九州同"、"四万万人齐下泪,天涯何处是神州"、"叹长河之流速,送驰波于东海"等传统文化中的名言警句,作为命题素材,充分展示了传统文化的活力与魅力。

我们希望"基本能力测试"的这种"清新、轻松、亲和"的命题风格能保持下去,或许它是这一新高考科目的魅力与生命力之所在。

（刊于《现代教育》2008 年第 19 期）

从"忽略"到"重视"

——对"过程与方法"目标的一点看法

胡瑞琴

"过程与方法"被列为课程目标是这次课程改革中较为突出的部分，也因此引起了许多教学第一线的教师和教研工作者的不解和疑惑。其主要原因是，新课程目标中"知识和能力"目标基本上和以前教学目标中的知识目标和能力目标就表述方式上相比，没有太大的出入；"情感态度与价值观"目标和思想政治教育目标相比，尽管在内容上和目的上"突破了以往单纯政治教育的层面，注重人文素养和科学精神的培养，把历史教育的社会教育功能与人的发展教育功能结合起来"，毕竟和以前的思想政治教育目标还是有相当密切的关联。唯有把"过程与方法"列入课程目标，令人费解。因为在我们的印象中，"过程"和"方法"无论是教师的教学过程和教学方法，还是学生的学习过程和学习方法，都没有成为教学目标的理由和依据。经过一段时间的思考，我认为，"过程与方法"课程目标的确立体现了本次课程改革的理念、思路，其核心就是要达到课程改革"有利于学生学习方式的转变"的目的。

一、从课程观念看。与以往旧的课程观念相比，新观念对历史课程有了新的认识：一是历史课程并不仅仅是对已经存在并且不可改变的事实的简单叙述，而且是以史实为依据来架构知识，而这些知识的结构是可变的；二是历史课程并不仅仅是一门非解释性的、描述性的学科，而且是一门既包括描述，也包括解释的学科；三是历史课程并不是一门仅仅依靠记忆进行学习的学科，而且是一门能解释和解决问题的学科；四是历史课程并不仅仅是一门富者、强者和名人的编年史，而且同样是一门关于像你我一样普通人的学科；五是历史课程不仅仅是对过去的一种记录，而且是既能记录学生各自民族、文化和社会渊源，又能延伸他们自身经历的学科；六是历史课程并不是一门与个人无关的课程，而是一门与个人有关的学科①。以上几点对历史课程的新认识，首先强调了对历史学科特点的再认识。比如历史知识结构的"可变性"、历史知识的"可描述性、可解释性、延伸性"等特征。其次阐发了新课程理念对课程目标的再认识。历史课程不仅仅是对史实的叙述、描述，而且历史可以"解释和解决问题"；历史不仅关系到历史上的人物、事件，而且历史也关系到我们每一个人的先祖、家庭和个人；历史不仅是过去了的人和事，它也是对现实和未来的认识和启迪的开端。也就是说，新的课程观念中，既包含了师生在教与学的过程中，要达到的过去教学目标中显性的直接目标，比如知识目标、能力目标和情感态度与价值观目标，也表明了达到这些直接目标的"过程与方法"也是一项很重要的课程目标。举例说，去敦煌莫高窟游览，有人乘坐飞机，有人乘坐火车，更有甚者是徒步行走在茫茫的大漠旷野中。无论是哪一种方式，莫高窟的壮观、神奇，飞天的婀娜多姿，都是令人惊叹的。但是，当我们游览结束后，不仅是游览胜地的美景令人回味，而且从高空俯瞰广袤的大地时，不是常常让我们的心灵悸动？还有飞驰电掣的机车掠过的田野、隧道、山峦、河流，不是常常萦绕在我们的心头吗？徒步旅行中，虽然艰辛与劳顿，而沿途的风土人情、不停变换的日出日落的景象不也总是令我们感慨无限？不同的过程、不同的方式使我们体会到不同的生命价值、真实魅力、情感体验，但是，它们都是那样地令我们感动。这样看来，旅行的过程和方法原来也可以成为我们的旅行目的。

二、从课程目标看。课程目标是指课程预期的学生行为与思想方式的变化、发展及其程度②。历史教育是一个完整的学习过程。现代课程理论认为，学生在受教育过程中，应当从"知识和能力"、"过程与方法"、"情感态度与价值观"三个维度考量其行为特征和思维趋向。首先从知识和能力目标分析。以初中课程标准为例，知识目标要求学生首先掌握基

---

① 教育部基础教育司主编，《全日制义务教育历史课程标准解读》，北京师范大学出版社 2002 年，第 5 页。

② 聂幼犁：《中学历史课程"过程与方法"目标问题》，《历史教学问题》2009 年第 1 期。

本的历史知识，包括在历史上起过重大作用，具有重要影响的历史人物、历史事件和历史现象，以及重要的历史概念和历史发展的基本线索；其次要求学生进行独立思考，激发其思考问题的积极性，培养其提出不同见解的能力和勇气。在学习知识的过程中，教师尤其要注意结合历史知识的讲授进行技能和思维的训练。但是，历史知识的学习和技能的训练并不是历史学习的最终目的，更不是最重要的目的。实际上，历史学习的重要目标之一是培养学生具有丰富的历史想象力，激活学生思考的积极性，使之能在已学习的知识和没有学习的知识之间发生迁移，即用已学过的知识、已形成的能力去解决新的问题，形成新的知识。这一过程才是学习最重要的环节。学生学习过程中的任何疑问、判断、解读，都会对其学习历史的心理产生影响。因此，学生的这个变化过程比学习知识的过程更重要，更具有教育的实质性价值。其次，从"情感态度与价值观"目标看。学生学习历史的情感体验过程基本上包括四个阶段：一是通过各种教学活动，让学生对祖国的历史和人类的历史有一个感性的体验，从而产生对自己的先祖的生存经历有强烈的探究愿望；二是通过学习不断积累最基本的历史知识，使体验与感知从朦胧状态逐步进入准确、科学、理性的阶段；三是通过基本的技能训练和思维方式的训练，培养学生一种观察历史现象的科学态度和做出较为正确解释的能力；四是在体验、学习、理解和认识人类历史发展的过程中，形成对民族、国家和人类历史发展的认同感，确立正确的情感态度与价值观。这一系列的教学实践活动，并不具有一定的顺序性，它们之间可以同时、交叉、重叠以及反复。因此，学生在学习过程中就不仅对要掌握的知识有一种渴望，同时学生在知识、能力、思维方式之外，对内心深处产生的激荡、渴望也有一种美好的向往。而这种情感的生发就是学生对整个学习过程的隐性要求，或者说是"心灵期待"。为了满足学生的心灵期待，教师应在设计课型、把握教学重点、发掘课程中的教育价值、启发和引导学生体验历史知识中蕴含的思想精华等各方面起到组织、设计、示范和实施的主导作用。这个组织实施过程就会较为完美地体现教学过程与方法，也在"润物无声"教育中对学生的学习情绪和学习结果产生重要的影响。因此，课程目标中，"过程与方法"目标与"知识和能力"目标、"情感态度与价值观"目标，总是循序渐进的，糅杂在一起的。

三、从教学过程和方法看。新课程改革目标就是要改变课程过于注重知识传授的倾向，强调形成学生积极主动的学习态度，使获得基础知识与基本技能的过程同时也是学会学习和形成正确价值观的过程。这一规定实际上强调了基础教育课程的功能要从单纯注重传授知识转变为引导学生学会学习，学会生存，学会做人。因此，关注学生学习的过程与方式是引导学生学会学习的关键。而学生的学习过程和学习方式又是与教师的教学过程和教学方式密切相关的。

简单说，教师的教学过程包括两个方面：一是教师对教材的分析和思考过程；二是将分析和思考过程付诸实施的过程，这个实施过程就是课堂教学过程。这一教学过程，在以往的教学过程中主要体现在教师备课和讲课两个环节中，绝大多数的教师都做到了，而且做得很好。但是，教师所忽略的就是没有进一步提升"教学的过程功能"。这里所说的"过程功能"，就是没有充分意识到在课堂教学中学生从教师教的过程中，可以按照教师对问题的分析和思考过程，学会对问题进行分析和思考的方法和方式。确切地说，在教学过程中，随着教师不断变换的教学方法和教学手段所传递给学生的信息不单有丰富、理性的历史知识，还有教师对历史课程的态度、对学生的关切与教师对问题的思考、分析、归纳等思维方法。因此，整个教学过程应该是学生获得知识、提高能力、升华情感的过程。但是，过去的教学经验告诉我们，教师和学生都更多关注的是学习的结果，而忽略了学生是通过什么样的学习心理、过程来学习的。"以教师为中心"的教学过程，掩盖了教师教学的过程对学生学习过程的启发性、指导性的作用，学生学会的只是知识，而没有学会对所获得的史实的思考过程、分析过程、综合过程。

同样，学生在学习方式上存在的问题，也被学习的结果而掩盖、忽略。由于学生长期在一种单一、被动的学习方式下学习，使得学生在学习过程中感到枯燥、乏味，而且负担很重。这种状况严重地影响到学生创新精神和实践能力的培养。我们知道，不同的学习方式和学习结果之间有密切的关系。课程学习是一个过程。在学习过程中，学生应根据自己已有的知识和动机来解读课堂环境。学生参与课堂教学的方式直接影响了学习结果、学习情感。事实上，单纯的行为参与方式并不能促进学生高层次思维能力的发展，只有以积极的情感体验和深层次的认知参与为核心的学习方式，才能促进学生包括高层次思维在内的全面素质的提高。由此可见，教师的教学过程和教学方法是学生学习过程和学习方法转变的前提。既然教学改革的最终目的，是让学生不仅要学到知识、技能以及情感态度和价值观上升华，而且还要学会获得知识的过程，那么，教学的过程和方法，学习的过程和方法，就不单纯是"过程"和"方法"而且是"目标"。

四、从教学法理论看。从上世纪 90 年代开始，历史教学法理论的研究对基础教育课程改革起到了积极的推动作用。很多专家学者对历史教学法的学科性质、教学原则、教学过程、教学方法，教师的备课、授课、评课以及学生的学习指导等各方面都进行了深入广泛的研究。但是，相比较基础教育课程改革，历史教学理论的研究有些滞后。就教学过程和教学方法的研究来说，这两个方面一直是教学理论研究的主要课题。传统的教学法认为，中学生历史学习的目标就是学习基础的历史知识和理论知识，而忽略了中学历史教育的基础性，甚至缩小基础教育阶段历史教育的功能。我们在教学和研究过程中，虽然认识到教师的教学过程就是学生的学习过程，亦即在教师的指导下，学生依据一定的学习活动、观察、训练等经验而获得认识的一种特殊过程，是具有一定的方向性和选择性的积极过程。特别是在课堂教学中，学生动脑与视觉、听觉、触觉等感觉几乎是同时共进的；在教学方法上，整体——部分——整体的学习过程也是伴随着教学的进程不断变换的。问题是，教学法理论在对教学过程和教学方法的研究过程中，并没有突出它们对学生学习过程和学习方式影响的可能性和决定性探讨。因此，在对中学历史教学目标研究的过程中，对教学目标中应该强调的学生学习的"过程与方法"没有予以足够的重视，而是长期处于忽略的状况。目前，教学法理论的研究也应该还原中学历史教育的本来面目,学生在历史学习中的过程和方法，除了有利于掌握历史知识以外，还要能够让学生在过程中学会学习，提高能力，培养正确的情感态度和价值观，为其终身发展打下基础，这应该是当前历史基础教育的原则。教学法理论研究还应该在教师的教学方式与学生学习的方式方面多下力气，以保证基础教育课程改革的顺利进行。因为"学习方式的改善是以教师教学方式的变化为前提的，因而我们把教师教学行为的变化和学生学习方式的改善视为本次课程改革成功与否的重要标志"①。

　　以上几点简要的分析试图说明，"过程与方法"作为教学目标，从课程理念、课程目标、教学实践、教学法理论上来说并不是一个全新的、令人突兀的提法。只是因为我们过去的教学一直都在围绕学生的学习"成绩"画圆圈，因而从理论研究到实际操作，都普遍忽略了教学过程中学生的学习心理需求和学习的真正目的，造成了学生在学习中所获得的只是一堆由历史的原因、背景、经过（时间、地点、人物）、结果、影响、意义等构成的僵化的史实，也因此出现了历史的生机不复存在、历史的人物不再鲜活、历史的事件不再惊心动魄等等令人窒息的教学现象。新课程对"过程和方法"目标的"重视"，实质上是使整个教学思路回归到一个真实的学习情景中。教师的教学过程面对的不只是"历史知识"，还有一群生龙活虎的、对未来充满渴望的孩子，一群未来民族和国家的栋梁之材。我们需要改变、创新。

---

① 朱慕菊编：《走进新课程与课程实施者对话》，北京师范大学出版社 2002 年，第 14 页。

教材与课程建设

《中国现代政治思想史》（第二版）前言

　　人们通常将"五四"时期与春秋战国时期相提并论，因为两者均恰逢社会巨变、观念转折的年代，并由此形成了百家争鸣的局面。其实，在思潮的纷繁复杂、变化迅速及思想解放等方面，春秋战国实难与"五四"前后相提并论。思潮之纷繁复杂，如社会主义思潮即茫茫九派，五光十色，人们常常用瞿秋白的一段话来说明当时社会主义思潮的庞杂状况："社会主义的讨论，常常引起我们无限的兴味，模糊影响，隔着纱窗看晓雾，社会主义流派、社会主义意义都纷乱，不十分清晰的。正如久壅的水闸，一旦开放，旁流杂出，虽是喷沫鸣溅，究不曾定出流的方向。"[①]思潮变化之快，可以说是将西方国家从封建主义到资产阶级民主主义再到社会主义的数百年的思想历程浓缩于短短数十年间。中华民族的精神世界一改龚自珍时代那种万马齐喑的沉寂，而呈现出了波涛翻滚、支流旁出、"茫茫九派流中国"的壮阔场面。

　　本书按照中国现代政治思想史的习惯断限，截取近代百余年的后三十年即从"五四"到新中国成立这一时段，对其间的重要政治思潮的来龙去脉、主要内容及价值作简介和简评。因采用了逐一考察每一思潮的酝酿、兴起和发展或转折的体例，在上限上或许上推，如对无政府主义思潮、三民主义思潮、自由主义思潮和社会主义思潮的评述均追溯到了

---

　　① 《俄乡纪程》，载《瞿秋白文集·政治理论编》第 1 集，人民出版社 1987 年，第 23—24 页。

上一个世纪之交。这是需要说明的一点。

本书分五编十五章，大体框架如下：

第一编为"北洋军阀与国民党主要政派的政治思想"。现代时期，大地主大资产阶级的政治代表，主要是北洋军阀控制的北京政权和国民党新军阀控制的南京政权。此外，还有一些区域性的伪政权、汉奸政权，如伪满洲国、汪伪政权和其他汉奸政权。这一编的三章分别考察了北洋军阀的封建专制主义、蒋介石集团的封建法西斯主义及改组派的政治主张和各汉奸集团的卖国主义谬论。

第二编为"资产阶级小资产阶级的激进民主主义与改良主义"。资产阶级、小资产阶级的政治思想可分两大类：一类是主张采用激进手段、革命方法根本改造传统社会或意识形态上激进的反传统主义，如第四章所论的"五四"时期的激进民主主义，第五章所论的新旧三民主义。小资产阶级的无政府主义和第三党的政治思想也属此类，但本书将它们搁在了第三编。一类是主张采用温和手段、改良方法"一点一滴"地解决具体问题的改良主义，如本书第六至八章论及的自由主义、国家主义、乡村建设等思潮。

第三编为"形形色色的非科学社会主义思潮"。现代史上尤其是"五四"时期，中国知识界有许多人向往社会主义、共产主义，向往那种没有人剥削人、人压迫人，人人劳动、人人读书、平等自由的美妙远景，然而，人们对社会主义的理解又是模糊的、纷乱的。本书的第九至十章介绍了小资产阶级的无政府主义和其他非科学社会主义流派。本书的第十一章则介绍了中国托派的政治思想。

第四编为"中国共产党人的新民主主义与社会主义思想"。中国共产党人以马克思主义为思想武器，贯彻马克思主义普遍原理与中国革命具体实践相结合的原则，形成了新民主主义革命理论。这一理论总结了中国革命的根本规律，从而也找到了中国社会的根本出路，即首先进行新民主主义革命，改变半殖民地半封建的社会结构，建立无产阶级领导的人民民主专政，进而实行社会主义改造和建设，实现中国的现代化。这一理论是对中国革命规律的深刻总结，也是对中国近现代政治发展轨迹的深刻总结。本书的第十二至十三章介绍了马克思主义的传播与中国共产党的社会主义思想。

第五编为"民族主义思潮与政治思想领域的重要论战"。民族主义思潮具有全民性质，尤其是"九一八"事变以后，在中华民族危机空前严重的背景下，除了极少数汉奸卖国贼以外，包括中国共产党、中国国民党和中间政派等各种政治力量，都主张抵御外侮，抗击日本侵略。如果说民族主义体现了除汉奸理论以外的各种政治思潮的契合、同一，或者说除汉奸理论以外的各种政治思潮都是在民族主义的共同框架下运作的，那么，政治思想领域的论战则体现了各种政治思潮的分歧、冲突和对立。本书的第十四至十五章试图展示现代各种政治思潮既统一又对立、既并立又争持的离合关系。

本书的撰写分工如下：刘兰昌：第一章；徐畅：第二、三章；孔凡岭：第四、十五章；俞祖华：第五、六、九章；林治理、房艳丽：第七章；赵慧峰：第八章；王国洪：第十、十二、十三章；李慧敏：第十一章；陈可畏、季翠兰：第十四章。全书由俞祖华、王国洪两位主编统改、定稿。本书的撰写得到了鲁东大学科研处、历史系有关同志的支持；在撰写过程中，参考了一些教材、论著。在此，谨表示诚挚的谢忱。

2008 年底，俞祖华在本书初版的基础上又对全书的结构进行了调整，在内容上也作了适当的补充和修订，是为第二版。应该说，现代思潮史是我们感兴趣的领域，但由于时间紧、作者水平有限，本书在体例、取材、分析等方面肯定有许多不足之处，恳请同行师友及读者批评赐教。

俞祖华

2009 年元月

《中国通史教程》（第四版）前言

　　《中国通史教程》初版于 1999 年 6 月，并于当年秋季投入教学使用。与以往的通史教材相比，这套教材重在体现研究性学习与能力培养的主旨，试图做到给教师留下发挥的空间，给学生留下思考的空间，摆脱那种面面俱到、陈陈相因的固有模式。基于此，教材中的各卷均采用上、下编结构：上编立足于断代，以重大历史事件和重点制度、文化为主线，勾勒不同时代的历史进程；下编则选取贯穿不同时代的若干重大历史问题，进行比较深入的分析与讨论。为便于同学进一步的学习，每章之后均有"导读"、"思考与讨论"。

　　教材投入使用后，我们又组织进行了教学大纲的修订、师资的培训、教与学诸环节的改革，并举办了若干次教学研讨与教学观摩。与此同时，我们充分认识到，随着时代与学术的进步，任何教材都处在不断的落伍之中。因此，自教材使用之日起，有关的编写人员即开始了新的修订。在修订过程中，我们充分听取了任课教师和学生的意见，从体例的完备、内容的完善到新的学术成果的吸收都作了相应的努力，2001 年 6 月，这套教材的第二版正式面世。鉴于一些院校图书资料的局限性，为把研究性学习与能力培养落到实处，在第二版出版的同时，我们又组织编写了《中国通史教程教学参考》，包括了学习过程中需要掌握的学术动态、基本资料以及学术范文，作为课堂讨论和课下自修用书。让人高兴的是，自教材面世至今，在编写人员与有关各校任课教师的共同努力下，我们初步达到了预期的效果。在 2001 年，该套教材荣获山东省优秀教学成果一等奖；当年 5 月，又获得了全国优秀教学成果二等奖。目前国内已有百余所高校陆续选用这套教材或指定为考研参考教材。

　　面对不断增加的使用者以及国内史学界对这套教材的日益关注，我们唯一的选择就是不断修订、不断完善，紧随时代与学术的进步。自第二版出版后，我们又着手组织了新修订，邀请了北京师范大学的赵世瑜教授，复旦大学的戴鞍钢教授，南京大学的张生教授，与前二版的主要主持者山东师范大学的郭大松教授、聊城大学的李泉教授、鲁东大学的俞祖华教授等分别主持了各卷的修订工作。此次修订，达到了"立足学术前沿，提升学术水准"的目的。2008年，这套教材又被教育部确定为普通高等教育"十一五"国家级规划教材。我们深知，这是对这套教材提出了更高的要求。更何况，自上次修订至今又已四年，史学研究的新进展、新成果需要我们及时吸取；新课改实施后的高中毕业生陆续进入高校学习，也需要我们的大学教材尽快与之衔接。为此，我们又组织了新修订，推出了第四版。我们希望《中国通史教程》以及与之配套的教学参考在使用过程中能够继续得到师生们的批评与支持，继续修订，不断完善，为历史学科的发展与历史教学工作做出应有的贡献。

齐　涛

2008年7月于山东大学

《中国通史教程・现代卷》（第四版）导论

　　本教材沿用习惯的名称，把 1919 年五四运动至 1949 年 10 月 1 日中华人民共和国成立，也就是我国新民主主义革命时期的历史称作中国现代史。中国现代史是中国通史的一部分。

　　近代以来，中国历史摆脱了治乱相替、周期振荡的缠绕，展示了一个全新的发展趋向，这就是回应和加入全球性的现代化浪潮。中国现代化从 19 世纪中叶被动发轫，预计到 21 世纪中叶将基本实现，历时约两个世纪。其间以 1949 年新中国成立为中界分为两个阶段。由于中华人民共和国成立，中国实现了从被动的现代化到主动的现代化、从依附型现代化到赶超型现代化的转变。我们力图从现代化的视角审视 1919～1949 年这一时段的历史，认为这 30 年是实现从被动现代化到主动现代化的转变的关键时期。

　　我们把这 30 年的历史纳入早期现代化的现代化叙事模式，但可以将其与传统的反对帝国主义侵略、封建主义压迫的革命叙事模式有机结合起来。通过反帝反封建斗争争取民族独立、人民解放和通过推进现代化实现国家富强、人民富裕是近代以来中华民族面临的两大历史任务。两大历史任务是相互区别又相互紧密联系的。两者互动关系为：一方面，现代化的发展依赖于反帝反封建斗争，以反帝反封建斗争为政治前提。反帝反封建斗争在不同程度上推动了现代化的发展。19 世纪六七十年代中国资本主义的产生，同太平天国运动震荡封建秩序不无关系；19 世纪末 20 世纪初中国资本主义的初步发展，得益于戊戌变法、义和团运动、抵制美货运动、收回利权运动对资本帝国主义与封建势力的打击；民国初年中国资本主义的进一步发展，其重要条件是辛亥革命结束了封建帝制。由于这些反帝反封建斗争最后都失败了，未能在实质上完成晚发外生型现代化所必需的政治前提，致使早期现代化举步维艰。1949 年新中国的成立结束了帝国主义、封建主义统治中国的历史，终于实现了外生型现代化的政治前提，中国现代化道路的探索出现了希望的曙光。对于不实现民族独立和民主政治，现代化就不可能有迅速的、充分的发展这一道理，一些仁人志士是有所认识的。但有一些好心人对此却抱有幻想，他们希望在不改变半殖民地半封建秩序的情况下，通过埋头于实业救国、教育救国、科学救国，求得国家的富强，这当然是不可能的。"在一个半殖民地的、半封建的、分裂的中国里，要想发展工业，建设国防，福利人民，求得国家的富强，多少年来多少人做过这种梦，但是一概幻灭了。许多好心的教育家、科学家和学生们，他们埋头于自己的工作或学习，不问政治，自以为可以所学为国家服务，结果也化成了梦，一概幻灭了。"痛苦的现实使更多的人从梦幻中醒觉，使更多的人懂得"一个不是贫弱的而是富强的中国，是和一个不是殖民地半殖民地的而是独立的，不是半封建的而是自由的、民主的，不是分裂的而是统一的中国，相联结的"，"没有独立、自由、民主和统一，不可能建设真正大规模的工业"[①]。另一方面，反帝反封建斗争从低级形态到较高级形态的发展又以资本主义的发生发展、现代性的成长及新的社会力量成长为基础。19 世纪六七十年代，由于洋务派创办军事民用工业和资本主义的产生，形成了早期资产阶级和无产阶级，维新派作为新生的资产阶级上层的代表登上了政治舞台；20 世纪初，在中国资本主义获得初步发展的基础上，代表资产阶级中下层的革命派发动了比较完整意义上的资产阶级民主革命；民国初年资本主义的进一步发展，无产阶级队伍迅速发展壮大，为民主革命从旧民主主义推进到新民主主义阶段提供了物质与阶级基础。没有早期现代化的启动，没有新的社会力量，旧式农民起义要发展为比较完整意义上的资产阶级民主革命并进而发展为新民主主义革命，是不可想象的。所以，既不能离开反帝反封建而孤立地谈现代化，也不能离开现代化抽象地讲反帝反封建。

本教材的"上编"为通史部分，描述中国现代史上三种政治势力围绕三种建国主张进行斗争的历程：地主阶级和买办性的大资产阶级主张继续维护大地主大资产阶级的统治，其政治上的代表是北洋政府、南京

---

① 《毛泽东选集》第 3 卷，人民出版社 1991 年版（后引此书，版本均同），第 1080 页。

政府的统治；民族资产阶级主张建立一个英美式的资产阶级共和国以便使资本主义得到自由的和充分的发展，使中国成为一个独立的资本主义社会；工人、农民和城市小资产阶级的政治代表——中国共产党主张中国人民应当在工人阶级及其政党的领导下通过进行彻底的反帝反封建的新式资产阶级的民主革命即新民主主义革命，建立一个工人阶级领导的人民共和国即人民民主专政的国家。我们还根据学术界的多数意见，把1919～1949年的历史划分为五个时期：1919年5月五四运动至1923年12月，是五四运动与中国共产党的创立时期；1924年国民党"一大"召开至1927年7月"七一五"政变，是国民革命时期（或称"北伐战争时期"、"第一次国内革命战争时期"）；1927年8月南昌起义至1937年7月"七七"事变，是第二次国内革命战争时期（或称"十年内战时期"、"土地革命战争时期"）；1937年7月"七七"事变至1945年8月，是抗日战争时期；1945年9月至1949年10月，是解放战争时期（或称"第三次国内革命战争时期"）。以下按三条线和五个时期对"上编"的内容作简要的概述。

第一条线：帝国主义、封建主义、官僚资本主义在中国的统治由强变弱以至灭亡的历史。民国前期，中国仍处在北洋军阀统治之下，皖系、直系、奉系先后控制北京中央政权。1920年7月爆发的直皖战争，以皖败直胜而结束，原皖系执掌的北京政权落入直、奉两系军阀手中。到1922年4～6月的第一次直奉战争后，北京政权由直系独霸。 国民革命时期，北洋军阀统治走向末路。1924年发生了第二次直奉战争和北京政变，此后，奉系控制了北京政权。吴、孙、奉三支军阀成为北伐战争的主要对象，到第一次国共合作破裂前夕，吴、孙的主力被消灭，奉系则延长了一年。十年内战时期，蒋介石集团通过"二次北伐"打败了奉系，又通过国民党各派系的争斗取得了优势地位，确立了在全国的统治地位。1931年日本发动侵华战争，国民党政权奉行"攘外必先安内"的国策，对内镇压革命和进步势力，对日不作坚决抵抗，使民族危机愈益严重。抗日战争时期，汪精卫集团投敌卖国，蒋介石集团则具有两重性。抗战初期，国民党抗战是积极的，与共产党的关系也较好，但进入相持阶段后，转向消极抗战，积极反共，其统治日趋腐朽。解放战争时期，国民党反动统治迅速崩溃。帝国主义、封建主义、官僚资本主义严重阻碍了中国现代化的发展。如日本于 1931 年发动的、长达 14 年的侵华战争不仅打断了中国民族经济在 30 年代的正常发展势头,而且摧毁了中国东部沿海和平原地带的工业设施,使中国的经济基础遭到了严重破坏。据不完全统计,仅 1937~1945 年八年期间,战争就使中国损失约 5000 亿美元。帝国主义侵略和大地主大资产阶级的专制统治破坏和阻碍社会生产力的发展,再加上自身难以调和的矛盾,决定了其必然灭亡的命运。

第二条线:民族资产阶级及其政党的主张与活动。1922 年 8 月,孙中山领导的第二次护法运动失败,表明资产阶级领导的旧民主主义革命在中国已走不通了。在苏俄、共产国际和中国共产党的帮助下,孙中山实现了一生的伟大转变。但在新民主主义革命时期,仍有一些资产阶级与上层小资产阶级的代表人物,企图走中间路线,幻想建立资产阶级共和国,如 20 年代初的"好人政府主义"、"联省自治"、"制宪救国"、"废督裁兵"等资产阶级改良主义思潮,十年内战时期的第三党、改组派、人权派等中间政派,抗日战争时期的抗日民主宪政运动与中国民主政团同盟,解放战争时期的"中间路线"等。他们为建立英美式的资产阶级共和国进行过长期不懈的努力,但由于民族资产阶级本身的软弱性,由于国内、国际条件的不允许,他们鼓吹多年的"中间路线"最终破产,建立资产阶级共和国的愿望成为泡影。解放战争后期,他们中的多数人抛弃了中间路线,各民主党派响应共产党关于召开新政协的号召,参加筹建新中国的工作。

第三条线:中国人民在无产阶级领导(通过中国共产党)下进行反帝、反封建、反官僚资本主义的斗争直至取得胜利。五四运动以后,中国革命不再是资产阶级领导的旧民主主义革命,而是无产阶级领导的新民主主义革命。"在资产阶级领导时期的革命和在无产阶级领导时期的革命,区别为两个很大不同的历史阶段。这就是:由于无产阶级的领导,根本地改变了革命的面貌,引出了阶级关系的新调度,农民革命的大发动,反帝国主义和反封建主义的革命彻底性,由民主革命转变到社会主义革命的可能性,等等。所有这些,都是在资产阶级领导革命时期不可能出现的。"当然,反帝反封建的民主革命性质并没有变化。"五四"时期虽然还没有中国共产党,但已经有了大批的、赞成俄国十月革命的、具有初步共产主义思想的知识分子。1921 年 7 月中国共产党成立至新中国成立的 28 年的历程可以 1935 年 1 月的遵义会议为界分前 14 年和后 14 年。前 14 年有发展，但也遭到了重大挫折。"在第一次统一战线时期，它是幼年的党，它英勇地领导了一九二四年至一九二七年的革命；但在对于革命的性质、任务和方法的认识方面，却表现了它的幼年性，因此在这次革命的后期所发生的陈独秀主义能够起作用，使这次革命遭受了失败。1927 年以后，它又英勇地领导了土地革命战争，创立了革命的军队和革命的根据地，但是它也犯过冒险主义的错误，使军队和根据地都受了很大的损失。"后 14 年走上了平稳、顺利发展的道路。"一九三五年以后，它又纠正了冒险主义的错误，领导了新的抗日的统一战线，这个伟大的斗争现在正在发展。"①此后，党领导抗日战争、解放战争取得胜利，建立了人民民主专政。新民主主义革命的胜利使一个半封建半殖民地的、军阀专制的、分裂的中国变成为一个独立、自由、民主和统一的中国，为国家现代化创造了必要的政治前提。反对外来侵略，反对军阀割据，扫除阻碍社会生产力发展的桎梏，建立独立、统一的现代化国家，这是中国现代化不容回避的焦点问题，新民主主义革命正是围绕这一中国现代化的基本主题而展开并取得成功的。

本教材的"下编"为专题部分，对中国现代史上的若干重要问题作了深入的探讨，主要有以下几个方面：

第一，关于工业化或经济现代化。第二章"中国现代社会经济的构成"告诉我们：民族资本主义有了较大的发展，但由于外国资本和官僚资本的双重压榨，使民族资本得不到正常发展，始终没有成为中国社会的主要生产方式；官僚资本作为一种畸形的资本主义严重阻碍着社会经济的正常发展，但它仍属民族经济的一部分，客观上为新中国国有经济的建立奠定了物质基础；外国在华资本对中国资本主义工业化既有客观上刺激示范的作用，又有阻碍作用；封建地主经济和小农经济处在解体、分化的过程中；新民主主义经济初步形成。

第二，关于社会阶层的流动。第三章"中国现代社会结构及各界群众运动"，可使我们看到社会结构的变动反映了现代化的深入：与现代生产方式相联系的工人阶级、资产阶级得到长足的发展；具有现代教育背

---

① 本段的引文均出自《毛泽东选集》第 1 卷，第 316 页。

景的新知识阶层发展壮大；地主阶级的内部结构较旧式地主有了显著变化，许多地主尤其是大地主已不是旧式的收租地主，而是兼营工商与高利贷，成为多元型地主；农民阶级也发生了明显的分化，富农在不同程度上采用了资本主义生产方式，贫、雇农中的相当一部分走上了革命的道路，对推动社会变革产生了巨大作用。

第三，关于建立新的政治共同体，建立具有现代取向的、强有力的中央政府。第四章"北京政府时期的南北政权"与第五章"中国民主党派与多党合作"涉及到这一问题。外生型现代化必须首先具备一个政治前提，即建立独立、统一的现代中央政权。外生型现代化在启动以后非经济因素的作用大于经济因素的作用，其中最突出的是中央政权在推动经济增长与社会变革中的作用。因此，晚发外生型现代化的当务之急是具有立志推进现代化的现代领袖取代传统领袖掌握政权，进而建立一个具有现代取向的、高效有力的中央政府。中国早期现代化中的制度层面的变革在 1927 年以前侧重于变革旧的权力结构，1927 年以后侧重于建立新的政治框架。变革旧的权力结构的现代化变革包括针对清朝皇权体制的戊戌变法、立宪运动、辛亥革命和针对封建军阀势力的二次革命、护国运动、第一次护法战争、第二次护法战争、北伐战争。戊戌变法、辛亥革命等在变革旧秩序的同时，都试图提供新的政治框架，但都很快失败了。重建新的政治框架即尝试现代化集权的努力取得明显成效是在 1927 年以后，一次是国民党的努力，一次是共产党的努力。国民党于 1927 年 4 月 18 日在南京成立了国民政府，30 年代国民政府重建中央集权取得了部分成功，但由于腐败、专制严重腐蚀了政权的现代性，最终导致其在中国大陆的失败。中国共产党于 1949 年建立了新政权，强大有力、具有现代取向的中央政府终于出现。

第四，关于现代文化与学术。下编的第六、七章涉及到这个问题。文化保守主义、自由主义和马克思主义三大文化思潮虽然在文化取向上彼此对立，但都不反对中国实现现代化，只是各自选择的方向和道路有所不同而已。现代自然科学与社会科学的许多学科得以开创或得到发展，在有些领域，不管是从世界范围还是中国学术发展史来看，名列前茅的成果还是不少的。

本卷 1999 年初版，编写的分工如下：导论，俞祖华；上编第一章，王冠卿、张为民；第二章，孙崇绂；第三章，张桂华、刘卫东；第四章，袁素莲；第五章，徐士绍、张增森。下编第一、二章，孔凡岭。第三章，沈芳。第四章，刘兰昌。第五章，林治理。第六章，俞祖华、杨庆玲。第七章，"自然科学"与"社会科学"部分，孔凡岭；"文艺"部分，王志丽；"文化事业"部分，于作敏。第八章，李存朴、张厚杭。全卷由俞祖华提出编写提纲，经大家讨论后分工编写，俞祖华、林治理统稿。2001年修订再版仍由俞祖华、林治理主持。2004年，该书又在俞祖华、张生的主持下进行第三版修订补充工作，最后由齐涛对全书进行审定。此次改版，由俞祖华对全书进行了修订补充，齐涛最后审定。

本教材在编写中参考了一些专著、论文和教材，如王桧林先生主编的《中国现代史》、中共中央党史研究室编著的《中国共产党历史》第一卷、李云峰主编的《二十世纪中国史》上卷和陈振江、江沛主编的《中国历史·晚清民国卷》等，在这里我们对这些史学成果的作者表示深深的感谢。本教材会有一些不妥之处，敬请专家和读者给予批评指正。

下　卷

历史专业教学建设与教学改革的回眸与总结

【教学成果】
【教研论文】
【往事回忆】

教学成果

以教学团队精品课程与教学方式为重点，推进
历史学专业改革与建设

成果完成人：俞祖华、赵慧峰、胡瑞琴、樊文礼、刘兰昌
成果获奖时间：2009 年 5 月
获奖等次：山东省省级教学成果一等奖

（一）本成果的指导思想、基本思路与方法

本成果的基本指导思想是：坚持以"质量工程"的精神与理念指导历史专业教学改革与建设，以提高教学质量与人才培养质量为出发点与着眼点，紧紧围绕教学过程中的教师、课程与学生三大要素，推进教学理论理念创新与教学实践创新，教学与科研相互支持，促进全体学生的全面发展。

早在 2001 年教育部出台《关于加强高等学校本科教学工作 提高教学质量的若干意见》后，我们即确定把"以提高人才培养质量为出发点，以提高教学质量为关键"作为专业建设的指导思想，并注意从规范教学管理、教师队伍建设、教授上基础课、课程体系改革、教学内容体系改革、学风建设、教材编写、研究性教学模式、现代教育技术运用等方面入手全面推进我校历史专业教学与人才培养质量的提高。2005 年 1 月，

教育部下发了《关于进一步加强高等学校本科教学工作的若干意见》，强调实现高等教育工作重心的转移，在规模持续发展的同时，把提高质量放在更加突出的位置。这一文件使我们进一步树立了教学质量是专业建设的生命线的意识。2007 年 1 月，教育部、财政部联合下发了《关于实施高等学校本科教学质量与教学改革工程的意见》，启动本科教学"质量工程"，制定了深化本科教学改革、全面提高教学质量的一系列措施。据此我们进一步明确了以"质量工程"的精神与理念指导历史专业建设的思路。根据教育部有关文件尤其是"质量工程"狠抓教学质量的要求，近年来我们在历史专业改革与建设中将主要解决的教学问题确定为：探索如何从教学过程中的教师、课程与学生三要素入手，推进历史教学改革与教学建设，以提高人才培养质量。具体思路是：培育或引入校内外名师资源，建设高水平、高绩效教学团队，发挥好教师在教学过程中的主导作用；加强精优课程建设，以品牌教材建设为基础推进精品课程建设，以精品课程引导教学内容体系与教材改革、引领教学方法与教授手段更新；以充分发挥学生主体作用为目标，引导体现"研究性、实践型、互动式、社会化"特点的学习方式，对接新课程理念，并努力探索与这种学习方式相适应的教学方式；以教学团队、精品课程建设与教学方式转变作为历史专业教学改革与建设的重点，以此促进教学质量提高。

本成果在解决教学问题时注重：（1）处理好教学团队建设、精优课程建设与教学方式创新三者之间的关系。团队建设以课程建设与教学方式转变为基本内容，课程建设以教学团队建设为基础、以教学方式转变为重点，而教学方式转变以教学团队、精品课程为主体与载体，三者互有交集、互相支持、和谐统一于专业建设，统一于以课程为中介的师生互动过程。（2）处理好教学实践创新与教学理论创新的关系，以教学实践创新推动教学理论创新，以教学理论创新指导教学实践创新。本成果既在教材建设、教学团队建设、课程建设、专业建设、教学方式改革与人才培养上取得了显著的实绩，编写出版了 3 本国家级"十一五"规划《中国通史》教材，取得了"质量工程"省级荣誉的"满贯"（省级教学团队、省级教学名师、省级精品课程、省级教学成果、省级特色专业都已获得），又针对教学团队建设、课程建设与教学方式等问题进行教学理论的探索，提出了一些创新性的教学理论观点。（3）处理好团队建设、课程建设与教学方式转变中教学与科研的关系，努力实现教学团队与创新团队的统一，改革课程内容体系与学术创新的统一，转变教学方式与促进"创新型历史研究性学习"的统一。

（二）本成果的教学理论创新

本成果围绕教学团队、课程建设、教学方式、学习方式等问题，组织人员进行研究，发表了多篇教学研究论文，及时地对教学实践创新进行总结并对日后的教学工作予以指导。

1. 关于教学团队的研究。发表了《本科高校教学团队建设的理论与实践探索》（《鲁东大学学报》2008 年第 2 期）一文，探讨了优秀教学团队建设涉及的一些理论问题，总结了我们建设中国近现代史省级教学团队的做法与经验。提出了涉及教学团队的创新性理论观点，如：提出"教学团队"是指为完成共同的教学目标、建设目标，由教学任务相近的教师组成，由教学水平高、学术造诣深的教授领衔与负责，有合理的知识结构与年龄结构，有有效的沟通与合作机制，有合理配置教学资源的途径，经常性地开展教学内容与教学改革的教研，开展教学经验交流，开展学术合作，实现优势互补、共同发展的教师群体；教学团队建设的内容框架包括内部结构、外部支持环境与教学建设三个方面，其中，内部结构建设涉及到团队带头人、团队队伍、团队目标、合作机制、团队精神等；优秀教学团队的发展方向是建设学习型、创新型、和谐型与高绩效的团队，在实现途径上综合采用各种建设方法等。

2. 关于课程建设的研究。课程是教学工作的最基本要素之一，而精品课程建设是"质量工程"的重要组成部分。围绕课程建设尤其是精品课程建设，发表了《关于高校中国古代史课程建设的思考》（《烟台师范学院学报》2005 年第 1 期）、《高校中国古代史课程的几点思考》（《中国成人教育》2005 年第 12 期）、《以新课程与研究性学习理念推进历史教改》等论文。

3. 关于教学方式与学习方式的研究。发表了《试析历史教学方式及其转变》（《历史教学问题》2008 年第 4 期）、《论加强高校毕业论文（设计）的实践性》（《教育学刊》2008 年第 5 期）、《转变育人观念，加强就业与创业能力的培养》、《从史学动态教学入手引导研究生实施"创新型研究性学习"》等教学研究论文。提出教学方式要与"研究性、实践型、互动式、社会化"的学习方式相适应。"历史教学方式是指教师在完成历史教学任务过程中,由基本的程序、方法、行为习惯和艺术取向、情感价值等在内的多种元素构成的有机结合体",现代历史教学方式转变的主要方向是:教师由"知识的传递者"向"学生学习的帮助者和引导者"转变;教师由"讲问题"到"教师与学生共同探究问题"的转变;教师由"讲历史结论"到"教师和学生探究历史结论"的转变;教师对学生由"反复训练法"向"自主合作探究式技能训练"的转变;教师由"教导型"向"教师和学生民主平等与相互启发型"的转变。提出历史专业本科阶段倡导"历史研究性学习",其实质是使学生由历史知识的被动接受者转换成自主学习、主动探究的科学研究者,参与课题研究是其基本途径,教师要引导学生参与课题研究,使师生共同进行课题研究成为师生互动的重要形式。提出要加强学生职业技能、就业创业能力培养,加强教学实践环节的实践性,如毕业论文的写作其选题、完成过程与方法要有实际针对性。

(三)本成果的教学实践创新

1. 编写出版体例体系新颖、能够反映学术界最新进展的国家级"十一五"规划教材。由齐涛任总主编,李泉、郭大松、俞祖华等任分卷主编的《中国通史教程·古代卷》(第4版)、《中国通史教程·近代卷》(第4版)与《中国通史教程·现代卷》(第4版)3本国家级"十一五"规划教材,新近已由山东大学出版社再版。教材是课程的具体化,是教学内容体系的呈现方式,是为学生提供的范例性知识系统、教育信息和教学要求的载体,是学科建设与课程建设成果的凝结与体现,是提高教学质量的重要基础。通过优秀教材的不断修订再版呈现教学思想、教育理念的不断变革,固化课程改革、教学内容体系改革的最新成果,反映学科发展、学科建设的前沿进展,体现教学模式、教学手段的改革创新。所推出的3本"中国通史系列课程"国家级"十一五"教材,已被全国150多所高校采用,成为全国较有影响的教材。

2. 建设中国近现代史省级教学团队。鲁东大学中国近现代史教学团队于2007年被批准为山东省省级教学团队。团队负责人俞祖华1997

年被评为省级学术骨干，2007 年被评为山东省教学名师，2008 年被推荐为享受国务院特殊津贴专家，是省级精品课程"中国现代史"的负责人、省级精品课程"中国近代史"的主要成员（第二位），是省重点学科专门史（文化史）负责人，是专门史硕士点负责人。他独立完成或以首位作者完成的成果获得省级教学与科研成果一等奖 1 项、二等奖 3 项、三等奖 4 项。在《历史教学》、《教学与研究》等期刊发表教学研究论文近 10 篇。赵慧峰教授是山东省省级学术骨干，是省级精品课程"中国近代史"的课程负责人、省级精品课程"中国现代史"的主要成员（第二位）、中国近代现代史硕士点负责人。团队共有 11 名成员，有全国优秀教师 1 人，山东省教学名师 1 人，省级学术骨干 2 人，有教授 4 人，在岗人员均具有博士、硕士学位。团队 11 名成员毕业于北京大学、北京师范大学、东北师范大学、南京大学、复旦大学、南开大学等高校，多具有名校受教育背景，11 人均不同校，学缘结构多元。团队重视进行教学研究与教学成果建设，承担过省级教改与教学研究课题 3 项，获得过省级教学成果一等奖 1 项、二等奖 1 项、三等奖 1 项，校级教学成果一等奖 2 项。

3. 建设省级精品课程。近年来我校历史专业高度重视课程建设工作，并取得了显著成效。省级教改课程取得预期成效，于 2005 年通过鉴定。"中国古代史"、"中国近代史"、"中国现代史"于 2004、2005 和 2006 年被评为省级精品课程，"中国古代史"、"中国现代史"还被山东省推荐参加国家级精品课程评选。

4. 创新教学方式。提出并努力实现向与"研究性、实践型、互动式、社会化"的学习方式相适应的教学方式转变，教师由"知识传递者"向"学生学习的引导者"转变，形成师生相互启发、共同探究问题、共同探究历史结论、共同切磋教学技能的局面。（1）以倡导历史研究性学习为切入点引导学生自主探究学习。《历史研究性学习：基础教育新课程与高师历史专业教学改革》于 2005 年获得省级教学成果二等奖。此后，我们继续进行"历史研究性学习"的教学实践探索，设置了《历史研究性学习》等课程。（2）重视师范技能、毕业论文、专业实习等实践环节教学，重视学生就业创业能力的培养，发展学生以创新精神与实践能力为核心的综合素质。（3）探讨课堂教学互动、学生参加教师科研课题、教师参加学生组织的"史学沙龙"、研究生课程向本科生开放、讨论式教学等互动形式。（4）课程设置与教学内容体系改革主动面向社会，并积极支持学生了解社会、参加社会调研、参加社会实践。

5.省级特色专业建设。我校历史专业有较强的办学实力与潜力，有专门史、中国近现代史、历史文献学、世界史、历史教学论与马克思主义发展史等6个硕士点，1个省级重点学科，2007年被列入了中国大学排行榜历史学50强，2008年被批准为省级特色专业。

（四）本成果的推广应用效果

本成果包括了3本国家级规划教材与多项"省"字号项目，并有多项理论成果在全国性期刊发表，因此，成果的应用与辐射范围不仅使我校历史专业学生受益，而且对全校各专业及省内历史专业也有示范性作用，在省外也有较大的影响。

（1）国家级"十一五"规划教材《中国通史教程·古代卷》、《中国通史教程·近代卷》、《中国通史教程·现代卷》被全国150多所高校采用；

（2）"中国古代史"、"中国近代史"和"中国现代史"（"中国古代史"、"中国现代史"曾被推荐参加国家级精品课程评选）等3门省级精品课程的课程资源全部上网，在全省乃至省外有示范效应；

（3）"中国古代史"教改试点课程所取得的成果与经验在全省历史课程改革与建设中有较大影响；

（4）中国近现代史省级教学团队的做法、经验及教学建设在全校有示范作用，在全省历史专业有较大的影响；

（5）发表的《本科高校教学团队建设的理论与实践探索》（《鲁东大学学报》2008年第2期）、《以新课程与研究性学习理念推进历史教改》、《高校中国古代史课程的几点思考》（《中国成人教育》2005年第12期）、《试析历史教学方式及其转变》（《历史教学问题》2008年第4期）、《论加强高校毕业论文（设计）的实践性》（《教育学刊》2008年第5期）等教学研究论文对学术界研究有关教学团队、课程建设与教学方式的教学理论有借鉴与促进作用；

（6）教学改革与教学建设的各项措施在我校历史专业人才培养中产生了积极的影响。人才培养质量稳中有升。近年来我校历史专业考研通过率与毕业生就业率都达到了较高的水平。本科毕业生的学士学位授予率在 90%以上。学生发表论文数量明显增加，如 2006 届钱鑫的《诸葛亮民本思想浅析》一文，发表在《中国文化研究》2006 年第 2 期上。有多篇论文被评为省级优秀毕业论文。专业声望与影响力得到提高，我院师生已成为胶东地区地方文化建设和旅游文化开发的重要力量，在《胶东通史》等地方史的写作中承担了大量的资料收集和部分写作任务。在 2007 中国大学"历史学"50 强排行中，我校历史专业名列其中。2008 年，我校历史学专业被评为省级特色专业。

附：省级教学成果奖推荐书

省级教学成果奖推荐书

成果名称：以教学团队精品课程与教学方式为重点，

推进历史学专业改革与建设

成果完成人：俞祖华 赵慧峰 胡瑞琴 樊文礼 刘兰昌

成果完成单位：鲁东大学

推荐等级：一等奖

推荐单位名称及盖章：山东省教育厅

推荐时间：2009 年 3 月 6 日

成果科类：历史学

代　　码　　0 6 5 1 2 3

序　　号　　☐☐☐☐☐☐

编　　号：

山东省教育厅制

一、成果简介

	获奖时间	获奖种类	获奖等级	获奖金额（元）	授奖部门
成果获奖情况	2004 年 10 月	中国古代史被评为省级精品课程	省级	教育厅拨60000（建设经费）元	省教育厅
	2005 年 12 月	中国古代史省级教改试点课程通过省级鉴定	省级	教育厅拨60000（建设经费）元	省教育厅
	2005 年 10 月	中国近代史被评为省级精品课程	省级	教育厅拨60000（建设经费）元	省教育厅
	2006 年 10 月	中国现代史被评为省级精品课程	省级	教育厅拨60000（建设经费）元	省教育厅
	2007 年 10 月	中国近现代史教学团队被批准为省级教学团队	省级	学校奖励建设经费30000 元	省教育厅
	2007 年 8 月	俞祖华被评为山东省教学名师	省级	学校奖励10000 元	省教育厅
	2008 年 10 月	历史专业被评为省级特色专业	省级	学校奖励建设经费100000 元	省教育厅
	2008 年 9 月	赵慧峰被评为鲁东大学教学名师	校级	10000 元	鲁东大学

成果获奖情况	获奖时间	获奖种类	获奖等级	获奖金额（元）	授奖部门
	2008年10月	《历史专业建设"质量工程"：以教学团队精品课程教材改革与研究性教学模式为重点》获教学成果奖	校级一等奖	10000元	鲁东大学

成果起止时间	起始：2005年1月1日　　　完成：2009年3月1日

主题词	教学团队建设；精品课程建设；教学方式；学习方式；历史学；专业建设

1. 成果简介及主要解决的教学问题：

　　本成果的指导思想是以"质量工程"理念指导历史专业教学改革与建设。主要解决的教学问题为：探索从教学过程中的教师、课程与学生三要素入手推进专业建设以提高人才培养质量的关键途径。具体思路是：培育或引入校内外名师资源，建设高水平高绩效教学团队，发挥好教师在教学过程中的主导作用；加强精品课程建设，以品牌教材为基础推进精品课程建设，以精品课程引导课程体系、教学内容体系改革，引领教学方法与教学手段更新；以充分发挥学生主体作用为目标，引导体现"研究性、实践型、互动式、社会化"特点的学习方式，对接新课程理念，并努力探索与这种学习方式相适应的教学方式；以教学团队、精品课程建设与教学方式转变作为历史专业建设的重点，以此促进教学质量的提高。主要成绩有：目前已编写出版了3本国家级"十一五"规划教材，培养与建设了1个省级教学团队、1名省级教学名师、3门省级精品课程、1门省级教改试点课程与1个省级特色专业，另有1位校级教学名师；发表了《本科高校教学团队建设的理论与实践探索》、《以新课程与研究性学习理念推进历史教改》、《试析历史教学方式及其转变》等论文，对教学团队、课程建设、教学方式等问题进行了探讨；促进了人才培养质量的提高。

2. 成果解决教学问题的方法：

本成果以"精干团队、精品课程、精诚互动"作为提高历史教学质量的关键，教学团队构建综合采用各种途径，突出名师效应与团队精神培育；精品课程建设以优化教学资源为目标，突出品牌教材支撑、课程资源上网与对接新课程理念；教学方式创新以师生互动为重点，培育与发展课堂互动、学生参与教师课题、教师参与学生的"史学沙龙"、研究生课程向本科生开放、讨论式教学等多元互动模式。并注意：（1）处理好团队建设、课程建设与教学方式三者关系，三者互有交集、互相支持、和谐统一于专业建设，统一于以课程为中介的师生互动过程。（2）处理好教学实践创新与教学理论创新的关系。本成果既在团队建设、课程建设、教材建设、专业建设等方面取得了显著的实绩，取得了国家级规划教材建设的显著成绩，取得了"质量工程"省级荣誉的"满贯"（省级教学团队、省级教学名师、省级精品课程、省级教学成果、省级特色专业都已获得），又针对教学团队、课程建设与教学方式等问题进行理论探索，提出了一些创新性观点。如提出"教学团队"是指为完成共同的教学目标，由教学任务相近的教师组成，由教学水平高、学术造诣深的教授领衔与负责，有合理的知识结构与年龄结构，有有效的沟通与合作机制，有合理配置教学资源的途径，经常性地开展课程内容与教学方式的教研，经常性地开展教学经验交流，经常性地开展学术合作，实现优势互补，实现共同发展，实现携手前进的教师群体。（3）处理好教学与科研的关系，努力实现教学团队与创新团队的统一，改革课程内容体系与学术创新的统一，转变教学方式与促进"历史研究性学习"的统一。

3. 成果的创新点：

教学实践创新：建设了中国近现代史省级教学团队，为校内唯一与省内历史专业领先；建设了中国古代史、中国近代史、中国现代史3门省级精品课程与1门省级教改试点课程，在省内唯一、在全国历史专业率先实现中国通史三门课程（省级）精品化，拥有省级精品课程数量为校内各专业与省内历史专业"之最"；建设了省级特色专业。

教学理论创新：围绕教师、课程与学生三要素，以"精干团队、精品课程、精诚互动"为提高历史教学质量的关键；对教学团队的概念、运行模式进行探讨，提出建设学习型、创新型、和谐型与高绩效的教学团队；发挥精品课程在提高教学质量中的示范性作用，以精品教材支持精品课程，主动对接、引领新课程理念；实现向与"研究性、实践型、互动式、社会化"的学习方式相适应的教学方式转变，着重发展师生多元互动模式，教师由"知识传递者"向"学生学习的引导者"转变，形成师生相互启发、共同研究问题、共同探寻历史结论、共同切磋教学技能的局面。

4. 成果的推广应用效果：

本成果包括了多项"省"字号项目，理论成果也在全国性期刊发表，因此，成果的应用与辐射范围不仅使我校历史专业学生受益，而且对全校各专业及省内历史专业也有示范性作用，在省外也有一定影响。

（1）中国古代史教改试点课程所取得的成果与经验在全省历史课程改革与建设中有较大影响；

（2）中国古代史、中国近代史和中国现代史（中国古代史、中国现代史曾被推荐参加国家级精品课程评选）等3门省级精品课的课程资源全部上网，在全省乃至省外有示范效应；

（3）《中国通史教程·现代卷》被全国150多所高校采用；

（4）中国近现代史省级教学团队的做法、经验及教学建设在全校有示范作用，在全省历史专业有一定的影响；

（5）发表的《本科高校教学团队建设的理论与实践探索》(《鲁东大学学报》2008年第2期)、《以新课程与研究性学习理念推进历史教改》、《高校中国古代史课程的几点思考》(《中国成人教育》2005年第12期)、《试析历史教学方式及其转变》(《历史教学问题》2008年第4期)、《论加强高校毕业论文（设计）的实践性》(《教育学刊》2008年第5期) 等教学研究论文对学术界研究有关教学团队、课程建设与教学方式的教学理论有借鉴与促进作用；

（6）专业建设的各项措施在我校历史专业人才培养中产生了积极的影响。人才培养质量稳中有升。升研率2006届为41.2%，2007届为47.7%。本科毕业生的学士学位授予率在90%以上。有多篇论文被评为省级优秀毕业论文。毕业生就业率2006年达到89.37%。专业声望与影响力得到提高。在2007中国大学"历史学"50强排行中，我校历史专业名列其中。2008年，被评为省级特色专业。

二、主要完成人情况

第一完成人姓名	俞祖华	性　别	男
出生年月	1964 年 5 月	最后学历	研究生
参加工作时间	1988 年 6 月	高校教龄	21 年
专业技术职称	教授	现任党政职务	历史与社会学院院长
工作单位	鲁东大学历史与社会学院	联系电话	13220936539
现从事工作及专长	中国近现代史	电子信箱	Yuzhh64@163.com
通讯地址	鲁东大学历史与社会学院	邮政编码	264025
何时何地受何种省部级及以上奖励			

何时何地受何种省部级及以上奖励：

2007 年被评为山东省教学名师;2008 年获批享受国务院特殊津贴专家荣誉称号；独立完成或作为第一完成人的成果曾于 2001、2005 年获省优秀教学成果二等奖 1 次、三等奖 1 次，于 1997、1998、2002、2006、2007 年获省优秀社会科学成果二等奖 2 次、三等奖 3 次,2008 年获省"精品工程"奖 1 次、省软科学三等奖 1 次；合作完成的成果获中国图书奖 1 次、省"精品工程"奖 1 次、省优秀社会科学成果三等奖 2 次。

主要贡献：

1.省级教学名师;2.省级特色专业历史学专业负责人;3.《中国通史教程·现代卷》教材分卷主编；4.省级精品课程"中国现代史"课程负责人；5.省级教学团队"中国近现代史教学团队"负责人；6.发表《本科高校教学团队建设的理论与实践探索》等教学研究论文；7.《历史专业建设"质量工程"：以教学团队精品课程教材改革与研究性教学模式为重点》总结报告执笔人。

本人签名：

课题组负责人签名：

2009 年 3 月 6 日

第二完成人姓名	赵慧峰	性　别	女
出生年月	1963 年 4 月	最后学历	研究生
参加工作时间	1984 年 7 月	高校教龄	25 年
专业技术职称	教授	现任党政职务	《鲁东大学学报》主编
工作单位	鲁东大学文科学报编辑部	联系电话	13220915919
现从事工作及专长	中国近代史	电子信箱	Yt1963@tom.com
通讯地址	鲁东大学文科学报编辑部	邮政编码	264025
何时何地受何种省部级及以上奖励			

何时何地受何种省部级及以上奖励	独立完成或作为第一完成人的成果曾于 2000、2007、2008 年获省优秀社会科学成果三等奖 3 次。合作完成的成果获中国图书奖 1 次、省"精品工程"奖 2 次、省优秀社会科学成果二等奖 1 次。
主要贡献	1．鲁东大学教学名师； 2．省级精品课程"中国近代史"课程负责人； 3．省级精品课程"中国现代史"与省级教学团队"中国近现代史教学团队"主要骨干； 4．发表《转变育人观念，加强就业与创业能力的培养》、《从史学动态教学入手引导研究生实施"创新型研究性学习"》等教学研究论文。 本人签名： 课题组负责人签名： 2009 年 3 月 6 日

第三完成人姓名	胡瑞琴	性　　别	女
出生年月	1965 年 10 月	最后学历	研究生
参加工作时间	1985 年 7 月	高校教龄	20 年
专业技术职称	副教授	现任党政职务	
工作单位	鲁东大学历史与社会学院	联系电话	0535-6672024
现从事工作及专长	历史教学论	电子信箱	hrq226123@sina.com
通讯地址	鲁东大学历史与社会学院	邮政编码	264025
何时何地受何种省部级及以上奖励			

何时何地受何种省部级及以上奖励	2005 年获省优秀教学成果二等奖（第四位）。 2008 年获得鲁东大学校级教学成果三等奖。

主 要 贡 献	1．省级精品课程"中国现代史"骨干； 2．省级教学团队"中国近现代史"骨干； 3．发表《试析历史教学方式及其转变》(《历史教学问题》 　2008 年第 4 期) 等多篇教学研究论文； 4．协助修订历史专业人才培养方案。 　　　　　　　　　本人签名： 　　　　　　课题组负责人签名： 　　　　　　2009 年 3 月 6 日

第四完成人姓名	樊文礼	性 别	男
出生年月	1955 年 1 月	最后学历	研究生
参加工作时间	1978 年 7 月	高校教龄	27 年
专业技术职称	教授	现任党政职务	副院长
工作单位	鲁东大学历史与社会学院	联系电话	0535-6695907
现从事工作及专长	中国古代史	电子信箱	fwl5511@sina.com
通讯地址	鲁东大学历史与社会学院	邮政编码	264025
何时何地受何种省部级及以上奖励	独立完成的成果曾于 2000、2001 年获省优秀社会科学成果三等奖 2 次；合作完成的成果曾获省级教学成果二等奖（第三位）。		

主要贡献	1．省教改试点课程"中国古代史"课程负责人； 2．省级精品课程"中国古代史"主要骨干； 3．负责历史专业人才培养方案的修订； 4．负责起草"中国古代史"《山东省改革试点课程结项报告书》。 本人签名： 课题组负责人签名： 2009 年 3 月 6 日

第五完成人姓名	刘兰昌	性　别	女
出生年月	1964 年 6 月	最后学历	研究生
参加工作时间	1989 年 7 月	高校教龄	20 年
专业技术职称	副教授	现任党政职务	
工作单位	鲁东大学历史与社会学院	联系电话	0535-6672272
现从事工作及专长	中国近代史	电子信箱	
通讯地址	鲁东大学历史与社会学院	邮政编码	264025
何时何地受何种省部级及以上奖励			

主 要 贡 献	1. 省级精品课程"中国近代史"、"中国现代史"主要骨干； 2. 发表《论加强高校毕业论文（设计）的实践性》等教学研究论文。 　　　　　　　　本人签名： 　　　　　课题组负责人签名： 　　　　　2009 年 3 月 6 日

三、主要完成单位情况

第一完成单位名称	鲁东大学	主管部门	山东省教育厅
联 系 人	张峰	联系电话	0535-6696735
传 真	0535-6672614	电子信箱	jwcgjs@163.com
通讯地址	鲁东大学教务处	邮政编码	264025

主 要 贡 献	学校对该项目予以了大力支持： 1. 省级教学团队拨付建设经费 3 万元； 2. "中国古代史"、"中国近代史"、"中国现代史" 3 门省级精品课程，每门建设经费 2 万元； 3. "历史学"省级特色专业拨付经费 10 万元（另校级特色专业建设经费 10 万元）； 4. 教学名师奖励 1 万元； 5. 其他方面的支持。 单 位 盖 章 2009 年 3 月 6 日

四、推荐、评审意见

推荐意见	该成果对教学团队、课程建设与教学方式进行了深入探索，有多篇教学论文发表在 CSSCI 期刊上；在团队建设、教材建设、课程建设等方面取得了显著的实绩，有 3 本国家级"十一五"规划教材、1 位省级教学名师、1 个省级教学团队、3 门省级精品课程、1 门省级教改试点课程和 1 个省级特色专业，成果影响面较大。经省评审委员会评审同意推荐国家级教学成果奖励。
	
	                       推荐单位盖章
	
	                     2009 年 3 月 8 日

评审意见	
	
	    省评审委员会主任签字：
	                         年 月 日

从史学动态教学入手引导研究生实施

"创新型研究性学习"

成果完成人：赵慧峰、俞祖华、高春常、梁方健
成果获奖时间：2009 年 12 月
获奖等次：山东省省级教学成果二等奖

　　党的十七大报告指出："提高自主创新能力，建设创新型国家。这是国家发展战略的核心，是提高综合国力的关键。"在教育领域，以培养学生的创新能力为目标，发展、优化创新教育，对建设创新型国家具有重要意义。学校教育的不同阶段，对创新教育的要求是不同的。我国研究生教育的目标主要是培养学术型人才，1981 年制定的《中华人民共和国学位条例》对于学位的认识侧重于学术标准，培养对象针对的是科学研究工作或专门技术工作。不难看出，与基础教育阶段、本科教育阶段相比，创新教育是研究生培养中的重要任务。培养创新型人才的关键在于实现从传统教学模式到研究性学习模式的转变，帮助学生确立一种探索性的学习方式，使他们能主动地寻求知识，拓宽自己的知识基础，并在主动获取知识的基础上进行知识创新、理论创新与科技创新。要努力探索培养研究生创新能力的具体途径。近些年，我们在研究生培养中探索了从史学动态教学入手引领学生实施探索性学习的方法与途径。

（一）

　　研究性学习是在素质教育和创新教育的理念下催生出的一种有别于传统的"授—受"型教学模式、全新的教学方式，它反对对学生进行被动灌输而强调学生的自主学习主动探究。这一教学方式的倡导对实施创

新教育具有重要意义。创新既包括事物发展的过程又包括事物发展的结果，主要包括新的发现发明、新的思想和理念、新的学说与技术以及新的方法等新事物。"通过创新的教育、教学活动来培养学生的创新力，进而实现上述新事物的教育，也就是创新教育。在这当中，创新能力的培养是创新教育的核心。或者说，创新教育也就是根据创新原理，以培养学生具有一定的创新意识、创新思维、创新能力以及创新的个性为主要目标的教育理论和方法，使学生一方面牢固、系统地掌握学科知识，同时发展创新能力"①。传统学校教育在教育理念、培养目标、培养模式、教学内容、教学方式等许多方面都与实施创新教育的要求格格不入。实施创新教育需要推进教育创新。研究性学习的提出是推进教育创新、促进创新教育具有关键性、全局性意义的切入点，是实施创新教育的有效方法与重要途径。

目前，在学校教育的不同阶段都在倡导以培养学生创新能力为核心的创新教育，也都在提倡以鼓励学生主动探究为基本特征的研究性学习。研究性学习的提出应该说是从基础教育阶段开始的。研究性学习被称为我国基础教育课程体系的结构性突破，被公认为我国当前课程改革的一大亮点，目前围绕研究性学习所进行的理论与实践方面的探索可以说也主要是针对于基础教育阶段。基础教育课程改革中大力提倡研究性学习的形势与所取得的成效，引发了一些高校教师的关注，促使他们进行在大学本科阶段实施研究性学习的思考与探索，如北京大学教授龚绍文就进行了这个方面的摸索，他在《大学青年教师教学入门》（北京理工大学出版社 2006 年）一书中谈到：就目前而言，我们对研究性教学的提倡还刚刚开始，实践更是不够。而从引进的国外的经验来看，它很可能对解决目前我国大学中存在的只重视知识传授，而忽视学生自主学习、自主探究，不利创新能力培养的严重教学问题有重要作用。因此，作为我国大学教学第一线的教师应该对它认真研究、认真探索、认真实践，积极推动研究性教学的开展，努力提高大学生的创新能力。他参考一些主要针对我国基础教育（中、小学）阶段的科学教育而提出的探究教学的典型模式，提出一种大学研究性学习以及相应的研究性教学的七阶段基本

---

① 朱永新、杨树兵：《创新教育与教育创新》，《江苏教育研究》1999 年第 5 期。

模式：①确定教学目标；②形成问题；③假定答案；④求证；⑤得出结果；⑥表达与交流；⑦应用与深化。我们前几年也作过一个课题即山东省教育科学"十五"规划重点课题《中小学新课程与高师历史教学改革》，结题成果《历史研究性学习：基础教育新课程与高师历史专业教学改革》于2005年获得省级教学成果二等奖。该项成果认为基础教育新课改的中心任务是实现教师教学方式转变与学生学习方式转变，尤其是倡导学生主动参与的探究式学习、研究性学习，高等师范院校教改要适应向研究性学习模式的转变。该成果还将研究性学习与高等师范院校历史专业教学改革有机结合起来，在高师历史专业倡导"历史研究性学习"，明确了历史研究性学习的实质在于使学生由历史知识的被动接受者转换成自主学习、主动探究的科学研究者，参与课题研究是其基本途径。研究生阶段以培养创新型学术人才为目标，与定位于基本素质教育的基础教育阶段及定位于应用型人才培养的本科教育阶段相比，对创新教育、对研究性学习的要求应该是更高，也更为迫切。也就是说，基础教育阶段、本科教育阶段要大力倡导、开展研究性教学、研究性学习；对研究生，就更要提高他们的创新能力，提高他们的研究水平，要将其创新力与研究成果作为学校创新体系、学校核心竞争力的有机组成部分。

与基础教育、本科教育阶段相比，研究生阶段的研究性学习对创新的要求更高，与科学研究的关系更直接，是一种更高层级的研究性学习，是科学研究的初级阶段，我们不妨将其定位为"创新型研究性学习"。这种"创新型研究性学习"有以下特点：

1. 由于人才培养的目标定位不同，导致对创新素质、对研究性学习的要求不同。基础教育阶段是创新教育的奠基工程，对培养各类创新型人才具有基础性的作用，更着眼于受教育者在知识、智力、品德、审美、体质等方面的最基本素质，对创新能力的培养也是定位在基础性的工作。《国务院关于基础教育改革与发展的决定》指出："基础教育是科教兴国的奠基工程，对提高中华民族素质，培养各级各类人才，促进社会主义现代化建设具有全局性、基础性、先导性的作用。"《中共中央国务院关于深化教育改革全面推进素质教育的决定》指出："按照德育总体目标和学生成长规律，确定不同学龄阶段的德育内容和要求，在培养学生的思想品德和行为规范方面，要形成一定的目标递进层次。""培养学生的科学精神和创新思维习惯。重视培养学生收集处理信息的能力、获取新知识的能力、分析和解决问题的能力、语言文字表达能力以及团结协作和社会活动的能力";"培养学生坚忍不拔的意志、艰苦奋斗的精神,增强青少年适应社会生活的能力"等。大学本科教育人才培养的目标定位过去多强调是培养某一方面的专门人才,但随着从精英教育到大众化阶段的过渡,本科教育人才培养的目标定位发生了从专才、高级人才到通才、"厚基础、宽口径"的高素质劳动者的转换。研究生教育的人才培养目标定位目前仍是培养各类高级专门人才,尤其是培养学术型人才。三个阶段的人才培养规格不一样,对创新素质的要求自然不一样,实现创新教育的途径包括实施研究性学习的程度也不一样。前两阶段的研究性学习虽倡导自主探究学习,但重在学习,研究生阶段的"创新型研究性学习"应当是重在研究、重在创新,是一种"学习性研究",是一种实习状态中的学术创新工作。

2. 对创新型成果的要求更高。学校教育的各个阶段都提倡研究性学习,所倡导的研究性学习也都以培养创新能力为出发点,但各个阶段的研究性学习对创新教育的层次与要求是有区别的。就传统教育体制来看,基础教育与本科教育阶段是基础知识教育阶段,强调的是学生获取、接受知识,而对其创新能力的培养没有列入课程体系与教学内容体系。现在提出把研究性学习贯穿于包括基础教育、本科教育与研究生教育的整个人才培养过程,但对基础教育阶段来说,只能是一种创新意识、创新精神、创新思维的培养与初步的创新体验。作为基础教育阶段的研究性学习只是一种学习的基本手段,与大专院校和科研机构的研究在目的和要求上是不同的,不能强求一定要出研究成果。本科阶段安排毕业论文、毕业设计,进行一定的课题研究,但毕业论文、毕业设计的原创性也不可能做不切实际的要求。研究生阶段的"创新型研究性学习"是一种以推出创新性学术成果为目标的正规的科研训练、正规的学术活动。

3. 研究生阶段的"创新型研究性学习"与高等学校的学科建设、科研工作有密切关系,具备更优越的实施条件,也能发挥更重要的作用,是高校创新体系以至国家创新体系建设的重要组成部分。研究生的学习和研究是与导师、与学科、与科研、与创新平台、与创新体系紧密结合在一起的,是导师、学生两个方面"人"的因素在学科方向、科研课题、

"学术氛围"等因素的融合、渗透中，互相作用、互相影响的互动过程，研究生的成长离不开科研、学科，学校学科建设、科研工作也有研究生的积极贡献，研究生中的许多优秀者还是学术梯队强有力的后备军。研究生的"创新型研究性学习"要紧密结合科研项目，尤其是导师的科研课题。研究生不直接参与科研项目、不直接进入科学研究，就谈不上培养出创新型学术人才。通过参与重大项目、国际前沿的项目，可以使人才快速成长。

（二）

　　研究生教育阶段要高度重视创新教育，要大力引导研究生开展探索性学习，这是教育界有识之士的共识。近些年来，教育部、各省与各研究生培养单位实施了各种层次、各种方式的"研究生教育创新计划"。但对各类学校、各学科来说，实现研究生创新教育的具体途径与方式，实施研究生阶段研究性学习的具体方案，需要各方专家结合培养单位具体情况、结合学科特点进行各具特色的探索。

　　历史学科的研究性学习也需要结合其学科特点进行探索。对基础教育阶段的历史研究性学习，已有不少研究成果发表。学者基于基础教育阶段对历史研究性学习的概念界定不尽相同，有代表性的如：（1）中学历史学科研究性学习是指在教师指导下，在学习的过程中，让学生始终处于开放的情境之中，用类似于史学研究的方式，去主动探索，以培养能力和态度的学习活动[①]。（2）历史研究性学习是指学生在教师的指导下，围绕特定的历史问题（或专题、课题），利用国际互联网、图书馆、社会调查等多种途径和手段获取材料，以类似科研的方式主动地获取历史知识、解决特定历史问题的学习活动[②]。（3）历史学科研究性学习，是学生在教师的指导下，对与现实生活密切联系的历史课题或以历史为主导涉及其他相关学科的研究课题进行研究，以及在活动课程中利用一定的学时对历史系列知识综合运用、历史学科能力综合培养的学科内综合性专题的研究[③]。（4）中学历史学科研究性学习是在观察、模仿性学

　　① 冯长运、李明海：《关于历史学科实施研究性学习的探索》，《历史教学》2003 年第 9 期
　　② 韩飞、黄念章：《关于高中历史研究性学习的几个问题》，《历史教学》2001 年第 6 期
　　③ 殷俊：《试论历史学科的研究性学习》，《历史教学》2001 年第 6 期

习的过程中，为发展学生自主地了解和独立思考人类以往的事实，取其精华，弃其糟粕的能力，从而知道过去、理解现在，懂得社会、认识自己，并孕育一般创新意识和实践能力的一种以课题研究为典型特征的教学方式①。

历史学科与逻辑和推理特征非常明显的自然科学不同，历史中发生的事件不会是完全重复的，历史发展有规律性，但这种规律是趋势性的，是各种因素的合力相互作用而产生的结果。对历史事件不能像自然科学一样，从几个初始条件推演出此后变化的精细的演变程式。也就是说，在实施历史学科的研究性学习时，让学生依据教材给出的历史知识进行推论的空间并不很大。我们只能要求学生通过研究性学习，从史料出发，从基本史实出发，得出尽可能符合史实、符合历史规律的认识。因此，实施历史研究性学习，史料与史观是非常重要的。结合历史专业的特点，我们在《历史研究性学习：基础教育新课程与高师历史专业教学改革》的课题中，提出以加强史料与史学动态教学为重点，探索本科阶段与研究生阶段历史研究性学习的途径、模式，认为历史研究性学习是进入课题研究状态的一种学习，而历史研究的基础是史料与史观，以加强史料与史学动态教学为切入点，在本科阶段形成"史料阅读→撰写研究动态→3 年级学年小论文→4 年级毕业论文"的"四步式学习法"，研究生阶段形成"学术综述→专题论文→学位论文"的"三步式学习法"。

科研能力是衡量研究生培养质量的主要尺度，具备独立的科研能力是研究生教育的基本目标。研究生阶段的"创新型历史研究性学习"要紧紧围绕这一目标，它具有以下特点：（1）导师对研究生的历史研究性学习进行个别指导并全面负责，导师对研究生的全面指导贯穿于研究生培养的全过程，包括指导其确定领域、指点方法、导引方向、启迪思路、培养独立工作能力，乃至直接参加导师的课题等。（2）研究生阶段的历史研究性学习不再是"类似于史学研究的方式"、"类似科研的方式"、"模仿性学习的过程"，而是一种正式的史学研究，是一种导师指导下的科研工作。（3）所选择的课题不能是一般的、常识性的、学习性的历史问题，而必须是有新材料、新视角、新观点、新方法，在某些方面有所突破的

---

① 聂幼梨、於以传：《中学历史课程研究性学习理论与目标纲要》，《历史教学》2004 年第 4 期。

前沿性问题。简而言之，研究生阶段的"创新型历史研究性学习"是在导师指导下的、对专门领域的史学课题进行原创性研究的培养方式，是对史学学术创新工作的体验与学习。结合三年制硕士研究生的创新教育特点，我们认为将这种"创新型历史研究性学习"分为以科学研究为主线的"学术综述→专题论文→学位论文"三个阶段是比较合理的：

1. 在硕士研究生的第一学年，通过开设"史学动态"类课程及在专业基础课、专业选修课中对学科进展的介绍，使研究生了解所学学科的学科发展及最新学术动态，接触学科前沿，为今后的史学学术创新奠定基础。要求研究生在第一学年内，选择某一课题，全面掌握学术界对其的研究历史、研究进展、研究水平、存在问题及努力方向，撰写1篇有关该课题的研究综述，并力争发表。

各高校史学研究生的培养方案都有"了解本学科的历史、现状和发展动态"方面的要求，如华东师大《史学理论及史学史专业博士、硕士研究生培养方案》要求博士生"熟悉本专业领域史学研究成果和国内外最新研究动态，能够站在学术前沿"，要求硕士生"熟悉国内外史学研究动态，打好扎实深厚的专业基础"。我们希望在我院的研究生培养方案与培养实践中把"了解本学科的历史、现状和发展动态"的要求体现得更加明确，使其更具有操作性与实效性，并结合实施"创新型历史研究性学习"对每位研究生提出撰写1篇"学术综述"的具体要求。

2. 在硕士研究生的第二学年，要求研究生在前一阶段"了解本学科的历史、现状和发展动态"的基础上，发现可供进一步研究的史学问题，并结合自身特长确定其中一个进行相对独立的专题研究，撰写1篇专题论文（有余力的可作更高要求），在研究过程中培养文献阅读与综述、发现问题、选择与确定课题、自主探究等方面的能力。通过史学专题论文的写作，是培养研究生独立从事史学研究能力的必经阶段，也是连接前一阶段"学术综述"与后一阶段"学位论文"的承上启下的中间环节。研究生第二阶段史学专题论文写作可与学位论文写作结合起来考虑，为其学位论文奠定坚实的基础。

为了更好地发挥"专题论文"环节在培养研究生创新能力、史学研究能力中的作用，可以通过开设"史学论文写作"课程、听取学术报告、出席学术会议、参加导师课题的讨论等措施让他们感受、体验史学研究的过程，接受学术精神、学术氛围的熏陶与学术规则、学术规范的训练。

3. 在硕士研究生的第三学年，要求研究生在研一阶段"了解本学科的历史、现状和发展动态"与研二阶段史学专题论文写作训练的基础上，完成高质量的学位论文。撰写学位论文是研究生培养过程的重要环节，是创新能力培养的重要阶段，也是培养质量的集中体现。为了充分发挥学位论文在研究生创新教育中的作用，体现学位论文实施"创新型历史研究性学习"的宗旨，使其真正成为训练研究生史学研究能力与史学成果撰写能力的有效的实践活动，要完善、健全保障研究生学位论文质量的措施。如开题报告不能流于形式。开题报告是研究生毕业论文工作的重要环节，是指为阐述、审核和确定毕业论文题目而做的专题书面报告，它是研究生实施毕业论文课题研究的前瞻性计划和依据。要通过开题报告，分析论文选题是否具有开拓性、先进性、必要性、可能性，认真审查论文是否在充分掌握学术史的基础上使研究具有前沿性，认真审查论文写作方案是否符合科学研究的规律与历史学科的特点。要有严格的论文中期检查等。

（三）

近些年来，我们在研究生培养实践中按照以科学研究为主线的、"创新型历史研究性学习"的"学术综述→专题论文→学位论文"三个阶段，对我院专门史、中国近现代史等学科的研究生进行史学研究能力与创新能力的培养，在各个环节都取得了实效。

在学术综述的写作方面，研究生发表的文章有：刘虹的《高中历史研究性学习问题综述》（《历史教学》2004 年第 5 期）、于洁的《章太炎思想研究综述》（《鲁东大学学报》2007 年第 2 期）、吴娜的《陈独秀思想研究综述》（《怀化学院学报》2006 年第 10 期）、胡瑞琴的《近二十年来梁启超史学思想研究综述》（《云南财贸学院学报》2006 年第 4 期）、《近代中国社会转型问题研究综述》（《青岛大学师范学院学报》2006 年第 3 期）、房姗姗的《近二十年来魏晋南北朝时期礼文化研究综述》（《鲁东大学学报》2006 年第 4 期）、耿宝银的《梁启超文化思想研究综述》（《鲁东大学学报》2008 年第 1 期）等。

在由俞祖华和赵慧峰主编的《中国近代社会文化思潮研究通览》一

书中也收纳了研究生撰写的多篇研究综述，如刘虹的《近十年来中国早期现代化思想研究综述》、《五四新文化运动诸问题研究综述》、金鑫的《鸦片战争前后经世致用思想研究综述》、魏本霞的《洋务思潮研究综述》、刘建凤的《早期维新思潮研究综述》、《戊戌思潮研究综述》、《中国近代文化保守主义思潮研究综述》、《中国近代妇女解放思潮研究综述》、于军的《中国近代无政府主义思潮研究综述》。

在专题研究方面也发表了一系列成果，如胡瑞琴的《晚清传教士对孔子的认识——以德国传教士安保罗为个案》（《孔子研究》2008 年第 1 期）、《近代来华传教士对孔子的认同》（《光明日报》2007 年 11 月 9 日）、《安保罗与中国传统文化》（《内蒙古电大学报》2007 年第 10 期）、《德国传教士安保罗与〈四书本义官话〉》（《鲁东大学学报》2007 年第 3 期）、《略论西方传教士对儒家经典的研究》（《兰台世界》2007 年第 16 期）、《德国传教士安保罗的儒学观》（《云南财贸学院学报》2007 年第 2 期）、《晚清传教士与科举制度变革》（《世纪桥》2006 年第 9 期）、《礼与中国古代社会》（《辽宁行政学院学报》2006 年第 4 期），刘建凤的《浅析不缠足思潮起于戊戌的原因》（《甘肃社会科学》2005 年第 3 期）、《从男权文化视角看戊戌不缠足运动》（《烟台教育学院学报》2005 年第 1 期）、《试论军机处产生之偶然与必然》（《莱阳农学院学报（哲社版）》2005 年第 2 期）、《中国近代女性人格范型的转变》（《烟台师范学院学报》2005 年第 4 期），于军的《吴佩孚的传统情怀》（《吴佩孚生平与思想研究》，吉林文史出版社 2004 年版）、《清朝防范宦官干政制度探析》（《烟台师范学院学报》2005 年第 1 期）、《冯玉祥与烟台》（《文化名人与烟台》，中国文史出版社 2005 年版），魏本霞的《孙中山道德思想述论》（《烟台师范学院学报》2004 年第 4 期）、《湖南湘潭杨度家族》、《陕西蒲城杨虎城家族》、《四川潼南杨尚昆家族》、《无锡杨绛家族》（《中华名门才俊——杨氏名门》，泰山出版社 2005 年版），吴娜的《清代经学大师郝懿行》（《胶东历史上的文化名人》，中国文史出版社 2006 年版），于洁的《清末为争取在荷英属东印度设领的外交努力》（《苏州科技学院学报（哲社版）》2007 年第 1 期）、《促进中西文化交流的使者——吕海寰》（《文化名人与烟台》，中国文史出版社 2005 年版）、《革命报人——徐镜心》（《胶东历史上的文化名人》，中国文史出版社 2006 年版），魏星英的《吴佩孚与日本的关系》

和王春艳的《浅谈吴佩孚的爱国情怀》(《吴佩孚研究》,北京图书馆出版社 2007 年版)。

陈会芹的硕士论文《近代山东半岛城市化进程研究》、胡瑞琴的《近代西方传教士对儒学的研究——以德国传教士安保罗为个案》和赵国建的《蒋梦麟中西思想论析》分别被评为校级优秀硕士论文,其中胡瑞琴的《近代西方传教士对儒学的研究——以德国传教士安保罗为个案》还被推荐参加了省级优秀硕士论文的评选。

附:山东省研究生教育省级教学成果奖申报评审书

山东省研究生教育

省级教学成果奖申报评审书

成果名称：从史学动态教学入手引导研究生实施
　　　　　"创新型研究性学习"

申报等级：一等奖

申报单位名称（盖章）：鲁东大学

成果主要完成人：赵慧峰　俞祖华　高春常

　　　　　　梁方健

第一完成人所在院系（部、处）：历史文化学院

申报时间：　2009 年 10 月 20 日

山东省教育厅

填 写 说 明

一、封面

1. 成果名称：应准确、简明地反映出成果的主要内容和特征，字数不超过 35 个汉字（含符号）。教学成果如为教材性质，在成果名称后加写（教材）字样。

2. 成果主要完成人：按贡献大小从左到右顺序填写（不超过 10 人）。

3. 申报单位：填写研究生培养单位名称，多个单位联合申报的填写主申报单位。

4. 申报等级：成果申报单位推荐该成果申报省级一等奖、二等奖、三等奖的建议。

二、成果简介

1. 成果起止时间：起始时间指立项研究、开始研制的时间；完成时间指成果通过验收、鉴定或对实施（包括试行）予以总结的时间。

2. 主题词：按《国家汉语主题词表》填写 3—7 个与成果密切相关的主题词，每个词语间用"；"隔开。

3. 本成果解决的主要问题，表述应简明、准确、完整。

4. 成果主要内容凡涉及该项成果实质内容的介绍、论据及实验结果等，均应直接叙述，不要采取"见附件"的表述方式。具体成果应作为支撑材料另行提供。

5. 创新点：是成果在创新性方面的归纳与提炼。应简明、准确、完整地阐述，每个创新点的提出须是相对独立存在的。字数一般不超过 400 个汉字。

6. 应用价值、实施及推广应用效果：就成果的应用价值和实践推广应用情况及预期应用前景进行阐述，或就成果在国内外公开发行的书刊中的评价及引用情况进行介绍。

7. 成果曾获奖励情况：不包括商业性的奖励，限填 5 项。

三、主要完成人情况

1. 受奖情况限填教学、科研及其他综合奖励项目，不超过五项。

2. 申报成果属集体完成的，除本人签名外，还要有课题负责人签字。本人与课题负责人为同一人者，课题负责人签名改为课题组其他所有完成人签名。

3. 主要贡献：应如实填写该完成人对本成果做出的贡献。

4. 所在单位填写本人所在单位及院系（部、处）。

四、推荐意见

由申报单位填写。内容包括：根据成果创新性、示范性和应用情况等写明申报理由和结论性意见；参照相应的奖励等级标准写明推荐申报省级教学成果奖的等级。

五、其他

1. 申报评审书用 A4 纸，竖装，双面印制。文字和图表限在高 245 毫米、宽 170 毫米的规格内排印，左面装订，宽度不小于 25 毫米。正文字体为宋体，字号不小于 5 号。

2. 签字、盖章不可打印或复印，否则无效。除主要完成人可按实际完成人数（限 10 人以内）自动加页，表格其他地方不得加页，不得另附纸。

一、成果简介

成果名称	从史学动态教学入手引导研究生实施"创新型研究性学习"
起止时间	起始：2005 年 1 月 1 日 完成：2009 年 10 月 20 日
申报单位	鲁东大学
主题词	史学动态；研究生；创新型；研究性学习

（一）本成果解决的主要问题与指导思想：

本成果解决的主要问题为：探索适合历史学类研究生创新教育的、易于操作且富有成效的具体模式与途径。

指导思想为：切实推进从本科历史教学到研究生史学人才培养、从传统教学模式到研究性学习模式的转变，帮助研究生确立一种探索性的、能够尽快进入学术前沿的学习方式，使他们能主动地寻求知识，拓宽自己的学术视野，并在主动获取知识、了解最新学术进展的基础上进行知识创新与理论创新，探索从史学动态教学入手引领研究生实施探索性学习的方法与途径，建立一种与基础教育阶段及本科教育阶段的"历史研究性学习"有别的、对创新的要求更高的、由史学动态教学导入的"创新型历史研究性学习"模式。

（二）成果主要内容：

本成果的主要内容为：

1. 发表《从史学动态教学入手引导研究生实施"创新型研究性学习"》等成果，从理论上探讨研究生阶段的"创新型研究性学习"区别于基础教育阶段、本科阶段的一般性研究性学习的不同特点。认为这种"创新型研究性学习"有以下特点：

（1）由于人才培养的目标定位不同，导致对创新素质、对研究性学习的要求不同。基础教育阶段是创新教育的奠基工程，对培养各类创新型人才具有基础性的作用，更着眼于受教育者在知识、智力、品德、审美、体质等方面的最基本素质，对创新能力的培养也是定位在基础性的工作。大学本科教育人才培养的目标定位过去多强调是培养某一方面的专门人才，但随着从精英教育到大众化阶段的过渡，本科教育人才培养的目标定位发生了从专才、高级人才到通才，"厚基础、宽口径"的高素质劳动者的转换。研究生教育的人才培养目标定位目前仍是培养各类高级专门人才，尤其是培养学术型人才。三个阶段的人才培养规格不一样，对创新素质的要求自然不一样，实现创新教育的途径包括实施研究性学习的程度也不一样。前两阶段的研究性学习虽倡导自主探究学习，但重在学习，研究生阶段的"创新型研究性学习"应当是重在研究、重在创新，是一种"学习性研究"，是一种实习状态中的学术创新工作。

（2）对创新型成果的要求更高。作为基础教育阶段的研究性学习只是一种学习的基本手段，与大专院校和科研机构的研究在目的和要求上是不同的，不能强求一定要出研究成果。本科阶段安排毕业论文、毕业设计，进行一定的课题研究，但毕业论文、毕业设计的原创性也不可能做不切实际的要求。研究生阶段的"创新型研究性学习"是一种以推出创新性学术成果为目标的正规的科研训练、正规的学术活动。

（3）研究生阶段的"创新型研究性学习"与高等学校的学科建设、科研工作有密切关系，具备更优越的实施条件，也能发挥更重要的作用，是高校创新体系以至国家创新体系建设的重要组成部分。

2．从实践上探索一种与基础教育阶段与本科教育阶段的"历史研究性学习"有别的、对创新的要求更高的、由史学动态教学导入的、以"学术综述→专题论文→学位论文"为基本流程的"创新型历史研究性学习"模式。

科研能力是衡量研究生培养质量的重要尺度，具备独立的科研能力是研究生教育的基本目标。研究生阶段的"创新型历史研究性学习"要紧紧围绕这一目标,它具有以下特点：（1）导师对研究生的历史研究性学习进行个别指导并全面负责，导师对研究生的全面指导贯穿于研究生培养的全过程，包括指导其确定领域、指点方法、导引方向、启迪思路、培养独立工作能力，乃至直接参加导师的课题等。（2）研究生阶段的历史研究性学习不再是"类似于史学研究的方式"、"类似科研的方式"、"模仿性学习的过程"，而是一种正式的史学研究，是一种导师指导下的科研工作。（3）所选择的课题不能是一般的、常识性的、学习性的历史问题，而必须是有新材料、新视角、新观点、新方法，在某些方面有所突破的前沿性问题。简而言之，研究生阶段的"创新型历史研究性学习"是在导师指导下的、对专门领域的史学课题进行原创性研究的培养方式，是对史学学术创新工作的体验与学习。

结合三年制硕士研究生的创新教育特点将这种"创新型历史研究性学习"分以科学研究为主线的"学术综述→专题论文→学位论文"三个阶段：在硕士研究生的第一学年，通过开设"史学动态"类课程及在专业基础课、专业选修课中对学科进展的介绍，使研究生了解所学学科的学科发展及最新学术动态，接触学科前沿，为今后的史学学术创新奠定基础；在硕士研究生的第二学年，要求研究生在前一阶段"了解本学科的历史、现状和发展动态"的基础上，发现可供进一步研究的史学问题，并结合自身特长确定其中一个进行相对独立的专题研究，撰写 1 篇专题论文(有余力的可作更高要求)，在研究过程中培养文献阅读与综述、发现问题、选择与确定课题、自主探究等方面的能力；在硕士研究生的第三学年，要求研究生在研一阶段"了解本学科的历史、现状和发展动态"与研二阶段史学专题论文写作训练的基础上，完成高质量的学位论文。

3．在研究生培养实践中尝试"创新型历史研究性学习"模式，取得了一批研究生教育创新成果。

在学术综述的写作方面，研究生发表的文章有：刘虹的《高中历史研究性学习问题综述》(《历史教学》2004 年第 5 期)，于洁的《章太炎思想研究综述》(《鲁东大学学报》2007 年第 2 期)，吴娜的《陈独秀思想研究综述》(《怀化学院学报》2006 年第 10 期)，胡瑞琴的《近二十年来梁启超史学思想研究综述》(《云南财贸学院学报》2006 年第 4 期)、《近代中国社会转型问题研究综述》(《青岛大学师范学院学报》2006 年第 3 期)，房姗姗的《近二十年来魏晋南北朝时期礼文化研究综述》(《鲁东大学学报》2006 年第 4 期)，耿宝银的《梁启超文化思想研究综述》(《鲁东大学学报》2008 年第 1 期)，刘虹的《近十年来中国早期现代化思想研究综述》(《中国近代社会文化思潮研究通览》，山东大学出版社 2005 年版)、《五四新文化运动诸问题研究综述》(《中国近代社会文化思潮研究通览》，山东大学出版社 2005 年版)，金鑫的《鸦片战争前后经世致用思想研究综述》(《中国近代社会文化思潮研究通览》，山东大学出版社 2005 年版)，刘建凤的《早期维新思潮研究综述》(《中国近代社会文化思潮研究通览》，山东大学出版社 2005 年版)等。

在专题研究方面也发表了一系列成果，如胡瑞琴的《晚清传教士对孔子的认识——以德国传教士安保罗为个案》(《孔子研究》2008 年第 1 期)、《近代来华传教士对孔子的认同》(《光明日报》2007 年 11 月 9 日)、《安保罗与中国传统文化》(《内蒙古电大学报》2007 年第 10 期)、《德国传教士安保罗与〈四书本义官话〉》(《鲁东大学学报》2007 年第 3 期)、《略论西方传教士对儒家经典的研究》(《兰台世界》2007 年第 16 期)、《德国传教士安保罗的儒学观》(《云南财贸学院学报》2007 年第 2 期)、《晚清传教士与科举制度变革》(《世纪桥》2006 年第 9 期)、《礼与中国古代社会》(《辽宁行政学院学报》2006 年第 4 期)，刘建凤的《浅析不缠足思潮起于戊戌的原因》(《甘肃社会科学》2005 年第 3 期)、《从男权文化视角看戊戌不缠足运动》(《烟台教育学院学报》2005 年第 1 期)、《试论军机处产生之偶然与必然》(《莱阳农学院学报（哲社版）》2005 年第 2 期)、《中国近代女性人格范型的转变》(《烟台师范学院学报》2005 年第 4 期)，于军的《吴佩孚的传统情怀》(《吴佩孚生平与思想研究》，吉林文史出版社 2004 年版)、《清朝防范宦官干政制度探析》(《烟台师范学院学报》2005 年第 1 期)、《冯玉祥与烟台》(《文化名人与烟台》，中国文史出版社 2005 年版)，魏本霞的《孙中山道德思想述论》(《烟台师范学院学报》2004 年第 4 期)、《湖南湘潭杨度家族》、《陕西蒲城杨虎城家族》、《四川潼南杨尚昆家族》、《无锡杨绛家族》(《中华名门才俊——杨氏名门》，泰山出版社 2005 年版)，吴娜的《清代经学大师郝懿行》(《胶东历史上的文化名人》，中国文史出版社 2006 年版)，于洁的《清末为争取在荷英属东印度社领的外交努力》(《苏州科技学院学报（哲社版）》2007 年第 1 期)、《促进中西文化交流的使者——吕海寰》(《文化名人与烟台》，中国文史出版社 2005 年版)、《革命报人——徐镜心》(《胶东历史上的文化名人》，中国文史出版社 2006 年版)，魏星英的《吴佩孚与日本的关系》和王春艳的《浅谈吴佩孚的爱国情怀》(《吴佩孚研究》，北京图书馆出版社 2007 年版)。

陈会芹的硕士论文《近代山东半岛城市化进程研究》、胡瑞琴的《近代西方传教士对儒学的研究——以德国传教士安保罗为个案》和赵国建的《蒋梦麟中西思想论析》分别被评为校级优秀硕士论文，其中胡瑞琴的《近代西方传教士对儒学的研究——以德国传教士安保罗为个案》还被推荐参加了省级优秀硕士论文的评选。

（三）主要创新点：

阐明了研究生阶段的"创新型历史研究性学习"与基础教育、本科阶段的历史研究性学习所具有的不同特点，指出它对学习主体的创新素质、创新性成果及支持国家创新体系的作用都有着更高的要求，是在导师指导下的、对专门领域的史学课题进行原创性研究的培养方式，是对史学学术创新工作的体验与实习。初级的历史研究性学习落脚点是"学习"，是一种更多地强调自主探究的"学习"，那么，研究生阶段的"创新型历史研究性学习"落脚点是"研究"，是一种学术创新，是史学研究的入门训练。

探索了能使历史学类研究生尽快进入学术前沿的、探索性的学习方式，即一种与初级的"历史研究性学习"有别的、对创新的要求更高的、由史学动态教学导入的、以"学术综述→专题论文→学位论文"为基本流程的"创新型历史研究性学习"模式。通过学术最新进展的介绍，突出教学内容的前沿性，发挥其对研究生进入学科前沿的引领作用及对研究生学术素养、学术道德的养成作用。

（四）实践实施情况、效果及推广应用价值：

对教学型大学研究生学术创新能力培养作了较有深度的理论探索，并建构起以学术动态教学为特色的历史学研究生教学体系，丰富了研究生培养模式。目前，该项成果的理论模式和具体设计已经在鲁东大学历史文化学院的专门史、中国近现代史、世界史等学科推广、实施，并对其他学校，如青岛大学师范学院等产生了一定的辐射效应。在实际培养效果方面，近年来，研究生在学术综述、专题研究以及论文获奖方面也取得了优秀的成绩，从 2005 年以来，共发表综述性论文 18 篇，在《光明日报》、《东岳论丛》、《管子学刊》、《孔子研究》、《甘肃社会科学学报》等核心期刊发表专题研究论文多篇。有 4 位同学获得校级优秀硕士论文奖励。

成果获奖情况	获奖时间	获奖种类	获奖等级	获奖金额（元）	授奖部门

二、主要完成人情况

第一完成人姓名	赵慧峰	性别	女	出生年月	1963 年 4 月
参加工作时间	1984 年 7 月	高校教龄	25 年	专业职称	教授
最后学历、学位	研究生、硕士学位	党政职务			无
聘任硕导时间	2003 年	聘任博导时间			
现从事工作、专长	中国近代史	从事研究生教育工作年限			7 年
工作单位	历史文化学院				
电子信箱	zhaohf1963@126.com	联系电话			6672182 13220936539
何时何地受何种奖励	独立完成或作为第一完成人的成果曾于 2000、2007、2008 年获省优秀教学成果三等奖 3 次。合作完成的成果获中国图书奖 1 次、省"精品工程"奖 1 次，省优秀社会科学成果二等奖 1 次。2006 年被评为校级研究生优秀指导教师。				
对本成果的主要贡献	主持本课题设计，组织本课题实施； 课题论证报告的第一作者； 指导了赵国建、魏本霞、于军、魏星英、陈雪娇、王建平等研究生的毕业论文或发表论文； 课题总结报告主要撰写人。 　　　　　　　本人签名： 　　　　课题组负责人签名： 　　　　　　　年　　月　　日				

第二完成人姓名	俞祖华		性别	男	出生年月	1964 年 5 月
参加工作时间	1988 年 6 月	高校教龄	22 年		专业职称	教授
最后学历、学位	研究生、硕士学位		党政职务			院长
聘任硕导时间	2002 年 9 月		聘任博导时间			
现从事工作、专长	专门史		从事研究生教育工作年限			8 年
工作单位	历史文化学院					
电子信箱	Yuzhh64@163.com		联系电话		13220936539	
何时何地受何种奖励	2007 年被评为山东省教学名师；2008 年获批享受国务院特殊津贴专家；独立完成或作为第一完成人的成果曾于 2001、2005 年获省优秀教学成果二等奖 1 次、三等奖 1 次，于 1997、1998、2002、2006、2007、2009 年获省优秀社会科学成果二等奖 2 次、三等奖 4 次，于 2008 年获省"精品工程"奖 1 次；合作完成的成果获中国图书奖 1 次、省"精品工程"奖 1 次，省优秀社会科学成果三等奖 2 次。					
对本成果的主要贡献	课题论证报告的第二作者； 参与本课题设计与实施； 指导了胡瑞琴、刘虹、陈会芹、刘建凤、张堂明、王静静、耿宝银等研究生的毕业论文及发表论文。 本人签名： 课题组负责人签名： 　　　年　　　月　　　日					

第三完成人姓名	高春常	性别	男	出生年月	1966 年 7 月
参加工作时间	1988 年 6 月	高校教龄	22 年	专业职称	教授
最后学历、学位	研究生、博士学位	党政职务			
聘任硕导时间	2003 年 9 月	聘任博导时间			
现从事工作、专长	世界史	从事研究生教育工作年限		7 年	
工作单位	历史文化学院				
电子信箱		联系电话			
何时何地受何种奖励	独立完成或作为第一完成人的成果曾于 2001 年获省优秀教学成果二等奖 1 次。				

<table>
<tr><td rowspan="2">对本成果的主要贡献</td><td>

参与本课题实施；

指导了研究生的毕业论文和发表论文。

</td></tr>
<tr><td>

本人签名：

课题组负责人签名：

年　　　月　　　日

</td></tr>
</table>

第四完成人姓名	梁方健	性别	男	出生年月	1956 年 8 月
参加工作时间	1988 年 6 月	高校教龄 22 年		专业职称	教授
最后学历、学位	研究生、硕士学位	党政职务			
聘任硕导时间	2003 年 9 月	聘任博导时间			
现从事工作、专长	历史文献学	从事研究生教育工作年限			7 年
工作单位	历史文化学院				
电子信箱		联系电话			
何时何地受何种奖励	曾于 1996 年获省优秀教学成果二等奖 1 次。				

对本成果的主要贡献

课题论证报告的第三作者；

参与本课题的具体实施；

指导了盛志刚等人的毕业论文和发表论文。

本人签名：

课题组负责人签名：

年　　月　　日

三、推荐、评审意见

单位推荐意见	 推荐单位盖章 年　月　日
省评审组意见	 评审组长签字： 年　月　日
省评审委员会意见	 评审委员会主任签字： 年　月　日

历史研究性学习：基础教育新课程与高师

历史专业教学改革

成果完成人：俞祖华　郭大松　樊文礼　胡瑞琴　刘虹
成果获奖时间：2005 年 2 月
获奖等次：山东省省级教学成果二等奖

　　教育思想观念既包括宏观方面的育人观、培养目标、办学指导思想、人才培养模式等问题，又包括相对具体的课程理念、学习理念等问题。目前，我国基础教育改革正在全面推进，其中一个重要的内容是课程改革。"基础教育课程改革事关中华民族的未来"。① 基础教育课程改革的中心任务是要转变教师的教学方式和学生的学习方式，尤其是要实现学生被动接受学习到主动探究学习的转变，倡导研究性学习。

　　基础教育课程改革对高师教学改革提出了挑战。有专家指出："我们现在要求中学教师适应课程改革。但高校现在培养出来的，仍然是新教师、老观念。出去很不适应。""而这次课程改革是全方位的，肯定要推动高等师范院校的教学改革"。② 作为培养基础教育师资的高师院校如何去做到不落伍于基础教育课程改革，如何去适应从教学大纲到课程标准、从被动接受到自主探究的研究性学习的变化是一大挑战。

　　历史教学界围绕着基础教育课程改革、课程标准与教学大纲的比较、历史研究性学习等问题进行了大量的探讨，尤其是围绕课程标准与历史研究性学习，有大量文章发表，预计随着课程改革的推进和新教材的编写，这种探讨还将不断深入。但目前围绕如何适应中小学新课程改革深

---

① 关文信等：《新课程理念与初中历史课堂教学实施》，首都师范大学出版社 2003 年版。
② 《历史教学》编辑部：《中学历史课程、教材学术讨论会》，《历史教学》2003 年第 9 期。

化高师历史教改，避免出现"新老师、老观念"问题，使学生在师范教育阶段就接受与目前所进行的课程改革相适应的课程理念、课程体系、课程目标、教学内容体系等方面的训练，使他们在走上教师岗位前就熟悉历史研究性学习这种新的学习方式，这方面的探讨不是很多。为此，我们于 2001 年下半年申报了《加强史料与史学动态，努力适应基础教育阶段历史研究性学习教学模式的要求》，被批准为烟台师范学院重点教改项目。在此基础上，又申报了《中小学新课程与高师历史教学改革》项目，被批准为山东省教育科学规划重点项目。同时，山东师范大学的省级教改试点专业——历史学和烟台师范学院省级教改试点课程——中国古代史，也把探讨历史研究性学习作为教改的重要内容。经过 3 年多的探讨，该项目在理论创新与实践创新上取得了较丰富的成果，并进行了大胆的尝试，取得了显著的成效。

（一）理论探索：探讨新课程、研究性学习与高师历史教学改革

教学改革必须以观念转变先行，理论创新是实践创新的先导。基础教育课程改革不只是实践改革，同时还要实现基本理念、基本思路上的转变，还要创造出反映课堂实质、能够指导课堂教学改革实践的新理论。我们必须熟悉历史教学界对课程标准、研究性学习、学习方式转变、教学方式转变等问题的研讨，并致力于探索高师历史教学如何适应新课程改革、如何适应历史研究性学习教学模式的需求，大学本科阶段历史研究性学习教学模式，研究生阶段历史研究性学习模式，高中阶段、本科阶段、研究生阶段历史研究性学习比较等问题。

我们编写了《适应基础教育课改，深化高师历史教学改革》一书。该书收录了《基础教育课程改革纲要》，初高中阶段与历史学科有关的 4 个课程标准（《全日制义务教育初中课程标准（实验稿）》、《初中历史与社会课程标准（一）》、《初中历史与社会课程标准（二）》、《普通高中历史课程标准》），探讨课程标准的一组文章和关于研究性学习的一组文章。通过这一资料，可使师生们了解基础教育课程改革的最新进展，了解历史教学界对课程标准、历史研究性学习等问题的探索。

课题组成员还撰写了多篇研讨基础教育课改、历史研究性学习、高师历史教学改革等问题的文章，主要有：（1）郭大松撰写的《让"死学"

变成浇灌两个文明之花的活水——历史教学改革探索》,发表在大学教学权威刊物《中国大学教学》2004 年第 6 期;(2)刘虹、俞祖华撰写的《高中历史研究性学习问题综述》,发表在中文核心期刊、中文社会科学引文索引来源期刊《历史教学》2004 年第 5 期;(3)俞祖华撰写的《基础教育实施课程标准对高师历史教学的挑战》,发表在《烟台师范学院学报》2004 年第 1 期;(4)胡瑞琴撰写的《基础教育课程改革对"历史教学论"的影响》,发表在《烟台师范学院学报》2004 年第 3 期;(5)陈会芹撰写的《中学历史课程标准研究述评》,发表在《济南教育学院学报》2004 年第 2 期,等等。

在《高中历史研究性学习问题综述》一文中,作者通过阅读大量有关研究性学习方面的研究成果报告,在对研究性学习及历史研究性学习的概念界定的基础上就高中历史学科内开展研究性学习的研究情况作了简评。该文认为:"研究性学习"本质上是一种学习方式,是一种与"接受性学习"相对立的学习理念,可以,并且应该渗透于学生学习的所有学科、所有活动之中。而"研究性学习"课程是为了"研究性学习"方式的充分展开而提供的相对独立的、有计划的学习机会,即"研究性学习"课程是指向于"研究性学习"方式的定向型课程。关于历史研究性学习的概念,该文介绍了学术界的不同意见:(1)历史学科研究性学习是指在教师指导下,在学习的过程中,让学生始终处于开放的情境之中,用类似于史学研究的方式,去主动探索,以培养能力和态度的学习活动;(2)历史研究性学习是指学生在教师的指导下,围绕特定的历史问题(或专题、课题),利用国际互联网、图书馆、社会调查等多种途径和手段获取材料,以类似科研的方式主动地获取历史知识、解决特定历史问题的学习活动;(3)历史研究性学习是指学生在教师的指导下,对与现实生活密切联系的历史课题或以历史为主导涉及相关学科的研究课题进行研究,以及在活动课程中利用一定的学时对历史系列知识综合运用、历史学科能力综合培养的学科内综合性专题的研究;(4)历史研究性学习是在观察、模仿性学习的过程中,为发展学生自主地了解和独立思考人类以往的事实,取其精华,弃其糟粕的能力,从而知道过去、理解现在,懂得社会、认识自己,并孕育创新意识和实践能力的一种以课题研究为典型特征的教学方式。我们认为,历史研究性学习的实质在于使学生由历史知识的被动接受者转换成自主学习、主动探究的科学研究者，在相对开放的环境中介入课题研究是其基本途径。

《中学历史课程标准研究述评》，就历史教学界围绕《历史课程标准》的出台背景、与《历史教学大纲》的比较、与课程改革目标的关系、局限性等问题的探讨作了评述。该文注意到，《历史课程标准》在"基本理念"和"教学建议"中均提出，以转变学生的学习方式为核心，鼓励学生通过思考和合作交流学习历史，培养发现历史问题和解决历史问题的能力，养成探究学习的习惯。《历史与社会课程标准》也明确提出"鼓励探究式学习"。

《基础教育实施课程标准对高师院校历史教学的挑战》、《基础教育课程改革对"历史教学论"的影响》两文着重探讨了高师历史教学如何适应新课程改革、如何适应历史研究性学习模式的问题。

我们认为，我们做到了较全面了解基础教育课程改革尤其是有关历史课程标准、历史研究性学习方面的情况，并在此基础上对高师历史学如何适应新课程改革、新教学与学习方式作了某些有益的探讨。

（二）实践创新：以实施研究性学习为核心，全面推进历史教学改革

新的教育观念、新的教学理念、新的课程思想、新的理论观点必须及时地转换成教学方案，并加以实施，才能一面推进教学改革的不断深入和教学质量的不断提高，最大程度地实现人才培养效益；一面通过实践检验实现教育观念、教学理念、教学理论、课程思想上的与时俱进。

我们在教学实践创新上的主要做法是：

1. 适应基础教育课程改革，适应历史研究性学习模式的要求，修订教学计划，改革课程体系。适应基础教育课程改革的综合性原则，我们设置了一些跨学科的必修课程（如当代中国社会、当代西方社会）、跨学科选修课程（如中华民族民族精神概论）；适应基础教育课程改革的现代性原则，根据"密切与现实生活和社会发展的联系"的原则，设置了当代中国思想史、最新考古发现等课程；根据基础教育课程改革的多样性、多择性原则，与高中"丰富多样的选修课程"相适应，设置历史上的重大改革回眸、近代社会的民主思想与实践、20世纪的战争与和平、中外历史人物评说、探索历史的奥秘、世界文化遗产荟萃等选修课程；适应

基础教育课程改革的开放性原则,将历史研究性学习纳入课程体系。

2. 建立定期修订教材的机制,把体现学科最新进展的内容纳入课程内容体系,并采用以学习主题、学习专题为基本结构的呈现方式,以利于研究性学习的实施。《中国通史教程》、《世界通史教程》初版于 1999 年 6 月,再版于 2001 年 6 月,今年又出版了第三版,"面对不断增加的使用者以及国内史学界对这两套教材的日益关注,我们惟一的选择就是不断修订、不断完善,紧随时代与学术的进步"。(教材齐涛序)教材"重在体现研究性学习与能力培养的主旨,试图做到给教师留下发挥的空间,给学生留下思考的空间,摆脱那种面面俱到、陈陈相因的固有模式"。该教材在构建课程内容体系时,注意做到:(1)适应从注重传授知识到关注学生发展的课程目标的转变,选择有利于学生全面发展、"有个性的发展"、终身发展的内容,使教材成为体现新课程理念,培养人文精神、人文素养的基础平台;(2)改变课程内容"繁、难、偏、旧"的现状,精选内容;(3)按照"贴近实际,贴近生活,贴近学生"的原则,把体现学科最新进展的内容和适合学生发展的内容,不断纳入课程内容体系;(4)确立以学习专题呈现学习内容基本结构,将时序性与专题性有机结合起来;(5)突出问题性、前沿性、参与性、体验性、实践性,把学科前沿信息、文献研读等纳入课程内容体系,引导学生思考前沿的学术问题、重大的历史问题、深层的社会问题。为此,我们增设了"下编",选取了贯穿全局的专题,进行纵向贯穿,介绍各该专题的研究概况和有代表性的学术观点,以利于学生了解最新学术进展,开阔学术视野,进入研究性学习状态。

3. 加强史料与史学动态教学,以史料与史识作为构建学生历史研究性学习的基础平台。历史研究性学习是进入课题研究状态的一种学习方式,而历史研究的基础是史料与史观,因此,有必要把史料阅读包括英文原始文献阅读,把了解前沿学术动态纳入课程内容体系。为方便教师进行史料与史学动态教学,为方便学生接触史料与创新性结论,我们组织编写了《中国古代史综述汇编》、《中国通史教程教学参考》、《中国通史教程教学参考》、《世界历史重要文献(英文)选读》等。其中的"教学参考"是与教材配套的,"为把研究性学习与能力培养落到实处,在第二版出版的同时,我们又组织编写了《中国通史教程教学参考》与《世界通史教程教学参考》，包括了学习过程中需要掌握的学术动态、基本资料以及学术范文，作为课堂讨论和课下自修用书"。（齐涛序）

4. 本科阶段四阶段历史研究性学习法。我们致力于把历史研究性学习贯穿于本科 4 年学习的始终，通过凸现史料与史学动态教学，强调"四自一转变"即学生自己寻找阅读材料→自己了解研究现状→自己确定研究课题→自己实施研究，教师的角色实现从演员到导演的转变，形成"四步式历史研究性学习法"：

第一步，本科 1 年级史料阅读。史料的查找、阅读、阐释是研究性学习的第一步，大学 1 年级重点要加强史料阅读、解析、运用方面的训练；要避免把结论及人为解释过的史实介绍给学生，而忽略对原始资料的分析和考证。要提倡阅读英文原始文献。

第二步，本科 2 年级重点加强史学动态教学。了解史学动态，站在学术前沿，是确定课题实施研究的前提，是研究性学习的关键环节。学生在教师指导下既要力求全面地了解历史学科最新学术进展，又要有重点地围绕主题检索相关的学术文章，撰写 1 篇学术综述。

第三步，本科 3 年级学年小论文。学生在教师指导下，选择课题，查找资料和文献，撰写 3000 字以上的小论文。

第四步，本科 4 年级毕业论文。毕业论文是四年学习的总结，是培养创新能力与实践能力的关键环节，要精心组织，加强指导，强化监督，并通过抽查、答辩、评选优秀论文等环节，切实保证毕业论文的质量。

以上四步并不是截然分开的，有些环节可以交叉进行，尤其是史料与史学动态教学实际上要贯穿整个学习过程。

5. 研究生阶段三步式研究性学习法。研究生阶段已经有了本科阶段的基础，有了更高的起点，也应有更高的要求，可以形成"学术综述→专题论文→学位论文"三步式学习法。要求在 1 年级撰写 1 篇学术综述，2 年级撰写 1 篇专题论文，3 年级完成学位论文。

6. 把历史研究性学习引入社会实践，组织学生围绕课题开展调研，使历史研究性学习成为实践性的学习方式。烟台师院历史与社会学院组织过"胶东半岛移民型村落"调研，山东师大历史系组织过"齐鲁百年"、"义和团运动百周年"、"山东宗教历史及现状"、"建党八十周年"等调研活动，取得了丰硕成果。

除以上 6 个方面外，我们还根据历史研究性学习的要求实施了本科阶段导师制、双语教学、函授教学增加中学教改内容等改革。

（三）成效与收获

历史教学从被动接受到自主探究的转变，历史研究性学习的实施，收到了很好的效果，以教材、论文等形式在全国产生了较大的反响。

（1）理论成果《让"死学"变成浇灌两个文明之花的活水——历史教学改革探索》（《中国大学教学》2004 年第 6 期）、《高中历史研究性学习问题综述》（《历史教学》2004 年第 5 期）、《基础教育实施课程标准对高师历史教学的挑战》（《烟台师范学院学报》2004 年第 1 期）、《基础教育课程改革对"历史教学论"的影响》（《烟台师范学院学报》2004 年第 3 期）、《中学历史课程标准研究述评》（《济南教育学院学报》2004 年第 2 期）等文，在国内外公开发行的刊物上发表，有的发表在"中文社会科学引文索引来源期刊"与"中文核心期刊"上，产生了较大反响；

（2）《中国通史教程》、《世界通史教程》被全国 150 多所高校采用，已第 6 次印刷，发行数万册，并被多所院校指定为考研参考书；

（3）《中国通史教程教学参考》、《世界通史教程教学参考》被省内外 20 多所高校采用；

（4）新教学计划、"四步式学习法"、"三步式学习法"、历史专题调研——社会实践性的历史研究性学习在历史专业实施，取得可喜的成果，形成了自主学习、主动探究的学习风气，《五代翰林学士研究》等获省优秀本科毕业论文，山东师范大学、烟台师范学院历史专业本科生公开发表了多项成果，课题组成员指导的研究生已发表学术论文十多篇，其中有多篇为学术综述，由郭大松指导学生完成的《山东宗教历史与现状调研资料》已由韩国新星出版社出版，另由俞祖华等教师和研究生合著的《中国近代社会文化思潮研究通览》已出版。

附：省级教学成果奖推荐书

省级教学成果奖推荐书

成果名称：历史研究性学习：基础教育新课程与高师
　　　　历史专业教学改革

成果完成人：俞祖华　郭大松　樊文礼　胡瑞琴　刘虹

成果完成单位：烟台师范学院

　　　　　　山东师范大学

推荐等级建议：一等奖

推荐单位名称及盖章：

推荐时间：2004 年 11 月 16 日

成果科类：历史学

代　　　　码　　⬚⬚⬚⬚⬚⬚

序　　　　号　　⬚⬚⬚⬚⬚⬚

编　　　　号：

山东省教育厅制

一、成果简介

成果获奖情况	获奖时间	获奖种类	获奖等级	获奖金额（元）	授奖部门
	2004 年 11 月	教学成果奖	一等奖	10000	烟台师范学院

成果起止时间	起始：2002 年 1 月 1 日　　　　完成：2004 年 10 月 1 日
主 题 词	历史研究性学习；学习方式；基础教育课程改革；高等师范学校；历史专业；教学改革

1. 成果主要内容：

这是烟台师范学院"新世纪教学改革计划"重点项目《加强史料与史学动态教学，努力适应基础教育阶段历史研究性学习教学模式的要求》与山东省教育科学"十五"规划重点课题《中小学新课程与高师历史教学改革》的结题成果，也是山东省教学改革试点专业——山东师范大学历史专业与山东省教学改革试点课程——烟台师范学院中国古代史课程所进行的教改的基本与精华部分。主要内容：

（1）基础教育新课改的中心任务是实现教师教学方式转变与学生学习方式转变，尤其是倡导学生主动参与的探究式学习、研究性学习，高师历史专业教改要适应这一模式的要求。课题组围绕历史研究性学习进行了理论研讨，发表了《让"死学"变成浇灌两个文明之花的活水——历史教学改革探索》(《中国大学教学》2004 年第 6 期)、《高中历史研究性学习问题综述》(《历史教学》2004 年第 5 期)、《中学历史课程标准研究述评》、《基础教育实施课程标准对高师历史教学的挑战》、《基础教育课程改革对"历史教学论"的影响》等文，探讨了新课改对高师历史教学的影响、历史研究性学习的内涵等，明确了历史研究性学习的实质在于使学生由历史知识的被动接受者转换成自主学习、主动探究的科学研究者，参与课题研究是其基本途径。

（2）为适应历史研究性学习模式的要求，对历史专业教学计划作了较大的调整与改革，将与课改相适应的"历史研究性学习"、"近代社会的民主思想与实践"、"20世纪的战争与和平"纳入课程体系。

（3）出版并采用了《中国通史教程》（课题组成员任近代卷、现代卷分卷主编）与《世界通史教程》的第二版，两书"重在体现研究性学习与能力培养的主旨，试图做到给教师留下发挥的空间，给学生留下思考的空间"，并突出两点：一是建立定期修订教材的机制，把学科最新进展纳入教学内容体系，有利于实施研究性学习；二是将时序性与专题性有机结合，增加了以学习专题呈现课程内容的下编，与课改接轨。

（4）以加强史料与史学动态教学为重点，探索本科阶段与研究生阶段历史研究性学习的途径、模式。历史研究性学习是进入课题研究状态的一种学习，而历史研究的基础是史料与史观。本科阶段形成"史料阅读→撰写研究动态→3年级学年小论文→4年级毕业论文"的"四步式学习法"，研究生阶段形成"学术综述→专题论文→学位论文"的"三步式学习法"，通过史料教学培养学生的历史学基本技能（世界史提倡阅读英文原始文献），通过史学动态教学使学生接触创新性结论，以史料与史学观点构筑历史研究性学习的基础平台，为此编写了《中国古代史研究综述汇编》、《中国通史教程教学参考》（课题组成员任近代、现代卷分卷主编）、《世界通史教程教学参考》、《世界历史重要历史文献（英文）选读》等，由指导教师与研究生共同完成的以介绍学术动态为内容的《中国近代社会文化思潮研究通览》已交付出版。注意邀请专家、学者围绕学术热点，组织系列讲座，引领学生进入学术前沿。

（5）把社会实践与历史研究性学习有机结合起来，选择课题组织学生进行专题调研，开展了"山东宗教的历史与现状"、"齐鲁百年"等实践性的历史研究性学习活动，由郭大松指导学生完成的《山东宗教历史与现状调研资料》近由韩国新星出版社出版。

（6）在本科阶段推行导师制，加强学习指导，尤其是对学生读书活动的指导，创办了学生自办刊物《读书季刊》与《学史》，使其有发表成果的园地。

2. 创新点：

（1）较早意识到高师历史教学要适应基础教育课程改革，尤其是适应高中阶段历史研究性学习模式；（2）对教学计划作了调整与改革，增加了"历史研究性学习"等课程；（3）探讨高中阶段、高师本科阶段和研究生阶段历史研究性学习的模式及相互衔接问题；（4）本科阶段"史料阅读→撰写研究动态→小论文→毕业论文"的"四步式学习法"；（5）研究生阶段"学术综述→专题论文→学位论文"的"三步式学习法"；（6）教材的定期修订机制与以专题呈现教学内容的方式，以学科最新进展及专题呈现式适应研究性学习；（7）突出史料与史学动态教学，以史料与史观构筑研究性学习的基础平台，史料教学方面，提倡阅读英文原始文献，推进世界史课程双语教学，史学动态教学方面，注意定期组织系列学术讲座引领学生进入学术前沿；（8）开展社会实践性的历史研究性学习，组织历史专题调研；（9）推行本科阶段导师制，加强读书指导等。

3. 应用情况：

（1）理论成果《让"死学"变成浇灌两个文明之花的活水——历史教学改革探索》(《中国大学教学》2004 年第 6 期)、《高中历史研究性学习问题综述》(《历史教学》2004 年第 5 期)、《基础教育实施课程标准对高师历史教学的挑战》(《烟台师范学院学报》2004 年第 1 期)、《基础教育课程改革对"历史教学论"的影响》(《烟台师范学院学报》2004 年第 3 期)、《中学历史课程标准研究述评》(《济南教育学院学报》2004 年第 2 期) 等文，在国内外公开发行的刊物上发表，有的发表在"中文社会科学引文索引来源期刊"与"中文核心期刊"上，产生了较大反响；

（2）《中国通史教程》、《世界通史教程》被全国 150 多所高校采用，发行数万册，并被多所院校指定为考研参考书；

（3）《中国通史教程教学参考》、《世界通史教程教学参考》被省内外 20 多所高校采用；

（4）新教学计划、"四步式学习法"、"三步式学习法"在历史专业实施，取得可喜的成果，形成了自主学习、主动探究的学习风气，《五代翰林学士研究》等获省优秀本科毕业论文，山东师大、烟台师院历史专业本科生公开发表了多项成果，课题组成员在此期间指导研究生发表学术论文十多篇，其中有多篇为学术综述，由郭大松指导学生完成的《山东宗教历史与现状调研资料》已由韩国新星出版社出版，另由俞祖华等教师和研究生合著的《中国近代社会文化思潮研究通览》已出版。

二、主要完成人情况

第一完成人姓名	俞祖华	性　别	男
出生年月	1964 年 5 月	最后学历	研究生
参加工作时间	1988 年 6 月	高校教龄	16 年
专业技术职称	教授	现任党政职务	烟台师院历史与社会学院院长
工作单位	烟台师院历史与社会学院	联系电话	6672144　6672277
现从事工作及专长	中国近现代史教学与研究	电子信箱	Yu1964@163.net
通讯地址	烟台师范学院历史与社会学院	邮政编码	264025
何时何地受何种省部级及以上奖励	独立完成的成果曾于 1997、1998、2001 年获山东省社会科学成果二等奖 1 次，三等奖 2 次，作为第一完成人的成果曾于 2001 年获省优秀教学成果三等奖 1 次，合作完成的成果曾获国家图书奖等奖励多次。		
主要贡献	1. 负责烟台师范学院"新世纪教学改革计划"重点项目《加强史料与史学动态教学，努力适应基础教育阶段历史研究性学习教学模式的要求》，山东省教育科学规划项目重点课题《中小学新课程与高师历史教学改革》的设计； 2. 主编《中国通史教程·现代卷》和《中国通史教程教学参考·现代卷》； 3. 撰写《基础教育实施课程标准对高师历史教学的挑战》《高中历史研究性学习问题综述》等文； 4. 指导研究生完成《中国近代社会文化思潮研究通览》； 5. 负责成果结题，是结题报告的起草人。 　　　　　　　　　本人签名： 　　　　课题组负责人签名： 　　　　　　　　年　　　月　　　日		

第二完成人 姓名	郭大松	性 别	男
出生年月	1953 年 3 月	最后学历	研究生
参加工作时间	1974 年 10 月	高校教龄	31 年
专业技术职称	教授	现任党政 职务	
工作单位	山东师范大学历史文 化与社会发展学院	联系电话	0531-6186196
现从事工作及 专长	中国近现代史教学与 研究	电子信箱	
通讯地址	山东师范大学历史文 化与社会发展学院	邮政编码	251104
何时何地受何 种省部级及以 上奖励	1995 年获省社会科学成果三等奖		

主 要 贡 献	1.《中国通史教程·近代卷》主编； 2.《中国通史教程教学参考·近代卷》主编； 3. 撰写《让"死学"变成浇灌两个文明之花的活水——历史教学改革探索》(《中国大学教学》2004 年第 6 期)； 4. 指导学生完成《山东宗教历史与现状调研资料》； 5. 主持山东省教改试点专业——山东师大历史专业教改的实施。 　　　　　　　　　本人签名： 　　　　　　课题组负责人签名： 　　　　　　　　　　　年　　月　　日

第三完成人 姓名	樊文礼	性　　别	男
出生年月	1955 年 1 月	最后学历	研究生
参加工作 时间	1978 年 7 月	高校教龄	23
专业技术 职称	教授	现任党政 职务	烟台师范学院历史 与社会学院副院长
工作单位	烟台师范学院历史 与社会学院	联系电话	（0535）6672024
现从事工作及 专长	专门史	电子信箱	
通讯地址	烟台师范学院历史 与社会学院	邮政编码	264025
何时何地受何种 省部级及以上奖励	曾两次获得省社会科学优秀成果三等奖。		
主要贡献	1. 负责教学计划的调整与修订； 2. 主持编写《中国古代史研究综述汇编》； 3. 中国古代史教改试点课程负责人。 本人签名： 课题组负责人签名： 　　　　年　　月　　日		

第四完成人 姓名	胡瑞琴	性　别	女
出生年月	1965 年 10 月	最后学历	大本
参加工作 时间	1985 年 7 月	高校教龄	15 年
专业技术 职称	讲师	现任党政 职务	
工作单位	烟台师范学院 历史与社会学院	联系电话	（0535）6672640
现从事工作及 专长	历史教学法	电子信箱	
通讯地址	烟台师范学院 历史与社会学院	邮政编码	264025
何时何地受何种 省部级及以上奖励			

主 要 贡 献	1. 参与制订教学计划； 2. 撰写《基础教育课程改革对"历史教学论"的影响》(《烟台师范学院学报》2004 年第 1 期)。 本人签名： 课题组负责人签名： 　　　　　年　　　月　　　日

第五完成人 姓名	刘 虹	性 别	女
出生年月	1979 年 5 月	最后学历	本科
参加工作 时间	年 月	高校教龄	在读研究生
专业技术 职称		现任党政 职务	
工作单位		联系电话	
现从事工作 及专长		电子信箱	
通讯地址	烟台师范学院 历史与社会学院	邮政编码	264025
何时何地受何种 省部级及以上奖励			

主 要 贡 献	1. 撰写《高中历史研究性学习问题综述》(《历史教学》2004 年第 5 期); 2. 撰写《近十年来中国早期现代化思想综述》等文。 本人签名: 课题组负责人签名: 　　　　　　　年　　月　　日

三、推荐、评审意见

推荐意见	该成果先被烟台师范学院作为重点教改项目立项，后被确立为山东省教育科学规划重点项目，为省部级项目；公开发表的理论成果丰厚，有的发表在大学教学权威刊物和历史教学最高刊物上，显示了成果具有学术水平；教材与教学参考书被广为采用，在国内已极具影响；课程体系调整，以历史专题调研的形式开展社会实践性的历史研究性学习，以史料与史观构筑历史研究性学习的基础平台，"四步式学习法"、"三步式学习法"，本科阶段实行以指导读书活动为重点的导师制等设计立意好，创新性强，成效显著。成果直接相关的支撑材料扎实、丰富，建议授予一等奖。 推荐单位盖章 　　　　年　　月　　日
评审意见	 省评审委员会主任签字： 　　　　年　　月　　日

四、附件目录

1. 总结报告:《研究性学习:基础教育新课程与高师历史教学改革》。

2. 烟台师范学院"新世纪教学改革计划"项目申请书《加强史料与史学动态教学,努力适应基础教育阶段历史研究性教学模式的要求》申报书。

3. 山东省教育科学规划课题《中小学新课程与高师历史教学改革》申报书及立项通知书。

4. 关于历史研究性学习、基础教育课改与高师历史教学改革的理论研究成果:

(1)《让"死学"变成浇灌两个文明之花的活水——历史教学改革探索》,《中国大学教学》2004 年第 6 期;

(2)《高中历史研究性学习问题综述》,《历史教学》2004 年第 5 期;

(3)《基础教育实施课程标准对高师历史教学的挑战》,《烟台师范学院学报》2004 年第 1 期;

(4)《基础教育课程改革对"历史教学论"的影响》,《烟台师范学院学报》2004 年第 3 期;

(5)《中学历史课程标准研究述评》,《济南教育学院学报》2004 年第 2 期;

(6)《适应基础教育课改 深化高师历史改革》资料汇编。

5. 烟台师院《历史学(师范类)专业教学计划》。

6. 教材:

(1)《中国通史教程》;

(2)《世界通史教程》;

7. 以史料选编与史学动态介绍为主体内容的教学参考书:

(1)《中国通史教程教学参考》;

(2)《世界通史教程教学参考》;

(3)《中国古代史研究综述汇编》;

(4)《世界历史重要历史文献(英文)选读》。

8. 教师指导研究生完成的学术动态研究论文:

(1)《中国近代社会文化思潮研究通览》;

（2）《近十年来中国早期现代化思想研究综述》（《青岛大学师范学院学报》2003 年第 4 期）。

9. 学生有关历史专题调研的成果之一《山东宗教历史与现状调研资料》。

强化"两个空间" 凸现"三个途径"

——《中国通史·近现代史》教材与教学改革

成果完成人：俞祖华 郭大松 林治理 田海林 王林
成果获奖时间：2001 年 8 月
获奖等次：山东省省级教学成果三等奖

本成果是省教育厅重大教改项目"历史主干课程（《中国通史》与《世界通史》）教材改革"的子课题，其现代史部分还曾立项为校级"面向 21 世纪教学内容和课程体系"改革项目，2000 年获省第五届教学成果三等奖。该成果包括两大块：教材改革着重体现"两个空间"，即"给教师留下充分的发挥空间，给学生学习留下充分的自由思考的空间"；教学模式改革则凸现"三个途径"，即"通过导读从书本获取知识，通过调研从实践获取知识，通过网络活动从现代媒体获取知识"。

该成果包括两大块，即教材改革与教学模式的改造。教材改革着重体现"两个空间"，即"给教师留下充分的发挥空间，给学生学习留下充分的自由思考的空间"；教学模式改革则要突破"三个中心"（"以教师为中心，以课堂为中心，以教材为中心"）的传统模式，以学生为主体，凸现"三个途径"，即"通过导读从书本获取知识，通过调研从实践获取知识，通过网络活动从现代媒体获取知识"。教材改革与教学模式改革互相联系，互相支持。目标是培养学生获取知识与知识创新的能力。

（一）关于教材改革

根据省教育厅编写适应新式教学模式的通史教材的统一部署，由山东师大历史系牵头，共有 8 个学校教师参加编写了《中国通史教程·近代卷》；由烟台师院历史系牵头、共有 12 个学校教师参加编写了《中国通史教程·现代卷》。两书充分体现了"两个空间"的宗旨，努力编出新意。与以往的高校中国近现代史教材相比，两书具有以下新特色：

1. 编写体例新。教材设置了"上编"和"下编"。"上编"涵盖了一般近代史、现代史所述"近代通史"、"现代通史"部分内容，但要简约一些，而体例上则有新意，不再是旧教材式的章下设节，而是每章由提要、正文、导读、思考与讨论四个板块构成。提要概略介绍各章的基本线索、时代特点、历史发展趋势；正文以重点问题的形式出现，与旧教材比较篇幅作了较大压缩，只将每个问题的来龙去脉讲清楚；导读开列了若干学习和研究中国近现代史必读的基本史料和论著，并对部分重要史料和论著略作评价；思考与讨论列出的题目，是供教师和学生开展课堂讨论和课后思考提高之用。"下编"为以往教材所没有的专题部分，近代卷选取了 6 个、现代卷选取了 10 个贯穿近代、现代历史全局的专题，进行纵向贯穿，并介绍各专题的研究概况和有代表性的学术观点。体例的最大创新在于"下编"；新辟专题部分有利于知识的系统化与重要问题的前后贯通，有利于学生了解最新学术进展，开阔学术视野。

2. 宏观体系新。以往的中国近代史一般以反帝反封建斗争为基本线索，而新教材力主以反帝反封建斗争与资本主义现代化一并作为基本线索的"双线"说，力图从早期现代化的视角审视近现代百年历史。一方面，两教材高度重视中国早期现代化包括工业化、民主化、城市化、价值观念多元化等方面的历史进程；另一方面，在叙述反帝反封建斗争时，在历史解释上不再简单地予以再现，而是凸现其为实现国家现代化的政治前提。反对外来侵略，反对封建王朝，反对军阀割据，扫除阻碍社会生产力发展的桎梏，建立独立、统一、自由、民主的现代国家，这是中国现代化不容回避的焦点问题，民主主义革命正是围绕这一中国现代化的中心主题而展开的。近代卷下编设置了"第三章 中国近代化问题"，现代卷下编也设置了一些专题，对中国早期现代化的理论问题及现代化的不同方面、不同指向作了探索。

3. 内容组织新。新教材在内容的选择安排上进行了较大幅度的调整，与旧教材相比"少"而"精"，不再是面面俱到的历史过程介绍，而是有选择性地重点论述。"少"就是压缩教材篇幅，压缩授课时数尤其是教师直接讲授的课时数，新教材比以往的中近史、中现史教材压缩了 1/4 左右，如果单算上编"通史"部分则压缩得更多，比以往教材减少了近 1/2。"精"是指精心选择、组织教学内容体系，同时，广泛吸收其他同类教材精华。教材内容更努力体现"新"字：一是材料新或史实新，如现代卷涉及中华民族在抗日战争中所付出的巨大牺牲即采用的伤亡总数 3500 万人以上，直接财产损失 1000 余亿美元，间接财产损失 5000 亿美元的最新说法；二是观点新，如近代卷有关洋务派军事企业是"不完全意义上的资本主义企业"的性质判断，认为"官僚资本仍属于中国民族经济的一部分，具有两方面的性质和作用"等；三是史学观念新，注意突破狭窄的政治史学观念，注意使教材、教学内容体系更多地反映经济史、文化史、社会生活史等方面的内容。

4. 教学任务新。以往的教材一般只是为教师课堂讲授提供基本的材料，教师也往往是依照教材讲完课就算完成教学任务。新教材除提要和正文外，导读和讨论的部分也是需要完成的重要教学任务。

使用新教材使教师授课有了较大的自由度，可以根据自己的特长、知识结构和个性灵活地处理教材。同时也对教师提出了更高的要求，教师无法照本宣科，而必须认真备课，认真考虑如何将上编和下编有机地结合起来，认真考虑根据学生的层次（全省本专科使用同一教材）与程度补充、取舍教学内容，认真考虑如何组织课堂讨论，认真考虑如何引导、督促学生自己读书。学生学习有了一定的单独空间，他们不必也无法死记硬背教材，而可根据自己的兴趣和爱好，根据教材提供的线索广泛地博览、涉猎、探讨。下编专题部分增加的学术性内容，是不同于以往教材的最新一部分，学生可通过各专题的学习和阅读，开阔学术视野。

《中国近代政治思想史》与《中国现代政治思想史》两本选修课教材的编著也努力体现"两个空间"的宗旨，力求在体例上、内容上的重组与创新。如以往的《中国现代政治思想史》教材一般按现代史的五个阶段（五四运动与中国共产党创立时期，国民革命时期，第二次国内革命战争时期，抗日战争时期，解放战争时期）按时序介绍各个时期的各派政治思想。而我们这本《中国现代政治思想史》教材则打破分期，对各种重要的思潮的来龙去脉逐一进行了纵向追溯、贯穿。

（二）关于教学模式的改革

教学模式改革着眼于发挥学生在教学中的主导作用，着眼于凸现"三个途径"：

1. 通过导读从书本获取知识

"导读"是新教材要求的重要教学环节。新教材每章开列的少则 10 余种，多则 20 几种、30 几种书目，包括经典文献、重要史料集和重要学术专著，要求学生至少选读 3 本。教师在教学中要进行必要的指导。学生按每 10 课时 1 万字的比例写出读书笔记。为使学生有处读书、有书可读，烟台师院历史系、山东师大历史系均建立了学生读书室，购置新教材"导读"部分所列参考书，为学生从书本获取专业知识创造了有利条件。

为方便学生阅读近代史教材中涉及的原始文献，烟台师院历史系编写了《中国近代历史文选》。这也是一项改革措施。各高校除开设有限的古代历史文选课外，对近代史文献的介绍及选读则很少列入教学计划。

为鼓励、督促学生广泛涉猎史学及专业以外书籍，烟台师院历史系从 1995 年起确定历史系学生 100 种"应读书目"。鼓励学生多读书，读好书，并规定了最低阅读量。还举办了 50 多场"多读书，读好书"读书辅导系列讲座。

支持学生办好自己的《读书季刊》（烟台师院历史系）、《学史》练笔基地（山东师大历史系），使学生有刊发读书心得、读书札记的载体，并通过自己办刊物锻炼他们组稿、编辑、校对的能力。《读书季刊》目前已出版了 3 期，每期刊载文章 20 篇左右。《学史》已出试刊号 1 期，载文 28 篇。2000 年出了 1～4 期，载文 125 篇。

2. 通过调研从实践获取知识

组织学生利用假期开展大规模的社会调研活动，撰写调研报告，锻炼从实践获取知识的能力，增长才干，这是此项成果在教学模式改革方面最富有特色的内容之一。山东师大历史系、烟台师院历史系组织了多次社会调研，并设法使优秀调研成果公开发表，起服务于社会之效。

山东师大历史系组织的社会调研活动有：

（1）齐鲁百年调研。1999 年是新中国成立 50 年华诞，为迎接国庆，山东师大历史系党团总支和中国近现代史教研室，共同策划组织本系学生在暑期开展"齐鲁百年调研活动"，以弘扬民族精神，展现齐鲁儿女百余年的斗争风采。此次征文共征收调研报告 110 余份，为山东师大历史系 98 级同学所写。《山东师大报》（国内统一刊号 CN—0809）9 月 2 日、10 月 22 日、12 月 10 日、12 月 24 日出了 4 个专版刊登了《王鸿一与土匪自新学堂》、《沂蒙六姐妹》、《地雷之乡》、《牟二黑子及其庄园》、《传奇人生百年张裕》等 20 篇调研报告。山东师大历史系主任郭大松为此次征文写了寄语《让"死"学变成活水》。

（2）山东地方史调研。2000 年 7 月，山东师范大学历史系赴鄄城科技文化服务队鄄城调研小组一行 10 余人，受山东地方史研究所及山东师范大学历史系党团总支委托，对鄄城历史、古文化资源进行了半余月的考研调查。同学们说："我们了解到许多任何资料都不能描述的古迹，这一切都对我们日后的学习提供了重大帮助。"（《山东师大历史系鄄城调研小组活动侧记》，《学史·山东地方史调研·鄄城专辑》）。时值山东师大 50 周年校庆和义和团 100 周年之际，山东地方史研究所、山东师大历史系中国近现代史研究室又组织山东地方史调研，部分调研报告（27 篇）辑成《学史·山东地方史调研专辑》刊出。同学们在编后记中谈了感受，"历史学是一个前后相继，不断积累、探索，从而实现认识和再认识的过程，而要实现这一过程只有通过实践"。

（3）山东宗教历史与现状调研。1999 年中央宣布取缔法轮功后，山东师大历史系中国近现代史教研室田海林、郭大松等同志根据史学"经世致用"的宗旨，确定了"山东宗教历史与现状调研"课题，该课题被列为省社科规划办重点课题，获资助 1.8 万元。随后，中国近现代史教研室组织近 500 名同学参与了这次大规模调研，共提供了 500 多份调研报告。既锻炼了广大同学的能力，同时，同学们也为该课题的顺利完成作出了重要贡献。

烟台师院历史系组织了"胶东移民型村落历史与现状调研"，该课题被列为国家教育部重点课题。共有 500 多名师生参与调研活动，提交了《山东半岛胡姓家族的迁移与分布——以胡大海家族支系为例》等 500 多份调研报告，并收集了大量村志、地方史资料。

3. 通过网络活动从现代媒体获取知识

山东师大历史系学生社团麒麟学社十分注重发挥网络在获取知识及信息交换方面的作用。学社电子制作部 2000 年上半年参加了有《中国青年报》等多家单位发起的"全国大学生优秀社团网络"活动。他们又在系党团总支领导下总结经验教训，认真策划制作了本系主页：山东师大历史系——中华历史网，并已成功发布。该主页界面精美，内容丰富，对本系乃至本校起到了良好的宣传作用。

烟台师院历史系也高度重视培养学生从现代媒体获取知识的能力。该系正在学校的支持下，投入 20 余万元建立对学生开放的电子阅览室。

如果说调研是沟通历史与现实的最佳途径，那么，鼓励并积极创造条件让学生参加网络活动，则是历史教育面向未来，面向现代化的必然选择。

培养学生获取知识和创新知识能力的其他措施：

1. 重视组织课堂讨论

在编写了《中国通史教程·近代卷》与《中国通史教程·现代卷》后，修订了适应新教材、新教学模式的教学大纲。新的中国近代史教学大纲对组织课堂讨论的次数及所占课时作出了严格的规定，要求按 10:1 的比例组织课堂讨论，如中国近代史授课总时数为 106 课时，课堂讨论则不得少于 9 课时。为提高课堂讨论的质量，烟台师院历史系参考已出版的《中国近代史争鸣录（事件卷）》、《中国近代史争鸣录（人物卷）》、《中国现代史争鸣录（事件卷）》、《中国现代史争鸣录（人物卷）》与《中国现代史研究动态》等成果，编写了《中国近代史学术讨论总汇》。山东师大历史系孙占元教授编写了《中国近代史通论》，以"论点述要"为主要篇幅，系统地反映了中国近代史的研究动态，突出不同的学术观点和新见解。该书作为山东师大历史系《中国近代史专题研究》教材，有助于开阔学生的学术视野，受到学生的普遍欢迎。

2. 坚持推行学年论文制度

历史专业四年制本科生除了要在四年级提交毕业论文以外，在一、二、三年级还要撰写学年小论文，字数在 3000 字左右。

此外，还有如重视电化教学在中国近现代史教学中的作用，组织学生到威海甲午战争博物馆和其他中国近现代事件发生地进行专业实习等措施。

　　烟台师院、山东师大两校历史系所进行的中国近现代史教材与教学模式改革，带动、辐射、影响了全省历史学专业的教改。

教学与科研相结合，加强历史学专业建设

成果完成人：李衡眉　余同元　梁方健
成果获奖时间：1997 年 3 月
获奖等次：山东省省级教学成果二等奖

　　高师历史系是中学历史教师的摇篮，同时还担负着为国家输送专门史学人才的任务。几年来，在教育教学的过程中，烟台师院历史系坚持"教学与科研相结合，以教学促科研，以科研带教学"的办学思路，提高了历史专业的教学质量，激发了学生的求知欲望，培养了学生的创新意识和科研思维能力，既向中学输送了一专多能的合格教师，又促使部分学生继续深造，成为更高一级的史学人才。我们的做法主要有如下几点：

（一）转变观念，提高认识

　　我国以往的历史学专业教学，主要采用前苏联模式，即以"中国通史"和"世界通史"两大骨干课为主，以"满堂灌"的形式，向学生讲述历史知识，忽视了对学生创新能力的培养，造成了历史学专业处境艰难。随着改革开放的不断深入和市场经济的迅猛发展，历史学又受到了极大的冲击，使高校历史专业处于危机之中。走向 21 世纪的中国需要历史学发挥新的功能，今天的历史专业教学必须根据社会、经济、文化发展的需要和培养跨世纪现代化人才的需要，从形式到内容上进行全面改革。

　　在高师历史专业教学中，以往人们更多地强调知识性的教育，忽略了高等教育中培养通用性人才，即注重素质能力教育的根本任务，既背离了中学历史教学改革中加强素质能力教育的新要求，又造成了培养合

格中学教师与培养更高一级史学人才相分离的局面，还导致了教学与科研相脱节的不良后果。我们认为，把科研引入教学，融教学科研于一体，注重史学人才科研能力的培养，是探索历史学专业教学改革和提高历史学专业教学质量的重要途径。因此，改变陈旧观念，将教学与科研有机地结合起来，把加强科研思维能力的培养当作历史学专业教学改革的中心主题来抓，已成为全系师生新的共识，"结合教学搞科研，搞好科研促教学"已成为全系教改的响亮口号。

（二）结合教学搞科研

培养学生的科研能力，要求教师具有较高的科研水平，要求系及教研室具有浓厚的学术气氛，同时也要求老师能把科研与教学有机结合起来。高校的主要任务是培养人才，所谓"教学为主，科研为本"，首先要把办学思想统一到培养人才这个根本目标上来。因此，只有结合教学搞科研，才能使科学研究在高等教育中发挥出"本"的作用。在这方面，我们的做法是：

1. 结合教学内容确立科研课题。我们强调老师要跟据所教课程确立科研课题，这些课题都是教学中的疑难问题和有争议的问题，都是有利于深化教学的重要课题。同时，所选每一课题，都先交专家评审，再申报校、省和国家科委、教委等有关部门立项。仅"八五"期间，烟台师院历史系先后确立的规划项目和自选项目课题达100余项（这些项目绝大部分都是与教学内容有关的），其中20多项分别获国家社科基金和省、校立项资助。已发表学术论著230篇、部，获省、市及校级奖57项，不仅取得了丰硕的科研成果，也有力地推动了专业教学水平的提高。

2. 结合教学组织科研队伍。我们根据课程和科研课题的需要组织教研队伍，保证每门课程和每项课题都配备具有硕士、博士学位和具有高级学术职称的教研人员。近年来，共委托培养硕士、博士10余人，引进硕士、博士5人，聘任兼职教授10余人，分别承担各门专业课教学和各项科研课题的研究任务，形成了一支优良的教研梯队。

3. 请进来，走出去，加强学术交流，活跃学术空气。"八五"期间，先后聘请了10多位国内外知名史学家担任我系兼职教授，邀请10多位国内外知名史学者来系做学术报告，邀请华东地区20多个师范院校历史系主任来我系召开协作会。选派 5 名教师去中国社会科学院和国外名牌大学进修和合作研究，并派教师参加大型国际学术研讨会和国内学术研讨会 30 多次，既提高了学术水平，同时也直接促进了教学水平的提高。

（三）把科学研究引入教学实践

著名教育家卡尔梅娃说："教学改革的目的旨在完成这项任务——满足社会变化和最新的科学技术成就对人们独立的创造性思维的越来越高的要求"。把科学研究引入教学实践，就是要通过科研成果和方法向教学过程转化，使历史专业中创造性科研思维能力的培养在教学实践中得到贯彻落实，并取得预期效果。历史学科的科研思维能力和其他学科科研思维能力既有共同性又有特殊性，特殊性表现在各种思维操作能力和方法上，如搜集、整理、考辨、运用史料的方法，历史的、逻辑的、阶级的、心理的分析方法，系统的、比较的、计量的、宏观微观的历史研究方法，历史假设与证明的方法，史著的体例和编纂方法，等等。概而言之，就是要培养学生的"史才、史识、史德"。而把科研引入教学，在教学中培养学生独立的科研思维能力，是培养学生科研思维能力的主要途径。在这方面，我们的做法是：

1. 把科研成果转化为教学内容，拓宽专业面

学生的创造性思维要通过学科的教学内容和教学方法来培养，历史学科的创造性思维也不例外。要使历史教学内容适应新的教育要求，突出的问题是要补充新内容、拓宽专业面，改变过去教学内容的单一化和陈旧化的局面。在基础课教学之中，我们利用已有的科研成果去修正、补充和完善教材的内容。于每一章节的讲授过程中，在补充新的科研成果的同时，重点对教材内容中的陈旧知识、引文及常识错误问题和概念不清、评价偏颇、漏写史实等方面的问题进行指疵批谬，不但净化了教材内容，而且破除了学生们对本本的迷信，解放了思想。在选修课教学中，我们除了对基本知识进行少而精的讲解外，重点讲授授课教师有所研究并取得研究成果的问题。如"先秦史"选修课，就是在李衡眉教授已发表的 100 多篇学术论文和多部学术著作的基础上开设出来的；"中国政党史"选修课是林治理副教授以其出版的学术著作《中国民主党派史》为教学内容开设的。"美国史"、"中国历史地理学"等各门选修课的讲授

也都有厚实的科研成果和学术专著为基础，达到利用教师自己的科研成果，拓宽专业面和引导学生进入科研思维的目的。在专题讲座课教学中，让本系教授和兼职教授直接讲授自己的研究课题。如"中国古代婚姻史研究"、"昭穆制度研究"、"周易研究"、"中国古代战争研究"等三十多门专题讲座课都是这样开设的。通过把科研成果转化为教学内容，教师把学生引入了学术研究的前沿阵地，在此过程中，不仅传授了知识，也培养了学生基本的科研思维能力。

2. 结合科研优化教学方法，提高学生科研思维能力

（1）设疑解惑，教学相长。在基础课教学中，我们改变了传统教学中偏重"授业"而忽略"解惑"的做法，强调在"教"与"学"相统一的基础上，设疑解惑，大力培养学生独立思考的能力，变"记忆教学"为"思维教学"，使学生由"学会"变为"会学"。所谓"设疑"，就是朱熹所说的"读书无疑者须教有疑"，引导学生发现教材中的疑难点。所谓"解惑"，就是朱熹所说的"有疑者却要无疑"，即教师通过科研解决疑难问题，满足学生的求知欲望。如白寿彝主编《中国通史纲要》第三章中列举了夏禹出生的两种不同说法。在课堂上，教师先把这个问题交给学生讨论，使学生认识到禹无父而生的真相是母系社会必经的"知其母而不知其父"的婚姻阶段。但对禹为其父鲧剖腹而生的说法，学术界尚无科学解释，便作为思考题留给学生自己去寻找答案；教师则抓住了这一问题进行全面深入的研究，写出《禹的两种出生说试释》的论文，在刊物上公开发表。当老师把自己的科研结论再拿到课堂上给学生讲解时，学生的疑窦顿时洞开，研究的方法也自然学会了。一切创造性学习都是从提出问题开始，到解决问题为止。教材中疑难问题俯拾即是，小的可以写成文章进行解答，大的可以立为科研课题，进行深入研讨。在全系基础课教学中，我系共写出了有关学术论文近百篇，刊载于各种学术刊物上，既解决了教材中的难题、丰富了教学内容，又提高了教师的学术水平，达到了教学相长的目的。

（2）探赜索隐，深化教学过程。对于基础课教学，我们要求教师发挥好"传道"、"授业"、"解惑"三项基本功能。但在高年级选修课和讲座课教学中，我们又以史家"三长"（"才、学、识"）的标准对授课教师提出更高的要求，强调选修课、讲座课必须拉开档次而进入学术层面，

并提倡教师身体力行、以自己发表过的或出版过的论著作为教材。如"中国古代婚姻史"就由授课教师的《中国古代婚姻史论集》（吉林文史出版社 1992 年版）中的 25 篇系列学术论文为教材。蔡元培先生说："大学者，研究高深学问也。"近年来，全系的选修课都是按照这一要求开设的。授课老师从新的角度提出问题，写出有特色的教材和讲稿，同时又具备开拓精神，发现新材料，接受新理论，破除旧观点，并下大力气，探赜索隐，提出具有独立见解的新说。根据这样的标准向学生授课，引起了学生极大的兴趣，并深化了教学过程，取得了良好的教学效果。

（3）编制系统的思考题和试题库，加强对学生科研思维能力的训练和测试。我们给学生的思考题分三类：其一是课堂思考题，即教师在教学过程中提出一些启发性强、层次高、难度大的问题，诱导学生进行多层次多角度的发散性思维。其二是课堂讨论题，即有目的地进行某方面的能力训练，如"唐太宗评价问题"，侧重训练对历史人物的评价能力；"洋务运动的历史作用问题"，侧重训练对历史事件的评价能力，等等。其三是课后练习题，侧重训练学生分析、比较、综合等各种思维能力。一些难度较大的思考题，必须让学生以学科论文的形式去进行写作练习和课堂讨论，然后由教师拿出学术论文进行最后解答。在此基础上，编制出具有学科体系结构和思维方法结构的专业课试题库，并制定了《高校历史题库的编制程序和方法》。

3. 确立指导教师责任制，让学生直接参加教师科研课题的学术研究，培养学生的科研意识与思维能力

自 1989 级本科开始，我系在学生报名、教师挑选的基础上，实行每个中高级职称的教师负责指导二三名学生的责任制，负责指导学生进行部分课程的强化学习并推荐报考双学位和研究生继续深造。同时，让优秀的学生直接参与教师科研项目的学术研究活动，在一些大型的知识性著作和普及性历史读物的写作中，鼓励学生参与合作，由指导教师负责指导完成所承担的任务。近年来，我系学生已有 100 多人次参加了《全国各级政协文史资料篇目索引》、《世界著名元首传》和《三国计谋鉴赏》等十几个项目的编撰工作。

4. 因材施教，催化高材生脱颖而出

我们在运用因材施教这一传统方法时，是遵照孔子说的"知之者不

如好之者，好之者不如乐之者"这句名言去做的，即把学生按智力和志趣，划分为"知之者"、"好之者"和"乐之者"三类，然后有针对性地对每一类学生施以不同内容和不同方法的教育，以满足不同学生的知识追求，既让尖子生吃饱，又防止某些学生消化不良。

由于师范院校历史系的大多数学生毕业后将成为中学历史教师，可列入"知之者"之列。因此，我们对他们的因材施教主要是放在基础课的课堂教学上进行的，主要措施是结合科研，在教学中自觉地强化形象思维能力的训练，即训练他们敏锐精细的形象感受能力，独特新颖的形象创造能力，将人物事件等形象思维素材与人物活动和事件过程构成立体动态形象刻印到学生脑海中去，以完成形象思维的具体过程。如讲历史人物吴起时，教师将自己撰写的《中国历史上永不磨灭的人物——吴起》（《文史知识》1987 年第 12 期）一文作为教材进行讲述，并在讲解中透过故事和情节以传神达意，于时代的大背景下刻画典型形象，又通过典型形象来反映时代精神风貌。

被列为"好之者"行列中的学生只占学生总数的一少部分。他们爱好历史学习，想了解教材以外的东西。我们把对这部分学生的因材施教活动主要放在课外指导上，介绍一些历史读物和普及性专业刊物让他们阅读，如《廿四史演义》和《文史知识》等，指导他们写一些一千字左右的读史札记，并鼓励他们模仿教师文章给各类报刊"历史知识"专栏写系列短文，由教师推荐发表。当学生看到自己的处女作见报时，其喜悦之情可想而知，其写作欲望倍增。同时，我们还组织这类学生参加历史普及读物和调查报告的撰写工作。如由教师主编、学生参编的《中国古代军事智谋故事》和《中国近现代军事智谋故事》两部 70 多万字的历史读物都是这样写出来的。学生在参与这类活动中，既丰富了历史知识，又增强了文字的表达能力。

被列为"乐之者"行列的学生人数较少，这类学生素质好、抱负大、酷爱历史。我们采取的因材施教方法是给他们"开小灶"、个别辅导。系里将这类学生推荐给科研能力强的教授，教授每周利用一两个晚上单独给他们开课，指导他们系统地阅读一些研究生课程，训练他们扎实的古文献基础和史料分析能力，并让他们参加教师的科研项目，帮助教师搜集资料、抄写文稿和讨论有关问题，于潜移默化中提高他们的科研能力。

在此基础上指导他们撰写学术论文，推荐他们带论文参加全国性的有关学术会议，并将优秀论文介绍到学术刊物予以发表。

（四）确立教研例会制度

系里规定，每周以教研室为单位，讨论教学科研中出现的新问题；每月以系为单位，交流教学心得与科研新成果；并以此进行督促、检查，以便共同提高。

几年来，通过以上几个方面的工作，我们取得了一系列显著的成果，具体表现为：

1. 形成了一个有特色的历史专业课程体系

根据把科学研究引入教学实践的要求，我们适当压缩了两大通史课的内容，相应地增加了中外社会史、文化史等教学内容，加大了历史文献的阅读分析课和培养语言文字表达能力的写作课比重，基本上形成了由基础课、选修课和讲座课三个系列构成的专业课程体系。该体系体现了"三结合"的专业设置思想，即继承与发展相结合，发挥优秀传统文化与吸收优秀外来文化相结合，掌握知识与培养素质能力相结合。该体系还保证了五个方面的内容覆盖面：（1）马克思主义理论与方法；（2）系统的中外历史基础知识以及历史学科的新观点、新成就与新发展；（3）中外历史史料与文献检索；（4）语言训练与学科论文的写作；（5）计算机与信息处理的知识。

在这个专业课程体系中，我们重点进行了专业选修课和专题讲座课的课程建设。近年来，全系共开出了30余门专业选修课和中外通史两个系列的30余门专题讲座课，规定每门课的授课教师必须发表较高水平的相关论文或著作，对本门课的教学文件、教学资料和学术动态进行全面掌握，并以此为基础编订新的教学计划和讲稿。我们以科室为单位，从单门课程逐一建设，到注重课程结构整体优化和突出各门课程的"个性化"、"边缘化"。所谓"个性化"，是指每门选修课的内容应有自己的特色和个性，并能充分反映学科的最新进展；所谓"边缘化"，是指建设跨学科的课程，如"中国法制史"、"思想文化史"、"历史地理学"，等等。通过多学科的交叉教学，帮助学生将知识融会贯通，最终达到融中外文化于一体的目的。

2. 形成了"优化课内教学、强化课外训练和开展学术活动"的教学模式

近年来，我们本着教学与科研相结合的思路，逐步实施"优化课内教学，强化课外训练和开展学术活动"的教学改革，突出学生"读、写、议"三元能力结构的培养。

所谓优化课内教学，就是把科研内容转化为教学内容，精化教材，并在教学中设疑解惑，探赜索隐，因材施教。根据教学内容中的重点难点，提出一些启发性强、层次高和难度大的思考题，诱导学生自己阅读分析和独立进行多层次多角度的发散性思维。再集中一些有影响的案例，组织课堂讨论，有目的地进行某方面的能力训练，激发了学生学习的主动性，搞活了课堂教学。

所谓强化课外训练，主要是布置课外思考题，组织学生撰写学科论文和调查报告。在训练中既加深了学生对所学知识的理解，又拓宽了学生的专业知识面和提高了学生的论文写作方面的科研操作能力。几年来，我系各门主课都规定学生撰写学科论文或调查报告。如在中国古代史教学中，围绕着中国"资本主义萌芽发展缓慢的原因"和"中国封建社会长期延续的原因"等问题，让学生查阅有关资料、撰写学科论文、进行班级课堂讨论。在"历史地理"课教学中，几年来围绕着"村落家族文化问题"，让各届学生撰写了《胶东地区一个典型村落家族的调查报告》达一百多份，既使学生学到了教材中学不到的东西，又增强了学生的论文写作能力。其他各门课也都集中了一些重要的问题，组织学生撰写了大量的学科论文，不少学科论文都已公开发表。

所谓开展学术活动，一是让学生在撰写学科论文的基础上，展开班级、年级学术交流会和参加全系师生的学术讨论会，师生相互评议、共同提高；二是让学生参加普及读物的写作和介入教师科研课题进行合作研究；三是聘请专家作学术报告和推荐尖子学生参加全国性的学术会议，提高学术研究水平。近年来，我们每学期都组织了系级师生学术报告会和学生班级论文报告会，并不定期邀请国内外专家来系里作学术报告，还派数名学生参加了"中国海上交通史研究会"、"徐福研讨会"等全国性的学术会议。其中马汝军、聂兆华两同学带着关于徐福东渡日本问题的论文参加在蓬莱举行的"中国北方港及海上交通史研讨会"，受到了与

会学者的一致好评，他们的论文也被选入大会论文集，公开出版了。

3. 形成了一个具有专业特色的省级重点学科和两个院级重点学科

"八五"以来，在结合教学进行课题研究的基础上，全系共设立三个院级重点学科，即"中国近现代史及史料学"、"美国史"和"专门史：移民文化史"三个学科，其中，"移民文化史"被省教委批准为省级"九五"重点学科。分别成立了中国近现代史史料学研究所、美国研究所和移民文化研究所，集中力量、集体攻关，取得了有影响的系列科研成果，并开出了多门有关的专业选修课和讲座课。

4. 形成了一支水平高、结构优良的教研队伍

目前全系已经拥有了专职、兼职教师 33 人，除十名兼职教师外，23 名专职教师中具有硕士博士学位的为 20 人，占总数 87%；教授、副教授 13 人，占总数的 57%。在我系专职教师队伍中，1 人为中国先秦史学会理事、1 人为中国朱元璋研究会理事，1 人为南开大学历史所博士指导小组成员，1 人为美国《美国评论》杂志特邀评论员，1 人为省青年学术骨干，4 人为院青年学术骨干。中青年教师年龄在 50 岁以下的为 21 人，占总数的 91%，形成了颇有后劲的教学科研梯队，并具有较强的教研协调、集体攻关和承担大型学术研究课题的能力和实力。

5. 取得了一大批有影响的科研成果和教学研究成果

自 1989 年以来，全系已完成科研成果共达 230 余项。其中核心期刊论文 43 篇，专著 25 部，教材 5 部；获省社联奖 6 项，省教委奖 8 项，获市、校级奖 40 多项；被人民大学复印资料复印论文 30 多篇，被引用、转载、翻译的论著数十篇部。

自 1989 年以来，先后在《历史教学》、《烟台师范学院学报》、《高师教育研究》等刊物上发表专门的教学研究论文 10 多篇，其中数篇获得校级一、二等奖。

6. 提高了历史专业的教学质量

（1）学生考取研究生、双学位人数居全国同行前列。"八五"期间三届本科研究生毕业生共 92 人，考取北京大学、中国人民大学等院校历史专业研究生 27 人，考取双学位的 4 人，共 31 人，占毕业生总数的 33.8%。其中 93 届、94 届的升研率都保持在 34%以上。位居全国同行前列。从反馈的信息看，由我系培养考取的硕士研究生在所学专业中，大多数成

绩名列前茅，并取得导师的好评。如马汝军的导师黄中业（吉林大学教授）先生来信说："汝军在你们的培养下，基础扎实，知识面很广，头脑清楚，文笔也不错，阅读古文能力很强，真是难得的高材生，有这样的学生，我就省力了。"

（2）提高了毕业质量。从已毕业的 1993、1994、1995 等三届毕业生来看，四级英语通过率最低为 91.3%，最高达 100%，六级通过率平均为 30%，专业课成绩优秀率达 80%，合格率 100%。到中学任教的毕业生大多数成为教学骨干，有的被评为县市级教学能手，有的被当地政府通令嘉奖。我系 1990 届毕业生于文华、1992 届毕业生张美萍等人毕业工作一年后就被评为文登市和烟台市市级教学能手，1988 届毕业生孙长兴在海阳县一中任教，连续多年取得优异成绩，1994 年被县政府通令嘉奖，获永久性加薪一级奖励。近年我系毕业生获得所在单位各种奖励的总计达数十人次。

（3）提高了学生的科研思维能力，出现了一批学生学术研究成果。自 1989 年以来，累计各届学生 100 余人次（占学生总数 90%）参加了十多个教师科研项目的写作，发表历史读物及学术论著 30 余篇、部，计百万余字。其中，马汝军的论文《试论岳婿翁媳禁忌之原》获吉林大学精英杯学术征文三等奖，陈长征的论文《〈国榷〉与〈明通鉴〉之比较》发表后被中国人民大学报刊复印资料全文转载，获得了良好的学术反响。

7. 活跃了教风和学风，形成了教学与科研的良性循环

通过几年来"教学与科研相结合"的教学改革活动，大大增强了学生对历史专业课的学习兴趣和研究意识，改变了以往学生对历史专业的厌学局面，形成了良好的学风。同时，通过"结合教学搞科研、搞好科研促教学"的实践活动，大大提高了教师的教研水平，形成了科学严谨的教风。特别是以教学中的疑难问题作为科研选题，大大激励了教师攀登科研高峰的决心，科研所得的每一项成果都丰富和完善了教学内容，形成了以教学促科研，以科研带教学的良性循环，为拓宽历史教学和研究领域，也为提高历史学教学和研究层次找到了正确的途径。

教研论文

基础教育实施课程标准对高师院校历史教学的挑战

俞祖华

  基础教育阶段历史课程正在实施以课程标准取代教学大纲为标志的深刻变革，这是一场真正意义上的改革。在这一改革过程当中，不仅从事中学历史教学的教育工作者面临着重新学习、重新完善自我的重大压力，而且高师历史教育也需要在课程理念、课程目标、课程设置、课程内容体系等诸多方面去应对基础教育课程改革的挑战。

  随着我国新一轮基础教育改革的推进，我国的基础教育阶段历史教育正在经历由实行教学大纲到实行课程标准为标志的重要转型。"课程标准"取代"教学大纲"这一变化，意味着课程理念、历史教育观、课程目标、课程框架结构、课程内容体系等都将发生深刻变化。这是一场真正意义上的改革，专家认为，"我们现在要求中学教师去适应课程改革。但高校现在培养出来的，仍然是新教师、老观念。出去很不适应。"而"这次课程改革是全方位的，肯定要推动高等师范院校的教学改革。"[①]作为培养基础教育师资的高师院校如何去做到不落伍于基础教育课程改革，如何去适应从教学大纲到课程标准这一变化，是一个严峻的挑战。

---

  ① 《历史教学》编辑部：《中学历史课程·教材学术讨论》，《历史教学》2003 年第 9 期。

（一）

"课程标准"在我国并不是一个新词。1912 年南京临时政府教育部公布了《普通教育暂行课程标准》，明确以"课程标准"作为教育的指导性文件，"课程标准"一直沿用到建国初期。1953 年，教育部着手制定教学大纲，于 1956 年颁布了新中国成立后第一套完整的中小学历史教学大纲。1963 年制定《全日制小学历史教学大纲（草案）》、《全日制中学历史教学大纲（草案）》。1978 年颁布了《全日制十年制学校中学历史教学大纲（试行草案）》，1980 年进行了修订。1986 年，国家教委制定颁布了《全日制小学历史教学大纲》和《全日制中学历史教学大纲》（1990年颁发修订本）。1986 年，国家实行九年义务教育，1988 年国家教委制定了《九年义务教育全日制初级中学历史教学大纲（初审稿）》，后进行修订，1992 年颁布《九年义务教育全日制初级中学历史教学大纲（试用）》，2000 年 8 月颁布试用修订版。1996 年国家制定了《全日制普通高级中学历史教学大纲（供试验用）》，2000 年 1 月颁布《全日制普通高级中学历史教学大纲（试验修订本）》。

1999 年召开的第三次全国教育工作会议和国务院批转的教育部《面向 21 世纪教育振兴行动计划》，提出改革现行基础教育课程体系，研制和构建面向新世纪的基础教育课程教材体系的任务，启动了新一轮基础教育课程改革。2001 年 6 月，教育部印发了《基础教育课程改革纲要（试行）》，推行以课程标准取代教学大纲对基础教育进行根本性改革。同年教育部颁布了义务教育阶段的 18 个课程标准，涉及历史学科的有《全日制义务教育历史课程标准（实验稿）》（2001 年）、《全日制义务教育历史与社会课程标准（一）（实验稿）》（2001 年）、《全日制义务教育历史与社会课程标准（二）（实验稿）》（2001 年）及小学《社会课程标准》。2003年 4 月，教育部制订的《普通高中历史课程标准（实验）》由人民教育出版社出版发行。

《基础教育课程改革纲要（试行）》指出："课程标准是教材编写、教学、评估和考试命题的依据，是国家管理和评价课程的基础。应体现国家对不同阶段的学生在知识与技能、过程与方法、情感态度与价值观等方面的基本要求，规定各门课程的性质、目标、内容框架，提出教学和评价建议。""义务教育课程标准应适应普及义务教育的要求，让绝大多数学生经过努力都能够达到，体现国家对公民素质的基本要求，着眼于培养学生终身学习的愿望和能力。""普通高中课程标准应在坚持使学生普遍达到基本要求的前提下，有一定的层次性和选择性，并开设选修课程，以利于学生获得更多的选择和发展的机会，为培养学生的生存能力、实践能力和创造能力打下良好的基础。"①从教学大纲到课程标准，将给中学与高师历史教育带来深刻的变革。

（二）

相对于教学大纲，课程标准有许多发展和变化，如：

在体系构成上，"历史教学大纲"由六部分组成：导言、教学目的、教学时间安排、教学中应注意的问题、教学内容、教学评估。"历史课程标准"由四个部分组成：前言（包括 1. 课程性质，2. 基本理念，3. 设计思路）；课程目标（包括 1. 知识与能力，2.过程与方法，3. 情感与价值观）；内容标准；实施建议（包括 1. 教学建议，2. 评价建议，3. 教科书编写建议，4. 课程资源的利用与开发建议）。

在课程性质上，课程标准强调了基础教育历史课程的基础性、课程性、综合性、实践性（开放性）。（1）基础性。初中、高中历史课程是基础教育阶段对学生进行历史教育的基本课程，其主要方向不是进行历史学科研究，不是培养历史学家，甚至不是为进行历史学科研究与培养历史学家打基础的。历史教育内容要"让绝大多数学生经过努力都能够达到"（义务教育阶段）②，要让"学生普遍达到基本要求"（高中阶段），体现国家对公民素质在历史意识、历史知识方面的基本要求。（2）课程性。课程标准强调历史课、历史与社会课程是以历史学科及其他人文学科为基础，对学生进行素质教育的载体，强调的是历史的"课程性"。历史课程离不开历史学科的支撑，但绝不等于历史学科。初中历史课程"应避免专业化、成人化倾向"，"不刻意追求历史学科体系的完整性"③。

---

① 中华人民共和国教育部：《基础教育课程改革纲要》，《中国教育报》2001 年 7 月 27 日。

② 中华人民共和国教育部：《基础教育课程改革纲要》，《中国教育报》2001 年 7 月 27 日。

③ 中华人民共和国教育部：《全日制义务教育历史课程标准（实验稿）》，人民教育出版社 2001年。

高中历史课程"强调以学生为本的理念，淡化了传统的历史学科体系，确定了以学习专题为基本结构的历史课程内容体系：以学生的认识水平、生活体验和终身发展为前提，取舍有关的历史内容。不但要求学习和运用史学方法来研究历史课程．而且注重学习和运用教育意义上的学习方法来探究历史课程"①。（3）综合性。初中设置了综合课程"历史与社会"，将历史、人文地理及其他人文社会学科的相关知识有机整合。这种整合"不仅在于对相关人文社会学科知识的综合，还有对其基本方法与技能的综合；不仅是对历史发展过程和现实社会问题的综合，还体现在对分析、认识某个事件和现象的角度的综合"②。通过这种整合,可以"帮助学生获得对社会生活和人类历史的整体性认识以及综合运用知识的能力"③。普通高中历史必修课分为三个学习模块：历史（Ⅰ）着重反映人类社会政治领域发展进程中的重要内容；历史（Ⅱ）着重反映人类社会经济和社会生活领域发展进程中的重要内容；历史（Ⅲ）着重反映人类社会思想文化和科学技术领域的发展进程的重要内容。打破了古代近代史与现代史、中国史与世界史的限制，设置了 25 个古今贯通、中外关联的学习专题。（4）实践性（开放性）。《历史与社会课程标准（一）》强调与社会生活的密切联系，注重学生的主动学习，提倡体验、探究、参与、合作、讨论、调查、社会实践等多种学习方式，促进学生社会实践能力的发展。《历史与社会课程标准（二）》强调该课程是开放的课程，教学内容紧密联系社会实践与个人生活，使知识不再局限于教科书；教学环境也从课堂的狭窄范围扩展到社会的广阔空间，并提供多种教学选择，强调社会实践。

在课程目标上，以往教学大纲规定中学历史教育的三大任务是传授历史知识、培养历史能力和进行政治思想教育。课程标准从知识能力、过程与方法、情感态度与价值观三个角度提出和规定了历史教育的基本目标。"其突出特点在于，把知识与能力有机地结合在一起，把过程与方法作为目标明确提出，同时把政治思想教育拓展为情感态度与价值观教

---

① 刘军：《对普通高中历史课程性质和基本理念的认识》，《历史教学》2003 年第 7 期。

② 中华人民共和国教育部：《全日制义务教育历史与社会课程标准（二）》，人民教育出版社 2001 年。

③ 中华人民共和国教育部：《普通高中历史课程标准（实验）》，人民教育出版社 2003 年。

育。"①在对学生知识与能力掌握程度的要求上，义务教育阶段要使学生"逐步形成正确的历史时空概念，掌握正确计算历史年代、识别和使用历史图表等基本技能，初步具备阅读、理解和通过多种途径获取并处理历史信息的能力"②，形成表达能力，历史想象力，知识迁移能力，初步了解科学历史观并据此认识和评价历史人物、历史事件和历史现象。高中阶段，要求学生能够"进一步认识历史发展进程中的重大历史问题，包括重要的历史人物、历史事件、历史现象和历史发展基本脉络"；进一步提高阅读和通过多种途径获取历史信息的能力"③；培养历史思维和解决问题的能力。在过程与方法上，强调"历史学习是一个从感知历史到积累历史知识，从积累历史知识到理解历史的过程"④；要求"注重探究式学习"，重视培养学生独立思考、善于同他人合作的学习习惯，要求学生积极参加各种社会实践活动。在情感态度与价值观方面，要求学生具有"崇高科学精神的意识"、"强化民主与法制意识，加深对历史上以人为本、善待生命、关注人类命运的人文主义精神的理解"⑤，"培养健康的审美情绪"、"塑造健全的人格"、"增强经受挫折、适应生存环境的能力".⑥、"认识人类社会发展的统一性和多样性"⑦等具有时代感的内容，大大拓宽了历史课程的教育功能。

在课程结构上，着力改变强调学科本位、科目过多和缺乏整合的现状。义务教育阶段设置"历史与社会"综合课程。高中阶段以"模块"加"专题"的形式构建了重基础、多样化、有层次的课程结构，设置了历史（Ⅰ）、历史（Ⅱ）、历史（Ⅲ）3个必修模板和"历史上重大改革回

---

① 刘军：《对普通高中历史课程性质和基本理念的认识》，《历史教学》2003年第7期。

② 中华人民共和国教育部：《全日制义务教育历史课程标准（实验稿）》，人民教育出版社2001年。

③ 中华人民共和国教育部：《普通高中历史课程标准（实验）》，人民教育出版社2003年，第4页。

④ 中华人民共和国教育部：《全日制义务教育历史课程标准（实验稿）》，人民教育出版社2001年。

⑤ 中华人民共和国教育部：《普通高中历史课程标准（实验）》，人民教育出版社2003年，第5页。

⑥ 中华人民共和国教育部：《全日制义务教育历史课程标准（实验稿）》，人民教育出版社2001年。

⑦ 中华人民共和国教育部：《普通高中历史课程标准（实验）》，人民教育出版社2003年，第5页。

睟"、"近代社会民主思想与实践"、"20 世纪的战争与和平"、"中外历史人物评说"、"探索历史的奥秘"、"世界文化遗产荟萃"等 6 个选修模块。依据"贯通古今、中外关联"的原则，构建高中历史教学的新体系。在课程内容上，改变"繁、难、偏、旧"和过于注重书本知识的现状，依据时代性和基础性的原则，调整、更新教学内容、精选学生终身学习必备的基础知识和技能，加强课程内容与学生生活、学生的兴趣与经验以及现代社会和科技发展的联系。课程标准不刻意追求历史学科体系的完整性，使用学习主题呈现的方式，有利于改变"繁、难、偏、旧"的现状。课程标准增加了与社会进步联系、适应时代需要的课程内容，如在高中历史（II）中，增加了"国有企业改革"、"开发开放上海浦东"、"中国参加世界贸易组织"等内容。在历史（III）中，增加了"三个代表重要思想"等内容；增强了与社会生活、与学生经验的联系，如在必修课中增加了"中国近现代生活的变迁"等专题，让学生通过身边历史的变化来感悟社会进步，感悟历史发展；注意追踪历史学科的新趋势和新成果，与史学研究新趋势相适应，加强了社会生活史、科学技术史、教育史和文化思想史的内容等①。

在课程实施上，课程标准着眼于改变强调学生接受学习、死记硬背、机械训练的现状，强调转变单一的教师课堂讲授式的教学方法为多样化的教学方法；转变学生被动接受式学习方法为主动参与的探究式学习，鼓励学生通过独立思考和交流合作学习历史，培养发现问题与解决历史问题的能力。

在课程评价上，原教学大纲在"教学评估"部分对评估的目的、原则、对象及评估的形式和手段提出了粗略的要求。课程标准要求改变过分强调甄别与选拔的功能。课程标准要求：在评价的功能上，充分发挥教学评价的导向功能、诊断功能、激励功能与促进功能；在评价的对象与参与者上，要求引导学生参与评价过程以便发挥学生的主体作用；在评价的内容上，要求不局限于知识及能力领域，而要对学生的知识与能力、过程与方法、情感态度与价值观作出定量与定性相结合的全面评估；在评价的手段上，要求调动学校、教师、学生及社会各界的积极性，探

---

① 朱汉国：《浅议普通高中历史课程体系的新变化》，《历史教学》2003 年第 10 期。

索多元化的学习评价方法，包括学习档案、历史习作、历史制作、历史调查、考试等，避免以笔试作为主要的甚至是唯一的评价方法，等等。

总之，以课程标准取代教学大纲为标志的课程改革是全方位的、深刻的，其影响将极其深远。

（三）

如何适应基础教育课程改革，如何适应从教学大纲到课程标准的转变，这对从事基础教育阶段的历史教育工作者可以说是提出了重新学习、实现自我、超越自我与完善自我的要求。对于培养师资的高等师范院校的历史教育来说，也将面临许多挑战。这里略谈几点：

1. 将新课程理念贯穿于高师历史教育中。基础教育课程改革所体现出来的先进的教育教学理念，应成为高校教育思想观念学习、讨论的重要内容，并应渗透于高校教学实践中。这些新课程理念，如：以学生为本，"以育人为本"而不是"以知识为本"的理念；"面向全体学生"，促进学生"全面发展"、"有个性的发展"、"终身发展"的理念；提倡人文精神，培养人文素养理念；有利于学生学习方法的转变，鼓励主动学习、探究学习的理念；有利于教师教学方式的改变，倡导多样化的教学手段、方法、组织形式的理念；注重社会实践的理念；注重激励功能的发展性评价原则等。师范教育是培养师资的，未来的中小学教师是否具有新课程的理念，与师范毕业生走向工作岗位后的培训、实践有关，但师范教育首先要有新的课程理念，要着力解决师范毕业生"新教师老观念"的矛盾问题。

2. 新课程目标在高师历史教育中要有所体现。高师历史教师要深刻领会历史教育整体目标，从注重传授知识到关注学生发展，引导学生完成向学会学习、学会做人、学会发展这一目标的转变，明确历史专业学习的重要目的是提供有利于学生全面发展、有个性的发展、终生发展的人文素养。要使高校历史专业学生在进一步了解中外历史基本知识、进一步认识中外重大历史问题的基础上，对历史学的学科体系、专业知识体系、学科理论等有所掌握，同时要促进其基本技能的发展，包括阅读历史文献的能力、通过多种途径获取历史知识信息的能力、初步的历史科研能力、运用信息技术的能力、学术交流能力等。要既重结果，又重过程，把学生学习历史专业知识与技能的过程，变成促使其学会学习、学会自主、学会获取历史知识并进行知识创新、知识传播的过程，变成历史研究性学习过程。要突破以往历史教育局限于政治思想教育、品德教育的狭窄框架，把历史教育的社会教育功能与人的发展教育功能结合起来。除了进行爱国主义、社会主义、集体主义教育，还要体现其他作为新世纪人才、新世纪教育需体现的情感与价值观目标，如塑造健全的人格，培养健康的审美意识与情趣，树立积极的人生态度、合作精神、创新精神等。要结合历史教学进行现代意识、现代价值观的教育，包括以人为本、善待生命、关注人类生命的人文主义，尊重与保障人权的意识，全面发展、协调发展、可持续发展的科学发展观，民主与法制意识，面向未来、面向全世界的国际意识等。

3. 在课程设置上，要适应基础教育课程改革的综合性、时代性、多样性、选择性、开放性等原则。首先是适应综合性原则。高校教育改革要适应课程整合这一基础教育课程改革的主要趋势，推进课程设置的综合化。初中设置了"历史与社会"综合课程，高中阶段历史必修课采取中外混编的方式，对于这种综合性的趋势，目前高等师范院校的人才培养模式侧重分科教育的现状，是很不适应的。可考虑设置一些跨学科的必修课程（如当代中国社会、当代西方社会）、跨学科选修课程、学科综合课程（如整合中外文化史的世界文化史、整合中外社会史的人类社会生活及中外文化比较等）。其次要适应现代性原则。"应密切与现实生活和社会发展的联系。"[1]根据厚今薄古的原则，加强当代史课程的比重，增设密切关注现实生活和社会的课程，如"当代国际关系"、"最新考古发现"、"当代中国思想史"等。再次是适应多样性、选择性原则。多样性、选择性是高中历史课程设置的基本原则之一，旨在"多样性、多视角、多层次、多类型、多形式地为学生学习历史提供更多的选择空间"[2]。高中设置了"丰富多样的选修课程"，大学更应如此。高中选修课程有"历史上重大改革回眸"、"近代社会民主思想与实践"、"20世纪的战争与和

---

① 中华人民共和国教育部：《普通高中历史课程标准（实验）》，人民教育出版社 2003 年，第 3 页。

② 中华人民共和国教育部：《普通高中历史课程标准（实验）》，人民教育出版社 2003 年，第 2 页。

平"、"中外历史人物评说"、"探索历史的奥秘"、"世界文化遗产荟萃"等专题，而有的课程高师历史专业还没开设，怎么能适应基础教育课程的要求？最后还要适应开放性原则。适应基础教育，强调教学环境从课堂的狭窄范围扩展到社会的广阔空间，课程资源从主要依赖教材到充分开发和利用文字资源、影视资源、历史资料、博物馆等多种课程资源的要求，将社会实践活动、历史研究性学习等纳入课程体系。

4. 在课程内容体系的建构上，要参照、借鉴基础教育新课程内容标准的一些基本原则。(1)高师历史专业课程内容体系不是只提供或主要提供一些历史知识体系，这种内容体系同时应该培养能力、培养学习习惯和方法及进行情感与价值观教育的载体，应该是培养人文精神、人文素养的基础平台；(2)高师历史课程内容的选择要遵循基础性原则，改变课程内容"繁、难、偏、旧"的现状，精选内容；(3)高师历史课程内容的选择要遵循现代性的原则，做到"贴近实际、贴近生活、贴近学生"，把体现社会发展的内容，体现学科最新进展的内容，适合学生发展的内容，不断纳入教学体系，密切历史与现实的联系；(4)高师历史课程内容的构建要努力适应基础教育以学习主题、学习专题为基础结构的课程内容体系，教学也好，教材编写也好，不能一律按社会形态的时序性编排，还要考虑按人类文明演进的主题进行编选，增加以学习专题为形式呈现课程内容的专题讲座类课程,通史内容可按齐涛先生主持的《中国通史教程》与《世界通史教程》的模式将时序性与专题性有机地结合起来；(5)高师历史课程内容体系的建构要遵循有利于开展历史研究性学习的原则，除了开设历史研究法、历史研究性学习、历史论文写作之类的课程，还要在各门专业课程中突出问题性、前沿性、参与性、体验性、实践性，把学科前沿信息、文献研读、历史调研等纳入课程内容体系，引导学生思考前沿的学术问题、重大的历史问题、深层的社会问题，等等。

5. 适应基础教育多元化的课程评价模式。基础教育阶段有中考、高考的压力，尚且提倡"灵活运用各种科学有效的手段"[①]，高校更应该彻底改变死记硬背应考的状况。在评价目的上，要突出反馈、调控教学

---

① 中华人民共和国教育部：《普通高中历史课程标准（实验）》，人民教育出版社 2003 年，第 3 页。

并促进学生全面发展的激励功能，做到"三个有利于"，即有利于教师反省自身教学活动，有利于激发学生的学习动力，有利于实现师生良好互动；在评价内容上，既要考察学生对历史知识的掌握与应用，也要把历史思维能力、情感态度与价值观等作为评价内容；在评价方法上，要探索历史习作、历史制作、历史调查、口试、笔试、答辩等多种有效学习方法；要让学生参与评价，包括学生自评、学生互评甚至参与阅卷评卷、参与评教，等等。

6. 重写历史学科教学论，并加强开发与利用多种课程资源、历史学科计算机辅助教学等基本技能的培养。目前的中学历史教学法课程已远远不适应基础教育阶段历史课程改革，内容过于陈旧，如有关历史教育传授知识、培养能力、思想教育等三项任务的说法；所研究的中学历史教材已被或将被新的、多元化的教材取代，故需要重写。课程标准倡导教学手段、教学形式的多样化与现代化，高师历史教育如果想不落伍于中学课改，所培养的人才应具备多种途径获取历史信息的技能，开发与利用多种课程资源的技能，利用多媒体与网络组织教学、开发和制作历史课件、开展历史学科计算机辅助教学技能，组织社会实践活动、组织研究性学习的技能等。

总之，新一轮基础教育课程改革可以说给师范教育带来极大的压力。如何去适应基础教育阶段的历史教育课程改革，如何去应对中学课改给高师带来的挑战，如何探寻适应新课程的师范历史教育培养模式，还有待于高师历史专业的广大教师在教学实践中进行努力探索。

高中历史研究性学习问题综述

刘 虹 俞祖华

目前，研究性学习成为我国基础教育课程体系的有机组成部分，并成为人们越来越广泛关注的焦点话题。我们在阅读大量有关研究性学习方面的研究成果报告的基础上，试图在对研究性学习的概念界定的基础上就高中历史学科内开展研究性学习的研究情况做一简要的评述。

（一）研究性学习及历史研究性学习的概念界定

对于研究性学习的含义，不同的研究人员有着不同的界定。概括起来主要有四类。一类是将研究性学习视为一种学习方式，认为"研究性学习，是指学生在教师的指导下，以类似科学研究的方式去获取知识和应用知识的学习方式"[1]。一类是将研究性学习视为一种课程，正如教育部《普通高中"研究性学习"实施指南（试行）》中明确给出的定义："学生在教师指导下，从自然、社会和生活中选择和确定专题进行研究，并在研究过程中主动地获取知识、应用知识、解决问题的学习活动。"[2]

还有一类是将上面两种观点进行调和折中，对研究性学习提出广义与狭义两重解释："从广义来理解，它泛指学生探究问题的学习，可以贯穿于各科各类学习活动中，是一种学习的方法，从狭义来理解，是指学生在教师指导下，从自然、社会和生活中选择和确定专题进行研究，并在研究过程中主动的获取知识、应用知识、解决问题的学习活动。"[3]对

---

① 张肇丰：《试论研究性学习》，《课程、教材、教法》2000 年第 6 期。
② 教育部：《普通高中"研究性学习"实施指南（试行）》，人民教育出版社 2001 年。
③ 重长胜：《高中历史教学中研究性学习探讨》，《教书育人》2001 年第 21 期。

此，我们认为将研究性学习从广义与狭义两方面进行阐释，表面上似乎解决了学习方式与课程的矛盾，但需指出的是，学习方式与课程是完全不同的两种事物，用两种不同性质的事物从广义与狭义来界定一个概念，显然是不合适的。

还有一种是将学习方式置于广义的层面，而将课程置于目前实践的层面来理解。认为"所谓研究性学习，广义的理解是泛指学生主动探究问题，在目前的实践中，主要是指学生在教师的指导下，以类似科学研究的方式去获取知识、应用知识、解决问题"[①]。当研究性学习作为必修课而提出时，其初衷确实如此，但现在看来已远远超出了这一界定，研究性学习不仅作为一综合活动课得到实施，而且人们已经在探索怎样将其与学科教学相结合，甚至探讨如何进一步渗入到日常的课堂教学中。

我们认为"研究性学习"本质上是一种学习方式，是一种与"接受性学习"相对立的学习理念，可以，并且应该渗透于学生学习的所有学科、所有活动之中。教育部之所以将研究性学习作为一种"综合活动实践课"而明确提出，是为了真正贯彻实施研究性学习的策略决策。正如《指南》所指出的："受传统学科教学目标、内容、实践和教学方式的局限，在学科教学中普遍地实施研究性学习尚有一定的困难。因此，将研究性学习作为一项特别设立的教学活动，作为必修课纳入《课程计划》，将会逐步推进研究性学习的开展，并从制度上保障这一活动的深化，满足学生在开放性的现实情境中主动探索研究，获得亲身体验，培养解决实际问题能力的需要。"[②]因此，"研究性学习"课程是为了"研究性学习"方式的充分展开而提供的相对独立的、有计划的学习机会，即"研究性学习"课程是指向"研究性学习"方式的定向型课程。

为适应课改及开展研究性学习的需要，教育部颁发了新的《全日制普通高级中学历史教学大纲》（试验修订版），对高中历史教学的能力培养目标做了新的要求，特别强调要培养学生的创造性学习能力，提出在历史教学中"鼓励学生对历史问题进行独立思考、发表自己的见解，培养他们的创造意识和创新精神"，"要注意培养学生的实践能力，激励他

① 胡兴宏：《关于学校实施研究性学习的构想》，《上海教育科研》2000 年第 1 期。
② 中华人民共和国教育部：《普通高中"研究性学习"实施指南（试行）》，人民教育出版社 2001 年。

们在教学过程中主动学习、探究的精神"。①新大纲的最后还拟附了 22个有关中外历史的研究性课题，作为在教学实际中开展历史研习活动时选题的参考。

而教育部最新颁布的《普通高中历史课程标准（试验）》无论在课程的基本理念、设计思路上，还是在具体目标上都更加体现了课改的精神。其课程的基本理念之一即是"有利于学生学习方式的转变，倡导学生主动学习，在多样化、开放式的学习环境中，充分发挥学生的主体性、积极性与参与性，培养探究历史问题的能力和实事求是的科学态度，提高创新意识和实践能力"。而且在"知识与能力"目标之外，又提出了"过程与方法"、"情感态度与价值观"②等目标。这和研究性学习的理念与目标是基本一致的。

由于对研究性学习的含义理解不同，不同的研究人员对历史研究性学习的概念界定也不尽相同，有代表性的有如下几种：

基于研究性学习的第一种认识，冯长运、李明海认为：中学历史学科研究性学习是指在教师指导下，在学习的过程中，让学生始终处于开放的情境之中，用类似于史学研究的方式，去主动探索，以培养能力和态度的学习活动。③

基于研究性学习的第二种认识，韩飞、黄念章认为：历史研究性学习是指学生在教师的指导下，围绕特定的历史问题（或专题、课题），利用国际互联网、图书馆、社会调查等多种途径和手段获取材料，以类似科研的方式主动地获取历史知识、解决特定历史问题的学习活动。④

基于研究性学习的第三种认识，殷俊认为："目前实践中的历史学科研究性学习，是学生在教师的指导下，对与现实生活密切联系的历史课题或以历史为主导涉及其他相关学科的研究课题进行研究，以及在活动课程中利用一定的学时对历史系列知识综合运用、历史学科能力综合培养的学科内综合性专题的研究"。⑤

① 中华人民共和国教育部：《全日制普通高级中学历史教学大纲》（试验修订版），人民教育出版社 2002 年。

② 中华人民共和国教育部：《普通高中历史课程标准（实验）》，人民教育出版社 2003 年。

③ 冯长运、李明海：《关于历史学科实施研究性学习的探索》，《历史教学》2003 年第 9 期。

④ 韩飞、黄念章：《关于高中历史研究性学习的几个问题》，《历史教学》2001 年第 6 期。

⑤ 殷俊：《试论历史学科的研究性学习》.《历史教学》2001 年第 6 期。

此外，聂幼犁、於以传对于历史研究性学习的界定很具有典型性。他们认为：中学历史学科研究性学习是在观察、模仿性学习的过程中，为发展学生自主地了解和独立思考人类以往的事实，取其精华，弃其糟粕的能力，从而知道过去、理解现在，懂得社会、认识自己，并孕育一般创新意识和实践能力的一种以课题研究为典型特征的教学方式。①

（二）历史研究性学习的特点及目标

1. 历史研究性学习的特点

陶莉认为，中学历史教学中的研究性学习具有问题性、实践性、综合性、自主性、开放性和合作性等6个方面的特征。问题性是指，"历史学科的研究性学习是学生以解决问题为核心的一个学习过程，任何一次研究性学习活动都必须围绕某一个与历史相关问题的提出、探究和解决来开展"。没有问题，也就没有研究性学习。实践性是指，"研究性学习重视学生的活动过程，而活动是一个实践的过程"，"具有无限的容纳性，它会涉及学生知识、技能、经验、能力的各个方面"。学生对研究性问题的探索，必须运用多种手段，通过各种实践活动来完成。综合性是指，历史学科本身就是一门综合性较强的人文社会科学，就其学习内容而言，涉及政治、经济、军事、文化、外交等方面；就其学习的社会功能而言，提倡历史与现实的结合。自主性是指，在研究性学习活动中，研究课题的选择、研究方案的确定，资料的获得等，或突出学生个体的自主性，或体现合作小组的自主。开放性是指，研究性学习的内容、场所是开放的。合作性是指，"由于环境的开放，课程资源的增多及新课程要达到学会分享与合作的目标等因素"，"研究性学习的基本组织形式是小组合作"，"小组的成员既要分工明确，又要精诚合作"，以达到资源共享。②

朱庭通将研究性学习概括为问题性、开放性、综合性及实践性4个特点。开放性不仅包括"学生在研究性学习过程中，始终处于一种动态、开放、主动、多元的环境之中"，而且特别指出，"课题的结论不是预设的，而是开放性的"。实践性包括两个方面：一是"课题主要由学生自己

---

① 聂幼犁、於以传:《中学历史课程研究性学习理论与目标纲要（讨论稿）》,《历史教学》2003年第4期。

② 陶莉:《浅谈历史学科的研究性学习》,《辽宁教育学院学报》2003年第1期。

独立完成";二是"课题的研究既重视结果，更注重过程及学生在研究学习过程中的感受和体验"。①

苏继红认为，研究性学习除开放性和主体性特点外，还具有情境性和论证性特点。情境性包括，提出问题的"问题情境"、解决问题的"解决情境"及"宽松、和谐、民主的氛围情境"。论证性是指，历史学科不同于自然科学的实验性，"历史研究性学习特别重视'论从史出'、'先史后论'、'史论结合'，要求史实、史观、史据的统一和理论论证"。②

此外，还有研究人员指出历史研究性学习具有过程性、探究性等特点。过程性是指，中学历史研究性学习不同于史学研究，它是通过让学生搜集、整理、分析和运用相关的历史材料来解决特定的历史问题，并从这一过程中去体验和感受、理解知识的产生和发展过程，即所谓从"研"中学，从"做"中学。③ 探究性是指，研究性学习注重学生探究的过程，注重"学生在研习的过程中形成善于质疑、乐于探究、勇于探索历史的精神和能力"。④

2. 历史学科研究性学习目标

冯长运、李明海围绕历史科学研究的基本方式和能力，指出历史学科研究性学习的目标主要有：获取史料和整理史料，研究史料包括识记、鉴别、诠释、分析、选取、评价和应用史料，掌握主要史学理论目标及表述研究成果的目标⑤，体现了历史研究性学习的学科性质。

李峻基于学生终身学习和发展的考虑，强调历史研究性学习的学养目标，应着眼于使学生养成论从史出、独立思考、不断反思、发问质疑、喜欢探究、坚持求真等六个方面的习惯⑥，研究性学习主要体现了过程性、主体性、探究性等特点。

苏继红认为，历史学科研究性学习的目标有：培养学生形成初步的科学研究的意识、能力和方法；培养学生获取、利用史料信息解决问题的能力；培养学生自主学习和独立学习的能力；培养学生创新思维的能

① 朱庭通：《中学历史教学中研究性学习的特点》，《学科教育》2002 年第 1 期。
② 苏继红：《研究性学习在历史教学中的实施》，《教学与管理》2003 年第 18 期。
③ 韩飞、黄念章：《关于高中历史研究性学习的几个问题》，《历史教学》2001 年第 6 期。
④ 韦汉军：《历史研究性学习的实践研究》，《学科教育》2002 年第 7 期。
⑤ 冯长运、李明海：《关于历史学科实施研究性学习的探索》，《历史教学》2003 年第 9 期。
⑥ 李峻：《浅谈历史研究性学习的学养目标》，《山东教育》2003 年第 10 期。

力和方法；培养学生的合作与参与意识；蕴含人文主义精神的教育。①

陆月娟提出，中学历史研究性学习应达到以下三方面的目标：首先，在学生掌握一定的历史知识的基础上，培养学生的综合能力，使学生具备可持续发展的能力；其次，通过历史研究性学习培养学生健康丰富的个性以及与他人合作的能力；最后，中学历史的研究性学习目标应着眼于传统的思想情感教育，培养学生的人文素养。②

聂幼犁、於以传认为，历史研究性学习除应达到史学认知目标、史学理论与方法论目标外，还提出了包括内容目标、程序目标在内的行为目标及情感目标③，可以说这是一种比较详细、较理想化的目标模式，尚需要在实践中细化。

（三）历史研究性学习的实施

1. 实施类型及案例

对于历史研究性学习的具体实施，很多是以活动课为载体，以专题活动的形式开展的。如：《拓展学生的历史思维空间——研究性学习"隋唐两宋绘画与当代生活"略谈》、《在走路中学会走路——〈福州五代夹道遗址研究〉指导案例》、《〈美国对人类历史的贡献〉探究学习——兼论研究性学习的几个问题》、《以〈嘉善田歌〉为例，看中学历史研究性学习》、《以"辛亥革命是成功还是失败"为例，看中学历史研究性学习》、《共同赶路的快乐》等④。这种形式的研究性学习内部也有划分。洪明从自己高中历史教学的实践出发，提出根据研究性学习专题的综合程度和研究方式，将研究性学习归纳为四种范式：课题式研究性学习、科内综

---

① 苏继红：《研究性学习在历史教学中的实施》，《教学与管理》2003 年第 18 期。
② 陆月娟：《中学历史研究性学习目标探究》，《历史教学问题》2003 年第 5 期。
③ 聂幼犁、於以传：《中学历史课程研究性学习理论与目标纲要（讨论稿）》，《历史教学》2003 年第 4 期。
④ 包宇岚：《拓展学生的历史思维空间——研究性学习"隋唐两宋绘画与当代生活"略谈》，《石油教育》2002 年第 2 期；绍宁：《在走路中学会走路——〈福州五代夹道遗址研究〉指导案例》，《历史教学》2003 年第 3 期；刘汝明：《〈美国对人类历史的贡献〉探究学习——兼论研究性学习的几个问题》，《历史教学》2003 年第 8 期；杨浙东、戴加平、聂幼犁：《以〈嘉善田歌〉为例，看中学历史研究性学习》，《历史教学》2003 年第 12 期；李茜、聂幼犁：《以"辛亥革命是成功还是失败"为例，看中学历史研究性学习》，《历史教学》2003 年第 12 期；徐雁：《共同赶路的快乐》，《历史教学问题》2003 年第 3 期。

合式研究性学习、交叉综合式研究性学习以及社会调查式研究性学习。①

　　也有的主张开展活动课和在课堂教学中渗透研究性学习方式同时并举。如：具惠兰主张确立研究性学习的"双轨"机制，提高研究性学习的实效。其一，在高一年级组织若干课题小组，指导学生开展相关课题的研究，在研究中培养学生的自主、协作与探究的精神。其二，把研究性学习的理念与方式融进各年级的历史课堂教学，进一步优化课堂教学。②

　　黄俭、周双宝在论及高中历史研究性学习课及其教学策略时，是分三个方面论述的：课堂内的研究性学习、课堂外的研究性学习、跨学科综合的研究性学习。其基本形式分别是：问题式、"小课题研究"或活动（项目）设计、"综合性专题研究"。③

　　随着研究的深入，人们对研究性学习进行了更具操作性的划分。聂幼犁、於以传将研究性学习分为两类四种：问题式研究性学习——课前设计的问题式研究性学习和及时调整的问题式研究性学习，主题式研究性学习——"本"内主题式研究性学习和"本"外主题式研究性学习，并提供了相关的 11 个课堂教学案例。④

　　随后，湖北省宜昌市在开展研究性学习时提出了"三课"结合搞"研究"的方略。所谓"三课"结合搞"研究"，实际上把研究性学习划分为三类六种具体方式：课程类——编辑研究者研究的小故事，课题类——教材内的课题式研究、教材外的课题式研究、多学科交叉综合的课题式研究，课堂类——研究教师所设计的问题、研究学生提出的问题。具体实施时由"课堂类"激起学生兴趣，引领学生入门，再由"课题类"加强学生的兴趣，形成一定的能力，最后渗透于常规的课堂教学之中变为"课堂类"。文后还附了 4 篇"课堂类"案例，其中"'太平天国运动'与'中国的近代化'"和"应不应感谢鸦片战争"属于教师准备的问题，"三峡工程的'利'与'弊'"和"评说'洋货'"属于学生提出的问题。⑤

---

　　① 洪明：《研究性学习及其在高中历史教学中的应用》，《中小学教师培训》2001 年第 8 期。

　　② 具惠兰：《把研究性学习的理念与方式应用在历史课堂教学之中》，《教育导刊》2003 年第 1 期。

　　③ 黄俭、周双宝：《高中历史研究性学习课及其教学策略摭谈》，《学科教育》2003 年第 2 期。

　　④ 聂幼犁、於以传：《中学历史课程研究性学习理论与目标纲要（讨论稿）》，《历史教学》2003 年第 4 期。

　　⑤ 黄俭、周双宝：《高中历史研究性学习课及其教学策略摭谈》，《学科教育》2003 年第 2 期。

2. 具体实施

（1）历史研究性学习活动的实施步骤

历史研究性学习课程的实施，大多数研究人员将之分为三大阶段。如刘玉尧将之概括为"准备阶段"、"实施阶段"和"发布成果、总结评价阶段"，其中实施阶段又分为"收集资料"、"加工分析所收集的资料"和"撰写研究报告"三步。[①] 韦汉军将之分为课前准备、课堂研讨、课堂评价三个阶段，其中课前准备包括确定课题、教师引导、学生研究三步。[②]

殷俊将研究性学习分为四步：确定课题——制定计划——实施研究——总结交流。[③] 王静、和学新将之概括为五步：学生提出问题并依据教材查找相应史实材料；教师为学生提供有关材料；师生共同分析；依据"中心问题"，分组研讨，撰写小论文；成果汇报，互相交流。[④] 沈素英提出研究性课题教学的一般程序为六步：参观考察，开设讲座；指导选题；组织研习课题组；实施研究；写研究报告；交流和研讨。[⑤]

此外，刘锡亮拟定了更详细的实施步骤：组织报告，班级组织与动员；个人选择题目，拟定计划、方案；班主任初审，合并相近题目；公布初选题目，同学自由组成课题组；小组选举组长，共同设计研究方案；开题报告会和方案评审；小组独立实施，教师监控指导；形成调查报告，个人、小组总结；班级展示，同学评议；进行答辩，组织年级报告会；教师评定成绩、总结。[⑥]

（2）开展历史研习活动的方式方法

叶小兵列举了开展历史研习活动的几种方法：①搜集历史资料并撰写历史小论文；②开展读书活动并编写读书报告；③开展社会调查并撰写调查报告；④撰写历史人物小传；⑤编写报章的社论和报道；⑥组织讨论；⑦组织辩论。此外，他认为"还可采用模拟、角色扮演等方式开

---

① 刘玉尧：《历史教学研究性学习的实践分析》，《绥化师专学报》2002 年第 4 期。
② 韦汉军：《历史研究性学习的实践研究》，《学科教育》2002 年第 7 期。
③ 殷俊：《试论历史学科的研究性学习》，《历史教学》，2001 年第 6 期。
④ 王静、和学新：《历史学科内开展研究性学习的探索》，《学科教育》2003 年第 3 期。
⑤ 沈素英：《创建历史研究性课题教学模式的几点思考》，《历史教学》2001 年第 6 期。
⑥ 刘锡亮.：《历史学科开展"研究性学习"的构想》，《山东教育科研》2001 年第 5 期。

展活动"①。

韩飞、黄念章在学习形式中除提出撰写历史小论文、开辩论会及撰写历史题材的社会调查报告外，还提出了"试教法"，即"采用角色置换方法，在教师的指导下，让学生扮演教师，变学为'教'，从'教'中学"。②

殷俊将研究的方式分为了五种，认为主要有文献研究式、调查研究式、假想研究式、比较研究式、思辨研究式，并以历史教学大纲所列 22 个研究性课题为例具体阐释了这几种方式。③

沈素英也提出研究性课题的五种教学模式，分别是：搜集文献资料；写论文；开展调查研究并写出调查报告；写人物小传；讨论思辨研究。④

此外，张晓静在提出历史课堂教学专题研讨、历史论文写作、历史角色扮演与评析外，还提出了"历史访谈——了解身边的历史"的学习方式，⑤ 这是继学术界口述史学再度复兴对研究性学习启迪的产物。

（3）开展历史研究性学习活动应遵循的原则及注意的问题

正如前面所述，历史研究性学习具有开放性的特点，没有统一的范围和标准，各种方式可以并行使用，可以尽可能地调用各种资源，如网络、档案馆、图书馆、博物馆，或利用当地的乡土历史资源等。陆安就如何利用档案馆进行历史研究性学习做了有益的探索，可资借鉴。⑥ 李冬梅论述了基于网络的历史研究性学习的特点、基本流程及应注意的问题。⑦ 社会调查的范围很广，可以就家庭史、社区史、校史展开调查，也可以就近现代史的一些问题访问亲历者或知情人，还可以对历史遗迹、遗址、遗物、搜集的故事、传说、歌谣等进行考察。至于这种形式应如何操作及实施中应注意的问题，朱煜对此有所论述。⑧

龙开才指出，研究性学习固然是开放性的，没有统一的范围和标准，但也必须从实际出发。为此，他强调高中历史研究性学习"必须结合课

① 叶小兵：《论历史教学中研究性课题的教学活动》，《历史教学》2001 年第 2 期。

② 韩飞、黄念章：《关于高中历史研究性学习的几个问题》，《历史教学》2001 年第 6 期。

③ 殷俊：《试论历史学科的研究性学习》，《历史教学》，2001 年第 6 期。

④ 沈素英：《创建历史研究性课题教学模式的几点思考》，《历史教学》2001 年第 6 期。

⑤ 张晓静：《简论中学历史学科与研究性学习》，《天津师范大学学报（基础教育版）》2000 年第 12 期。

⑥ 陆安：《利用档案进行历史研究性学习》，《历史教学》2002 年第 1 期。

⑦ 李冬梅：《基于网络的历史研究性学习初探》，《历史教学》2002 年第 5 期。

⑧ 朱煜：《论社会调查在历史教学中的运用》，《历史教学》2003 年第 10 期。

堂教学实际,将研究性学习渗透于课堂教学之中";"必须结合当地实际,以乡土历史资源为课题进行调查研究";"选题也必须从实际出发,坚持科学性、可行性和创新性的原则";以及"必须结合学生实际,要尊重差异、发挥优势"等。[①]

沈素英提出研究性课题的研习应遵循 4 项原则:小组化原则、自主性原则、指导性原则及特殊化原则。小组化原则是指,以自愿结合为主,教师协调为辅,组成 3~5 人为一组的课题小组。自主性原则强调,学生是活动的主角,有很大的决定权。指导性原则是指,每个小组根据课题的难易程度以及开展研习活动的需要,聘请有关人员担任顾问。特殊化原则是指,在保证研究性课题研习活动的社会程度的基本要求和学生个性发展的一致性的同时,充分重视学生个体之间的差异性,而差异性决定了个体发展的特殊性。[②]

有的研究人员专门指出评估时应注意的问题。洪明强调评估时应注意主体的多元性、角度的多维性以及结果和方法的开放性。[③] 韦汉军提出课堂评价应遵循两个原则:全面性原则和激励性原则。所谓全面性原则,是指评价主体可以是教师,也可以是学生或学生小组等;评价方式可以采取教师评价与学生自评、互评相结合,对个人评价与对小组评价、班集体的评价相结合等;评价内容应包括学生研习的态度、方法、过程和结果等。激励性原则是指教师在评价时重点应放在学生研习的过程、学生对历史知识的应用以及学生亲身参与探索实践的能力,应充分肯定学生学习的自主性,尊重学生的研习成果,看到学生的长处,鼓励学生发挥自己的个性,以形成积极进取、勇于探索创新的历史学习氛围。[④]

(4)课堂教学中历史研究性学习的实施

大多数研究人员主张以问题组织课堂教学。李萍提出在历史课堂教学中,以教材知识点为基点,以开放性问题为线索,以问题探究的形式,引导学生进行研究性学习。[⑤] 黄俭、周双宝也认为,课堂内研究性学习

---

① 龙开才:《高中历史的研究性学习初探》,《广西右江民族师专学报》2003 年第 3 期。
② 沈素英:《创建历史研究性课题教学模式的几点思考》,《历史教学》2001 年第 6 期。
③ 洪明:《研究性学习及其在高中历史教学中的应用》,《中小学教师培训》2001 年第 8 期。
④ 韦汉军:《历史研究性学习的实践研究》,《学科教育》2002 年第 7 期。
⑤ 李萍:《历史课堂教学中研究性学习的探索》,《历史教学问题》2002 年第 6 期。

的内容应由学生或教师设定，一般通过"问题"组织教学，具体来说可采用感知教材内容、鼓励学生提问、共同解决问题等方式进行。① 陈汉忠、阮敏等提供了这方面的案例。②

除主张以问题组织教学外，王静、和学新还提出课前布置学生"列出预习提纲，包括知识层次、知识结构、重点以及读不懂、思不透的疑难问题"③。龙开才提出布置开放性的课后练习，以便于学生巩固课堂知识并养成积极思考、主动探索的习惯，从而促进研究性学习的开展。④

於以传认为，历史课堂教学中研究性学习的开展，应以激发学生的学习动机为前提，以一定的历史知识结构为基础，以思维训练为中心，以运用历史的研究方法为基本过程。就教学方法而言，实施形态可分为问题式和课题式，实施时空可分为片断式和整体式，实施程序可分为设计式和即兴式，操作方法可分为深化式和嫁接式。⑤

具惠兰以"采用研究性学习方式，进一步优化课堂教学"为主旨，提出四项措施："引入自主学习方式，让学生自行构建历史知识架构体系"，"借鉴合作学习方式，营造民主的历史课堂教学氛围"，"采纳探究学习方式，提高学生的历史思维能力"，"渗透开放式学习方式，拓展学生的知识视野"。⑥

陈美芳认为，要实现研究性学习在历史教学中的渗透，可采取下列策略：转变教学观念与教学行为；运用开放性题目激发学生研究动力；运用互惠教学法激发学生研究能力；注重社会现实与历史研究性学习的密切结合。其中，互惠教学法即师生角色互换。⑦谢高潮专门论述了师生角色互换的教学模式。他认为以这种教学模式实施研究性学习可按学生角色变换、学生独立学习、师生集体研究、教师指导总结等程序来

① 黄俭、周双宝：《高中历史研究性学习课及其教学策略摭谈》，《学科教育》2003 年第 2 期。

② 陈汉忠：《苏联该不该签订苏德互不侵犯条约》，《历史教学》2003 年第 3 期；阮敏：《从伊拉克战争看联合国的地位与作用》，《历史教学》2003 年第 3 期。

③ 王静、和学新：《历史学科内开展研究性学习的探索》，《学科教育》2003 年第 3 期。

④ 龙开才：《高中历史的研究性学习初探》，《广西右江民族师专学报》2003 年第 3 期。

⑤ 於以传：《关于历史学科基础型课程中研究性学习的若干思考》，《历史教学》2003 年第 3 期。

⑥ 具惠兰：《把研究性学习的理念与方式应用在历史课堂教学之中》，《教育导刊》2003 年第 1 期。

⑦ 陈美芳：《研究性学习在历史教学中的演变》，《学科教育》2003 年第 10 期。

组织。①

　　吕虹认为研究性学习理念指导下的中学历史课堂教学，按学习内容可分为：小课题探究型、观点论辩型、史料考证型、分析比较型。一般的教学模式为：提出问题——收集材料——讨论研究——得出结论——形成知识结构。②

（四）学生学习观的转变与教师角色转换

　　正如《实施指南》所指出的，"实施以培养创新精神和实践能力为重点的素质教育，关键是改变教师的教学方式和学生的学习方式"，"设置研究性学习的目的在于改变学生以单纯的接受教师传授知识为主的学习方式，为学生构建开放的学习环境，提供多渠道获取知识，并将学到的知识加以综合应用于实践的机会，促进他们形成积极的学习态度和良好的学习策略，培养创新精神和实践能力"。③

　　研究性学习的实施必将带来学生学习理念与学习方式的转变。重长胜认为，研究性学习不仅彻底改变了传统教学中学生被动接受知识的状况，而且比一般的课堂教改模式更能发挥学生的自主性，体现学生的主体地位，使学生由知识的被动接受者转换为自主学习、主动探究的科学研究者。在研究性学习中，学生的自主性贯穿始终。④ 曾毓忠也认为，研究性学习能促进学生学习观的转变，对学生个性的发展和素质提高起到积极的作用。⑤

　　研究性学习不仅从根本上改变了学生学习的理念和学习方式，还将全方位变革教师的教育观念、教学内容、教育方式和教学行为。

　　梁励指出，研究性学习模式对历史教师传统角色意识提出了挑战，历史教师不再是学生学习的权威，将处于被学生选择的地位。所以，教师应由教学型向教学科研型转化。为此，历史教师应采用最优化的策略应对方式：应成为学生研究性学习的参与者、指导者、合作者、组织者，

---

　　① 谢高潮：《研究性学习与历史课堂教学》，《历史教学问题》2001 年第 3 期。
　　② 吕虹：《研究性学习理念指导下的中学历史课堂教学设计》，《历史教学问题》2003 年第 5 期。
　　③ 教育部：《普通高中"研究性学习"实施指南（试行）》，人民教育出版社 2001 年。
　　④ 重长胜：《高中历史教学中研究性学习探讨》，《教书育人》2001 年第 21 期。
　　⑤ 曾毓忠：《历史课程中的研究性学习及创造性思维培养》，《教育导刊》2003 年第 1 期。

学生研究性学习情感体验的培育者以及教学资源的开发者。①

胡军哲认为，研究性学习是一全新的教育理念，要把这一理念带进课堂、指导教学、培养人才，教师首先必须从观念、能力、方法、知识系统等方面进行角色更新。为此，他提出教师应在观念上确立整体发展的学生观，建立民主平等的师生观、树立理性的教师权威观；在能力方面应具有大胆变革处理教材的能力，富有艺术性的指导能力，对教学实践不断反思的能力及善于处理现代化信息的能力；方法方面不断改进教法，自始至终贯穿学法指导；在知识系统方面应掌握较深层次的学科专业知识，具备多元化的知识结构。②

袁幼飞认为，开展研究性学习的关键是如何发挥好教师"导"的作用，从而把学生学习主动性最大限度地调动起来，以达到学生自主学习的目的。为此，他提出教师应确立面向全体学生的教学观念，建立民主平等的师生观念，构建多元化的知识结构以及大胆革新，树立以人文教育为核心的观念。③

林珍华从发挥学生主体作用以推进研究性学习着眼，认为在研究性学习中，教师树立新的角色意识，新的教学观，改革教法是发挥学生主体作用的大前提；提高学生主动参与意识，是发挥学生主体作用的关键。教师应从鼓励学生大胆质疑，培养创新能力、指导学生自学，培养自学能力、处理好"导"与"学"的关系，培养实践精神、确定新的评价尺度四个方面提高学生的参与意识。④

蔡光明也从四个方面探讨了研究性学习模式下中学历史教师角色定位问题。他认为，在研究性学习模式下，中学历史教师应"认识历史教学的意义和基本思路"、"摆正自身、学生、教材三者关系"、"有选择运用新教学方法"以及"提升自身素质"。⑤

① 梁励：《论研究性学习模式下历史教师角色意识的策略应对》，《历史教学》2003 年第 3 期。

② 胡军哲：《试论"研究性学习"中教师的角色更新——从历史教学谈起》，《课程·教材·教法》2001 年第 6 期。

③ 袁幼飞：《充分发挥教师"导"的作用——研究性学习在历史教学中的实际渗透》，《浙江工商职业技术学院学报》2002 年第 4 期。

④ 林珍华：《发挥学生主体作用推进研究性学习实施的若干思考——从历史教学谈起》，《南平师专学报》，2002 年第 3 期。

⑤ 蔡光明：《研究性学习模式下中学历史教师角色定位》，《安徽教育》2003 年第 16 期。

汤残云提出在研究性学习模式下，历史教师应实现下列角色转换：从权威型向对话型转换；从教学型向教学科研型转化；从知识型向智能型转化。①

从上面的论述不难看出，研究性学习的开展向教师提出了更高的要求。教师必须在观念、能力、方法、知识系统等方面实现角色更新，并且应在实践中不断充实自我、超越自我，突破陈规，大胆创新，提高自身的教育机智，以促进研究性学习的顺利开展。

（五）历史研究性学习实施的保障

研究性学习若要真正贯彻实施，必须要有各方面的密切配合。除了教师角色转换外，学校也应加强组织领导。刘锡亮强调"各校要充分认识到'研究性学习'这项活动的重要性和现实意义，成立领导小组进行具体操作，要选聘组织能力强、业务水平高、具有高度责任心和事业心的教师担任指导教师，切实把这门课程开足、开好"。② 此外，社会各界也应伸出援助之手，为学生的研究性学习提供方便。

研究性学习课程数量有限，可以"不受功利主义的影响"。但若使研究性学习真正与学科教学相结合，渗透到日常历史课堂教学中，人们不得不关注历史测评改革和高考改革。李昊为我们提供了一种测评的理念与方法，"测评关键在于以自主学习能力的考察和创新意识的培养为目标"，"在考试中探索半开、闭卷测试两种考试结构以配合研究性学习"，具体做法是在以闭卷形式测评基础知识的同时，要求学生以开卷的形式撰写一篇历史小论文。③ 韩飞、黄念章对于近年来历史高考试题与研究性学习的关系进行了研究，指出近几年来研究性学习方式正以不同的形式，从不同的侧面和方向渗透到历史学科的高考试题中，并且指出在高考试题中渗透研究性学习还有多方面的潜力。④ 郑流爱通过研究上海高考历史试题，指出高考与研究性学习并不矛盾：高考改革可以对学习方

---

① 汤残云：《试论研究性学习模式下历史教师角色的转换》，《历史教学问题》2003 年第 5 期。

② 刘锡亮：《历史学科开展"研究性学习"的构想》，《山东教育科研》2001 年第 5 期。

③ 李昊：《研究性学习与历史测评改革》，《教学与管理》2002 年第 22 期。

④ 韩飞、黄念章：《高考试题与研究性学习——以历史学科为例》，《中学历史教学参考》2003 年第 1 期。

式与教学方式的变革进行导向；反过来，研究性学习方式也会促进和完善考试评价的改革，并认为高考的地方化可能是高考改革的出路。[①]

　　纵观三年来的研究趋向，研究性学习从"综合实践活动"向学科教学的渗透经历了一个过程。在研究性学习刚提出的 2001 年，研究主要围绕历史学科研究性学习的特点、活动程序、应注意的问题展开。2002 年，研究趋向细化，开始探讨教师角色更新、选题策略、测评改革，基于网络、档案的研究性学习，也夹杂几篇活动案例。2003 年，在前两年研究范围的基础上，开始注意其学科特点，主张将研究性学习渗透于历史课堂教学中，并从宏观上探讨教学策略并配以一定的案例分析，在这方面《历史教学》为我们提供了可资借鉴的模式。我们认为，未来的研究方向既要重视目前开设的研究性学习课程，全面探讨适合各校具体情况的校本课程，提高该课程的时效性，又要把研究性学习与学科教学相结合，探索各科教学改革的新路子；既要重视理论探讨，又要重视对具体案例进行分析研究的教学实践。

（摘自：《历史教学》2004 年第 5 期）

[①] 郑流爱：《高考改革与研究性学习——上海高考试题的启示》，《历史教学》2002 年第 11 期。

静下心来教书，潜下心来育人

俞祖华

　　生逢盛世，生活在有多元选择、多样机遇、多种发展途径的时代是幸运的；面对眼花缭乱的条条道路、五彩纷呈的成长模式、绚丽多姿的展示舞台，而省略去了从多样性中抉择的费心、劳神与困惑则是尤其幸运的。——我们所从事的职业，有着"一日为师，终身为父"的古训"与"人类灵魂工程师"的美誉的"太阳底下最光辉的职业"，值得我们义无反顾、一往情深、一往无前地全身心投入。面对天地间的滚滚红尘与社会上的种种诱惑，作为从事这一高尚职业的一名教师当按照胡锦涛总书记对教师提出的"爱岗敬业、关爱学生；刻苦钻研、严谨笃学；勇于创新、奋发进取；淡泊名利、志存高远""四点希望"，"静下心来教书，潜下心来育人"，为努力提高高等教育质量尽自己的微薄之力。

　　"腹有诗书气自华"。要教好书，必先读好书；要"静下心来教书"，必先静下心来读书。为人师者，要具有开阔的知识视野、深邃的理论修养、厚实的人文底蕴与扎实的专业功底，尤其是在当今时代知识层出不穷的条件下，要成为合格教育者，更应静心读书、严谨笃学，不断充实自己，不断充实课程。我们所面对的学生乃处在知识与信息铺天盖地的氛围中，这是很大的挑战与压力，惟有以更大的精力做到读得更多、读得更广与读得更深去努力应对；只教不读，或只读所教的教材和参考书，照本宣科去应付，只会使学生在课堂上昏然入睡，只能是误人子弟。教师作为人类文明的传承者，不仅要传授知识，还要创新知识。因此，"静下心来读书"决不是读死书、死读书，做照本宣科、铺列知识的书呆子，而是要做勤于思考、勇于创新、读书与思想同在的教育创新者，做到"有学问的思想"与"有思想的学问"的有机统一;"静下心来教书",要特别注重引导学生主动探究,培养其创新意识与创新能力。笃学与创新、知识传授与知识创新的关系,实质是教学与科研的关系;创新性的学术研究可以促进教师知识结构的更新与课程教学内容体系的改革,可以引导学生进入研究性学习状态,成为其创新思维的示范。在以科研促教学方面,有着很大的努力空间,今后当努力作出实绩。总之,在"静下心来教书",从受教育者的角度要注重笃学与创新的学习品格的培育,而从为人师者来说则要在严谨笃学、勇于创新方面成为学生的表率。

"潜下心来育人"则是要求我们教师在引导学生做人、引导学生追求真善美上"为人师表"。培育什么样的人与如何育人,总书记的"四点希望"给出了明确的答案。培育什么样的人?除了求知方面的笃学与创新品质外,要按"四点希望"的要求,特别注重从这两方面要求学生:一是要有爱心,关爱亲人,关爱他人,关爱社会,学会感恩,知恩图报。"爱是自然界的第二个太阳",要引导学生以爱心照亮心灵,共同升腾"让世界充满爱"的愿景与希望。二是志存高远,要有很大的思想格局、很高的思想境界。温家宝总理新近发表诗作《仰望星空》:"我仰望星空,它是那样自由而宁静;那博大的胸怀,让我的心灵栖息、依偎。 我仰望星空,它是那样壮丽而光辉;那永恒的炽热,让我心中燃起希望的烈焰、响起春雷。"他在向同济大学师生们作演讲时讲到:一个民族有一些关注天空的人,他们才有希望;一个民族只是关心脚下的事情,那是没有未来的。我们的民族是大有希望的民族!我希望同学们经常地仰望天空,学会做人,学会思考,学会知识和技能,做一个关心世界和国家命运的人。要引导学生登高望远,关注祖国、人类与宇宙的前景。如何育人?那就是要"为人师表"。要"满怀对受教育者的真心关爱","关爱每一名学生,关心每一名学生的成长进步,以真情、真心、真诚教育和影响学生";"把个人理想、本职工作与祖国发展、人民幸福紧密联系在一起,树立高尚的道德情操和精神追求"。

要成为有学养、有德望的教师,就必须"静下心来"与"潜下心来"。诸葛亮的《戒子篇》中说:"夫君子之行:静以修身,俭以养德。非淡泊无以明志,非宁静无以致远。夫学须静也,才须学也。非学无以广才,非静无以成学。慆慢则不能研精,险躁则不能理性。"面对某种程度上存在的信息过剩、烦躁、物欲横流的社会心理现象与文化现象，耐得住寂寞，守得住宁静，尤为难能可贵。"静下心来教书，潜下心来育人"要求我们做到：面对多元选择，面对外面精彩的世界，要心无旁骛，一心从教无怨无悔，而不是心猿意马，身在曹营心在汉；甘为人梯，乐于奉献，全身心地关注学生成长，做他们健康成长与实现事业腾飞的铺路石与引路人；要正确对待名利、得失、毁誉，淡泊自守，任劳任怨，甘愿在教师岗位上默默无闻地奉献；要朴实无华、脚踏实地，认认真真地做好与教书育人有关的点点平凡小事；要力戒浮躁心态，潜心向学，静心思考，清心从教，专心育人，不慕奢华，不图虚荣，不追风赶浪，不急功近利。我们的确可以知足：得天下英才而育之，可与年轻的心灵对话，在传承文明走近中外大师，有很高的职业尊重，等等。

"四点希望"的要求很高，但我们可以朝这一方向不懈努力。让我们和我们的受教育者一起仰望天空，为着我们民族的希望，"静下心来"与"潜下心来"做好教书育人工作，从关心脚下的事情开始，从我们身边的事情、从现在、从小事做起，在平平淡淡中实现自己的人生价值。总之是志存高远而脚踏实地。

本科高校教学团队建设的理论与实践探索

俞祖华　赵慧峰　刘兰昌

摘要：探讨了教学团队的概念、建设内容、建设原则、实现途径、特征等有关理论问题，认为教学团队是高校基层教学组织的创新，是建立现代大学制度的重要尝试。总结了中国近现代史教学团队建设的做法与经验。

2007 年 1 月，教育部、财政部颁布了《关于实施高等学校本科教学质量与教学改革工程（简称"质量工程"）的意见》（教高〔2007〕1 号），提出了进一步深化本科教学改革全面提高教学质量的一系列措施，其中，教学团队与高水平教师队伍建设也被作为确保高等教育教学质量的重要举措，提出：加强本科教学团队建设，重点遴选和建设一批教学质量高、结构合理的教学团队，建立有效的团队合作的机制，推动教学内容和方法改革和研究，促进教学研讨和教学经验交流，开发教学资源，推进教学工作的老中青相结合，发扬传、帮、带的作用，加强青年教师培养。教学团队建设对提高教师队伍的整体教学水平并最终达到大力提高教育教学质量的目的具有重要意义。这里就优秀教学团队建设涉及的一些理论问题，并结合我们建设"中国近现代史教学团队"的具体实践谈些看法。

（一）教学团队建设涉及的几个理论问题

在教学活动、教学过程中，为了更好地发挥"教学团队"这一理念与计划对推动教育观念转变、大学制度创新、基层教学组织创新、人才培养模式改革与提高教学质量的作用，我们对优秀教学团队建设涉及到的有关理论问题进行了思考与讨论，形成了我们的一些认识。

1."教学团队"概念的提出。"团队（Team）"是人力资源管理尤其是企业人力资源管理中的一个概念，是指由员工和管理层组成的一个共同体，该共同体合理利用每个成员各自拥有的知识、技能、信息与其他资源，协同工作，解决问题，达到共同的目标，其构成要素为"5P"，即目标（Purpose）、人员（People）、定位（Place）、权限（Power）、计划（Plan）。将"团队（Team）"这一人力资源管理的理论运用到高等学校的教学与科研管理中，可引伸出"教学团队"、"学术团队（创新团队）"等概念。20世纪80年代，团队理论已被运用于教师工作领域，西方学者提出"同伴互助（Peer Coaching）"概念，提倡教师共同工作，形成伙伴关系，通过共同研学、示范教学以及有系统地教学练习和回馈等方式，彼此学习和改进教学策略，提升教学质量[①]。2004年教育部推出《高等学校"高层次创造性人才计划"实施方案》，提出了建设创新团队的设想与计划，各高校兴起了创建创新团队的热潮，创新团队作为高校学术组织创新的途径取得令人瞩目的成绩。这次把建设"教学团队"作为"质量工程"的举措之一提出来，也很快成为对大学教学工作产生深刻影响的一个理念与设计。目前还很少看到学术界对"教学团队"概念的阐释。我们仅见到的二例是这样界定的：（1）教学团队是"由某一专业或某一课程的教师组成的、以提高教学质量为目标而相互协作、共同承担责任的教师群体"[②]。（2）"教学创新团队是以教学工作为主线，以先进的教育思想理念为指导，立足于人才培养质量的提高，以国家级、省级或学校各类重大的教学改革项目为牵动，以专业建设、课程建设、教学基地等建设为重点，开展教学研究和教学建设的核心队伍"[③]。通过学习各级教育行政部门、各高校的有关文件，结合自己对人力资源管理上"团队（Team）"概念的理解，我们认为"教学团队"是指为完成共同的教学目标、建设目标，由教学任务相近的教师组成，由教学水平高、学术造诣深的教授领衔与负责，有合理的知识结构与年龄结构，有有效的沟

---

① 丁钢：《教师的专业领导——专业团队计划》，《教育发展研究》2004年第10期。
② 孙丽娜、贺立军：《高校基层教学组织改革与教学团队建设》，《河北学刊》2007年第5期。
③ 郭辉：《关于建设教学创新团队的几点思考》，大连大学新闻网。

通与合作机制，有合理配置教学资源的途径，经常性地开展教学内容与教学改革的教研，经常性地开展教学经验交流，经常性地开展学术合作，实现优势互补，实现共同发展，实现携手前进的教师群体。我们也可以将其分解为 5 要素：教学目标、建设目标——每个教学团队应提出明确的、共同的建设目标，努力将其建设成学习型、创新型、和谐型、高绩效的教学群体。管理学理论强调共同目标对团队的重要性，指出它是由愿意为了共同的目的、业绩目标而相互承担责任的人们组成的群体。有无成员共同认可的、特定的、共同的教学目标、建设目标，是教学团队与其他教学组织、教师群体的重要区别。教学团队中的每个成员可以有着细分的小目标，但必须有团队整体的大目标，个人的小目标要围绕、融入团队的大目标，通过实现团队的大目标达到团队与个人的共赢，达到团队教师整体素质不断提高的总要求。教师——教师资源是教学团队的最核心因素。教师，包括年龄结构上的老、中、青教师，职称结构上的教授、副教授、讲师与助教，岗位状态上的专职与兼职，任务上的专业教师与教学管理人员，规模上一般有 8－10 人。定位——包括教学团队的定位与教学团队每个成员的定位。前者指教学团队在专业中处于什么位置，其所承担的课程或课程群在专业课程体系中处于什么位置，及它在什么层面（校级、省级、国家级）起到示范性作用。后者指团队负责人、团队骨干与其他成员在团队中各扮演什么角色及其分工合作机制。与群体相比，团队更强调每个成员的各负其责与共同负责，更强调协作性，更强调团队成员为实现共同目标而共同负责。权限——教学团队是在高校现行教学基层组织——教研室无法满足提高教师素质、提高教学质量的要求的情况下，对教育制度的一种创新，是对教研室的一种补充，是一种类似于课题组、以项目管理为基础的新型教学组织形式。团队接受教育行政部门、教务处对项目的目标管理与过程管理，在此基础上实行团队带头人负责制度，每个团队中有一名教学经验丰富、学术水平较高的教授作为带头人，负责项目计划的实施、管理和相关资源的统筹安排,报告建设项目年度完成情况和年度经费预决算，安排接受对项目执行情况的检查、评估和验收。计划——是为实现共同教学目标、建设目标而制定的具体行动方案、具体工作程序，包括教学团队的总体规划、总体实施方案与其所承担的课程、课程群的课程建设规划、课程教学计划。

2. 教学团队建设的内容。我们可从内部结构、支持环境与教学建设三个方面讨论一下教学团队建设的内容框架。

团队内部结构建设。一是选拔与培养团队带头人。本科团队带头人应为本学科（专业）的专家，具有较深的学术造诣和创新性学术思想，长期致力于本团队课程建设，坚持在本校教学第一线为本、专科生授课。品德高尚，治学严谨，具有团结、协作精神和较好的组织、管理和领导能力。二是团队队伍建设。根据各学科（专业）的具体情况，以教研室、研究所、实验室、教学基地、实训基地和工程中心等为建设单位，以系列课程或专业为建设平台，形成老中青搭配、职称和知识结构合理的团队梯队结构。团队成员在教学技能、教学经验和教研能力方面要有一定的梯队差别，以实现优势互补，共同发展，共同提高。青年教师的培养是教学团队人才队伍建设的重要任务。三是提出团队目标。提出作为团队成员共同愿景的团队建设目标是教学团队的"顶层设计"。要贯彻"质量工程"的理念，把提高所承担课程教学质量作为核心目标。四是形成沟通与合作机制。形成团队成员之间通过对话、讨论、集体备课、观摩教学等多种方式，在备课、课堂教学、教学评价、团队规划、教学资源共享等各层次进行沟通与合作的定型做法与团队规范，实现团队中知识、经验、教学资源的共享和增殖。五是倡导和培育团队精神。团队的基本特征是"实现集体绩效的目标、积极的协同配合、个体或者共同的责任、相互补充的技能，其核心是团队精神[①]。团队精神是团队成员为了团队的共同建设目标、共同利益而相互协作，为提高教学质量共同负起责任，它是优秀教学团队的灵魂与特质，是其成功的基础。教学团队的团队精神其内涵包括：（1）对团队建设目标与核心价值观的认同感。每个成员都理解、赞成与支持团队建设目标。（2）对实现团队目标的责任感。每个团队成员都要有为实现共同目标承担责任的责任意识，都要有自己应当为实现建设目标作贡献的贡献意识。（3）团队成员体认自己是团队的一员的强烈归属感。团队成员都能把个人目标和团队目标结合起来，对团队表现出一种忠诚，对团队的业绩表现出一种荣誉感，对团队的成功表现出一种骄傲，对团队的困境表现出一种忧虑，从而使团队充满凝聚

---

① 斯蒂芬·罗宾斯：《组织行为学》，中国人民大学出版社1997年，第270页。

力。（4）为实现"1+1>2"的教师整体素质与人才培养最优绩效认识到个人与其他成员合作的必要性、愿意合作并善于合作的合作意识。团队成员之间相互宽容，相互尊重，相互信任，相互帮助，相互关怀，共同发展，共同提高，利益和成就共享，困难与责任共担。

外部支持环境建设。教学团队是一种教学组织形式的创新，是建立现代大学制度的重要尝试，其发展与外部资源支持环境是分不开的。要建立与完善优秀教学团队建设的外部资源支持机制建设，既为其提供硬环境的、物质资源的支持，又为其提供软环境的、政策资源的支持。这种外部支持包括："一是资源支持，包括校院所提供的团队活动的地点、基本条件，教师的培训机会，以及适当的权力下放；二是评价机制与评价体系，即团队外部对整体进行评价的标准和方式；三是激励与约束，包括学校、院根据团队目标的实现程度和团队个人在目标实现中所作出的不同贡献而作出的对团队整体或成员的奖励或约束。"[①]

教学工作与教学建设。教学团队建设的最终目的是提高教学质量。团队内部建设与支持系统建设，其目的还是为了提高团队所承担的教学工作水平，并使其发挥示范作用。团队的教学工作与教学建设是教学团队建设的主体内容。（1）课程建设。课程建设是教学团队建设的首要任务，包括课程体系的构建、课程资源的开发、具体课程的建设。教学团队要紧密联系学校和系院的发展实际，结合各自专业特点，优化课程体系，扩大课程资源，协调不同课程之间的关系，并从提高团队所承担课程的教学质量入手，在教学大纲、教学内容、教学方法和手段、教材、主讲教师等方面下功夫，在争取国家精品课程、省级精品课程、校级精品课程、校级优质课程、双语课程与网络课程资源等方面加大建设力度。（2）教材建设。教材是课程的具体化，是教学内容体系的呈现方式，是为学生提供的范例性知识系统、教育信息和教学要求的载体，是进行教学的基本工具，是学科建设与课程建设成果的凝结与体现，是深化教育教学改革、保障和提高教学质量的重要基础。教材建设是优秀教学团队建设的重要任务之一，教学团队要结合专业自身发展的阶段和特色，积极承担校级精品教材、省级精品教材、国家级规划教材建设项目，鼓励

---

① 孙丽娜、贺立军：《高校基层教学组织改革与教学团队建设》，《河北学刊》2007 年第 5 期。

教师编写新教材，积极引进外文原版教材，使高质量教材、新教材、自编特色教材和原版教材不断充实到教学中。（3）教育教学改革立项项目建设。教育教学改革立项项目建设也是教学团队建设的重要任务，应予以高度重视。教学团队要开展人才培养模式、培养方案、教学制度、课程体系、教学内容和教学方法、考核方法、教学建设和教学评价等方面的学术研究，巩固、提高教育教学质量。高质量地完成学校教育教学改革研究项目，重点培育和争取省级、国家级教育教学改革项目。（4）教学手段现代化建设。优秀教学团队要在充分利用现代化教育资源、采用现代化教学手段、推进教学手段教学方法改革上走在前面。（5）实践教学基地建设。实践教学基地是本科生校内外实习和社会实践的重要场所。实践教学基地建设直接关系到本科教学实习质量，对培养本科生的实践能力、创新能力和创业能力有着积极的作用，是保证学校实现人才培养目标的重要的基础性条件。理工科的实验教学示范中心的建设本身是高等学校教学质量工程的重要项目。此外，还包括校内外各类实习、实训基地的建设等。

3. 教学团队的构建原则。团队管理理论提出了团队建设的原则，具体表述有些区别，如：有的归纳了确定团队规模、完善成员技能、分配角色、树立共同目标、明确领导与结构、建立绩效评估与激励体系和培养相互信任精神等7项原则；有的归纳了系统性、实事求是、循序渐进、做好榜样、允许员工犯错、优劣互补、和谐沟通、以人为本等8项原则[1]。这些归纳多来源于以企业团队为主的管理实践，对建设教学团队不一定适合和有针对性。由于教学团队作为高效基层教学组织的创新无论在实践与理论探讨上都还是处在开创阶段，对构建原则这类问题的探索也刚开始。不过，在教育行政部门的有关文件中涉及到了这一问题。如《北京市教育委员会关于优秀教学团队建设的原则意见》提出了以下原则：（1）教学与科研相结合的原则。优秀教学团队的建设应当与科研工作紧密结合，采取措施激励教学水平高、学术造诣高的优秀教师进入教学团队，利用他们在学术和教学中的优势，发挥传帮带作用，使学生接受不同风格的学术熏陶，培养学生的创新能力。（2）团队建设与课程建设、

---

① 陈一星：《团队建设研究》，中央编译出版社2007年，第62-64页。

专业建设相结合的原则。（3）突出创新能力培养的原则。树立具有时代特征的教育质量观，注重学生知识、能力、素质的协调发展，培养学生创新精神、实践能力、自学能力、交流能力、团队意识和社会适应能力。（4）注重师德建设的原则。团队教师应当具备高尚的师德风范，爱岗敬业，关爱学生，为人师表，教书育人。（5）资源整合的原则。鼓励跨学科、跨校建设优秀教学团队，开展多种模式的教学改革实践。（6）团队水平整体提升的原则。落实教学团队的教师培养和梯队建设工作，提升教学团队的整体教学与科研水平，并发挥示范和带头作用。

4. 教学团队建设的发展方向、实现途径。发展方向是建设学习型、创新型、和谐型与高绩效的团队。（1）要把教学团队建设成学习型团队。要在团队中营造一种合作学习的教学理论、教育技术与专业知识，共享课程知识、教学经验、教育信息和学习能力的文化机制和环境氛围，构造团体协作学习的交流平台，使其成为以相互学习、合作学习、团队学习为特征的、有浓厚学习风气的集体。（2）要把教学团队建设成和谐型团队。这种和谐关系既包括与外部如院系、学校教务部门、教育行政部门、其他团队之间的和谐，也包括团队内部团队领导与成员之间、不同团队成员之间的和谐。（3）要把教学团队建设成创新型团队。优秀教学团队不仅要成为传播知识的有效途径，而且要成为知识创新、科技创新与建立创新体系的重要环节，要成为既是教学团队又是创新团队的全面发展的群体，成为科研返哺教学的示范与典型。（4）要把教学团队建设成高绩效的团队。建立高绩效团队的策略是目标一致、有凝聚力、有责任感三大基石，"只有建立在三大基石——有目标，有凝聚力，有责任感——基础上的团队才能创造良好业绩"[①]。要使团队成员明确认知、认同团队的建设目标、教学目标，并通过增进团队成员彼此的理解增强凝聚力，使团队成员共同为所承担的教学任务、建设任务负责。与此同时，不能把团队建设等同于团队合作，要认识到团队建设中的竞争机制也非常重要。对竞争的控制基于内部目标管理，即将团队的工作目标细化为团队成员的工作目标，并进行集中控制。团队负责人要对团队成员的工作绩效进行公平的内部评价，赏优罚劣，甚至通过选拔淘汰机制使得最

---

① 马蒂·布龙斯坦：《团队管理》，机械工业出版社 2007 年，第 102 页。

终团队中的每一个成员都能与岗位和角色相适应，以创造更高的团队绩效。

实现途径。尼克·海伊斯总结过4种团队建设方法，即人际关系途径、角色界定途径、价值观途径与任务导向途径①。贝尔宾1981年提出角色法，认为成功的团队必须包括担任不同角色的人，并提出了一组 8个角色；有的学者提出团队建设的主要任务是在团队成员之间就共同价值观与某些原则达成共识；有的学者强调团队必须认清要完成的任务，然后在已有的团队知识基础上研究完成此项任务所需技能，并发展成具体的目标和工作程序，以保证任务的完成；有的学者强调在团队成员间形成较高程度的理解与尊重，来推动团队工作。教学团队的建设应根据不同情况采取不同途径，或综合采用各种途径。有专家指出，目前我国本科教学团队建设存在一些误区，如教研室直接"升格"为教学团队、"人多力量大"、"胡萝卜加大棒"、"团队即群体"等。本科教学团队建设的途径在于：组建一体化、制度化教学团队；建设以核心教师为灵魂的教学团队；提高教学团队的情商②。有的专家在探讨教学团队建设的实现路径时强调要树立和强调团队观念、倡导和培育团队精神、建立和完善资源供给和保障机制等。

教学团队建设还涉及团队类型、团队特征等问题，这里不一一展开讨论。

（二）中国近现代史教学团队的实践建构

鲁东大学中国近现代史教学团队是以历史与社会学院中国近现代史教研室为基础形成的，于2007年被批准为山东省省级教学团队。该团队的形成与建设过程为我们思考将团队管理理论运用于教学过程、思考教学团队建设的相关理论问题提供了从个案切入的视角与实证依据。同时，我们也深感教学团队建设作为高校基层教学组织的制度创新、实践创新，有待于教学团队建设理论的理论创新的支持，有待于在整合教学理论与团队理论基础上的新理论成果的引领。这里对该团队的现状与建设计划作些描述。

---

① 尼克·海伊斯：《成功的团队管理》，清华大学出版社2002年。
② 臧兴兵、娄星：《略论本科教学团队建设》，《国家教育行政学院学报》2007年第7期。

1. 团队现状。（1）团队目标。该团队的建设目标是通过创建教学团队，形成新的工作机制，进一步提高团队成员的整体素质、积极性、凝聚力和向心力，进一步促进所任课程的教学改革和课程建设并实现良好的教学效果，为提升教学水平和人才培养质量作出贡献，发挥省级教学团队的示范作用并朝建立国家级教学团队的目标不断努力。（2）团队负责人。由俞祖华、赵慧峰教授共同负责。俞祖华教授，1997年被评为省级学术骨干，2007年被评为山东省教学名师，是省级精品课程"中国现代史"的负责人、省级精品课程"中国近代史"的主要成员（第二位），是省重点学科专门史（文化史）负责人，是专门史硕士点负责人。他独立完成或以首位作者完成的成果获得省级教学与科研成果二等奖3项、三等奖4项。在《历史教学》、《教学与研究》等书刊发表教学研究论文近10篇。赵慧峰教授是山东省省级学术骨干，是省级精品课程"中国近代史"的课程负责人、省级精品课程"中国现代史"的主要成员（第二位）、中国近代现代史硕士点负责人。出版著作10余部，发表论文50多篇，获省级优秀社会科学研究成果二等奖1项、三等奖2项。（3）团队成员。团队共有11名成员，有全国优秀教师1人，山东省教学名师1人，省级学术骨干2人，有教授4人，副教授3人，有博士学位人员4人，在岗人员均具有博士、硕士学位。团队11名成员毕业于北京大学、北京师范大学、东北师范大学、南京大学、复旦大学、南开大学等高校，多具有名校受教育背景，11人均不同校，学缘结构佳。50岁以上1名，40～49岁5名，30～39岁5名。是一个学历、职称、年龄、学缘结构合理，合作精神优良的教学团队。（4）计划。负责中国近代史、中国现代史、中华人民共和国史等基础课与中国近现代社会史、中国近现代思想史、中国民主党派史、晚清政治史、北洋军阀史等选修课的教学任务，每门课程都有课程建设与教学计划。同时有团队整体建设计划。有专门史1个省级重点学科，专门史、中国近现代史、马克思主义发展史3个硕士点，可作为中国近现代史本科教学的支持和建设平台。（5）权限。接受省教育厅高教处、学校教务处和学院的指导、监督，努力争取外部支持环境。从我们这一团队的个案可看出，适用于企业团队的角色法，对教学团队不一定合适。"一般团队中都需要对团队成员进行角色认定和分配，这是基于团队的工作目标和工作需要，教学团队由于团队成员工作的同质性和技能的学术性，很难也没有必要对成员进行角色分配"①。

2．团队教学工作、教学建设。团队体现了以教学工作为主线，以提高人才培养质量为出发点，以支持专业建设为着眼点，以学科建设尤其是学科服务教学能力建设为引领，以教师梯队建设、课程建设、教材建设、教改项目建设为重点，改革与建设并重，教学团队建设与创新团队建设并行的建设思路。

团队重视教师梯队建设。团队带头人与主要成员学术水平与教学水平高。有全国优秀教师 1 名、省级教学名师 1 名、校优秀教师 1 名、校级教学能手 1 名，省级学术骨干 2 名。团队成员近年来共承担省社科规划项目 3 项、省教育科学规划项目 1 项，获得省级优秀教学成果二等奖 1 项、三等奖 1 项，获得中国图书奖 1 项，获得省级优秀社会科学成果二等奖 2 项、三等奖 6 项。

团队重视进行课程建设，"中国近代史"、"中国现代史"于 2005、2006 年被评为省级精品课程，"中国现代史"还被山东省推荐参加国家级精品课程评选，"中华人民共和国史"为校级优秀课程。重视网上课程资源建设。"中国近代史"、"中国现代史"申报国家级与省级精品课程的有关文件与教学资源已上网。

团队重视教材建设，主编出版了《中国通史教程·现代卷》（山东大学出版社 1999、2001、2004 年版）、《中国通史教程教学参考·现代卷》（山东大学出版社 2005 年版）、《中国现代政治思想史》（山东大学出版社 1999 年版）、《中国民主党派史》（江西人民出版社 1996 年版）等。《中国通史教程·现代卷》与由齐涛教授任总主编的其他 5 本中国通史、世界通史教程一起，获得过省级教学成果一等奖、国家级教学成果二等奖，该教材已被全国 150 多所高校采用。

团队重视进行教学研究与教改项目、教学成果建设，承担过省级教改与教学研究课题 3 项，校级教改课题 6 项，获得过省级教学成果二等奖 1 项、三等奖 1 项，校教学成果一等奖 1 项、三等奖 4 项。理论成果《让"死学"变成浇灌两个文明之花的活水——历史教学改革探索》（《中国大学教学》2004 年第 6 期）、《高中历史研究性学习问题综述》（《历

① 孙丽娜、贺立军：《高校基层教学组织改革与教学团队建设》，《河北学刊》2007 年第 5 期。

史教学》2004 年第 5 期)、《基础教育实施课程标准对高师历史教学的挑战》(《烟台师范学院学报》2004 年第 1 期)、《基础教育课程改革对"历史教学论"的影响》(《烟台师范学院学报》2004 年第 3 期)、《中学历史课程标准研究述评》(《济南教育学院学报》2004 年第 2 期)、《以新课程与研究性学习理念推进历史教改》(载《以评估促发展全力推进综合大学建设》)、《转变育人观念，加强就业与创业能力的培养》(载《以评估促发展全力推进综合大学建设》)等文，在国内外公开发行的刊物上发表，有的发表在"中文社会科学引文索引来源期刊"与"中文核心期刊"上，有着较好、较大的影响。团队创新性改革措施主要有：(1) 重视教学模式的改革。倡导"通过读书从书本获取知识，通过网络从电子媒体获取知识，通过实践从社会获取知识"的三个途径，并为此建立了电子阅览室，创办了学生期刊《读史辑刊》。(2)重视教材改革。《中国通史教程·现代卷》"重在体现研究性学习与能力培养的主旨，试图做到给教师留下发挥的空间，给学生留下思考的空间"，并建立了定期更新机制以及时反映学术界最新进展，该教材已修订过三次，已成为全国有较大影响的教材。(3) 倡导研究性学习。本科阶段形成"史料阅读→撰写研究动态→3 年级学年小论文→4 年级毕业论文"的"四步式研究性学习法"。《历史研究性学习：基础教育新课程与高师历史教学改革》于 2005 年获省优秀教学成果二等奖。

专业建设。中国近现代史教学团队带头人同时为我校历史专业专业负责人，注意发挥这一教学团队在历史专业建设中的引领与示范作用。团队在教学成果、科研成果等方面在历史专业中都有很大份额。我校历史专业有较强的办学实力与潜力，正在为建设校级品牌或特色专业而努力，有专门史、中国近现代史、中国历史文献学、世界史、历史教学论与马克思主义发展史等 6 个硕士点，1 个省级重点学科，被列入了中国大学排行榜历史学 50 强。

科研服务教学能力建设。科研对教学的促进作用主要体现为：(1) 促进办学条件的改善。学科建设投入的电子阅览室对全体学生开放、资料室对高年级学生开放，为学生计算机能力的培养、论文写作等提供了有利条件。(2) 促进教师不断更新教学内容。团队负责人在对中国近现代史进行深入研究的基础上主编了《中国通史教程·现代卷》、《中国现代政治思想史》两部教材,《中国通史教程·现代卷》成为全国有影响的教材,《中国现代政治思想史》也已被全国多所高校采用,并被多所高校作为考研指定参考书。两位团队负责人在中华民族精神领域的研究取得了在全国有较大影响的成果,他们合作的《中华民族精神论》、《中华民族精神新论》曾获得过中国图书奖、省社会科学优秀成果二等奖,他们在对民族精神的科学研究的基础上,开设了全校性的公共选修课和历史专业、人文教育专业的专业选修课"中华民族精神概论",受到了学生的欢迎与好评,他们正在编写一部关于中华民族精神方面的教材争取近期由高等教育出版社推出。(3)促进学生的研究性学习。有的学生参与了教师主持的研究课题,直接受到了创新性能力的培养,如团队获省二等奖的教学成果有历史专业本科毕业的刘虹参加(第 5 位),他们主编的《中国现代政治思想史》有历史专业本科毕业的李慧敏等同学参加,他们主编的《文化名人与胶东》有历史专业本科毕业的王丽等同学参加。

3. 团队今后建设计划。今后团队建设的指导思想是:以提高人才培养质量为着眼点,以引进与培养高水平的教师为基础,以建设全国有影响的高水平教学团队为目标,继续重视课程建设、教材建设与教学资源建设,继续发挥科研对教学的支持作用,继续重视标志性教学成果的培养与转化,不断深化教学改革,不断培育团队的优势与特色,不断提升团队的教学与学术水平。(1)师资建设。引进与培养相结合,大力加强教师队伍的建设。引进的重点是争取进 1 名高水平的、具有博士学位与正高职称的高层次人才,作为中华人民共和国史的课程负责人,为该课程的精品课建设奠定基础。同时要提高现有人员的学术水平与教学水平,争取使团队带头人尽快达到"省突出贡献专家"层次,争取新增 1 名省级教学名师。加强对青年教师的教学技能培养,使他们尽快提高教学基本功。还要争取与我校马列教学部讲授"中国近代史纲要"的教师实现教学资源的整合。(2)课程建设方面。尽快将中华人民共和国史建设成校级精品课程,并努力将其建设成省级精品课程;加大力度,争取将现为省级精品课程的"中国现代史"建设成国家级精品课程;近期内将不少于 2 门中国近现代史方面的选修课程建成校级优质课程。(3)教材建设方面。按照省教育厅领导的统一部署,修订《中国通史教程·现代卷》,使教材体例更加完善,使其能反映学术界最新成果;2008 年内,按照出版社的要求，修订再版《中国现代政治思想史》；在《中华民族精神论》、《中华民族精神新论》的基础上，编写适合本科教学的《中华民族精神概论》，争取 2008 年内由高等教育出版社出版。（4）教学资源建设。加强中国近现代史教学资料建设，购置、尽量配齐重要的教学参考用书。完善相关课程多媒体课件的制作。按照国家级精品课的要求，完成中国近代史、中国现代史的课程网上资源建设，按省级精品课程的要求完成中华人民共和国史的课程网上资源建设。（5）标志性教学成果建设。要把教学成果的培育与不断深化教学改革有机结合起来，与不断提升课程建设水平有机结合起来，与编写与修订教材有机结合起来，使教学成果实实在在地贯穿于教学过程。力争获得省二等以上的标志性教学成果。（6）科研转换教学能力建设。不断提高团队的学术水平，提高团队科研转换教学的意识与能力，是建设高水平的教学团队的重要保证。要把团队同时建设成科研创新团队，建设好校级 A 类创新团队，以科研促教学。要把重点学科建设、硕士点建设更好地与本科教学团队建设结合起来，发挥这些平台对优秀教学人才的吸引作用，对不断改善办学条件的支持作用，对不断更新教学内容的先导作用，对促进学生进行研究性学习的示范作用。

（摘自：《鲁东大学学报》，2008 年第 25 卷第 2 期）

高师历史教学论课程改革初探

胡瑞琴

"历史教学论"是高师院校历史教育专业研究中学历史教学问题的一门具有专业特点的应用性理论学科。随着基础教育课程改革的发展，创造反映课堂实质、能够指导课堂教学改革实践的学科教学理论，并使师范生认识新课程，实验新课程已凸显为历史教学论研究的重要课题。

"历史教学论"是高师院校历史教育专业研究中学历史教学问题的一门具有专业特点的应用性理论学科，具有师范性、边缘性和综合性等显著特点。2001 年 6 月，国家教育部制定了《基础教育课程改革纲要》(试行)，《纲要》中明确指出："师范院校和其他承担基础教育师资培养和培训任务的高等学校和培训机构应根据基础教育课程改革的目标和内容，调整培养目标、专业设置、课程结构，改革教学方法。"这对高师教育的发展必须适应基础教育课程改革是一个相当具体的要求。因此，实现师范专业与基础教育课程改革的迅速接轨，保证及时地为中小学输送合格的历史教师，已成为高师历史学科面临的一个巨大挑战。正如有些专家所指出的，本次课程改革是全方位的，肯定要推动高等师范院校的教学改革。历史教学论课程改革就在这种情况下开始启动。

（一）历史教学论课程改革的指导思想：为中学历史教学提供具有理论水准和实践能力均衡发展的合格教师

历史教学论的课程改革是以《纲要》为指导，全面贯彻《全日制义务教育历史课程标准》和《全日制普通高中历史课程标准》，牢固树立以"学生发展为本"的现代教育理念，以培养师范学生教育创新意识和教学实践能力为核心。历史教学论改革体现的基本特点是：基础性、时代性和实践性。所谓基础性是针对每个师范生终身发展必备的教学论基础知识与基本教学技能而言。时代性是根据基础教育课程改革和人才市场对未来中学历史教师的要求，课程内容要与时俱进。实践性则是强化教学论的学科特点，拓展师范生教学技能的训练，把教学理论知识与学生的实际能力培养紧密结合。总体培养目标就是为中学历史教学提供具有教学理论知识和实践能力均衡发展的合格教师。

（二）历史教学论课程改革的重点：理论知识结构的整合与创新

由于基础教育课程改革不只是实践改革，它同时还需要创造出反映课堂实质、能够指导课堂教学改革实践的理论体系。因此，历史教学论课程改革首先要明确基础教育课程的基本理念、基本思路、课程标准、课程体系，注重实践基础上的理论创新，以适应基础教育课程改革。

（三）完善历史教学理论的关键：强化理论与实践相结合

众所周知，在师范院校历史教育专业的课程设置和教学计划中，历史教学论的课堂教学时数都是有限的。如何做到对师范生的教学法理论和教学实际在有限的时间内相结合，并验证新的教学理论体系是否符合学生学习的心理、满足学生学习的要求，我们做了一些具体的尝试：

（1）基础性课程与技能性课程、实践性课程实现"一体化"。

在课程设置中，"历史教学论"是属于基础理论课，"微格教学"、"中学历史教材分析"作为技能训练课，"专业实习"、"教育实习"则是属于实践性课程。从课时上来说，"历史教学论"的理论时数是相当有限的，实现这三类课程的一体化，就是把"微格教学"、"教材分析"两门技能课程与"专业实习"、"教育实习"实践课程作为"历史教学论"的延伸和继续。教学论教师也是"微格教学"、"中学历史教材分析"、"专业实习"、"教育实习"等课程的主讲教师或指导教师。这种课程调控一是保证学生从时间上弥补历史教学论学习的不足，教师不再感到教学时间不够用；二是从教学实践上，可以作为"历史教学论"的实践补充，保持理论教学与实践活动的连续性，保证对学生进行中学教材分析、备课、试讲、板书等基本技能的训练，还不影响学生其他课程的学习。

（2）"历史教学论"与"中学历史教材分析"两门课程的"合作教学"。

"历史教学论"作为高师院校的一门专业必修课程，它不是分析讲解历史知识本身，而是阐明如何有效地传授历史知识和能力。换言之，教学论的重心，不是具体研究某一历史事件和史学问题，而在于以现代教育理论、心理学原理为指导，阐述并讲清它在历史教学实践中如何运用，完成历史课堂教学目标。但不可否认的是，历史教学论又离不开具体的历史知识。因此，为了更好地对教学理论进行实验，我们把中学历史教材分析与历史教学论两门课程特意安排在同一级部的同一学期开课，也就是部分地实现教学理论知识与中学教材分析的同步进行。比如，新课程改革中提倡的研究性学习，作为中学历史教学的一个重要方式，如何体现在历史教学论中，使学生较早地掌握这种新型教学方式的具体操作过程和实施步骤。我们在教学实践中进行了专门的训练。具体做法：第一步，教师利用理论课的时间讲解研究性学习的特点、实施步骤、操作过程、具体的实施方案。第二步，在教材分析课上，由教师与学生共同确定学生讨论的课题名称。研究课题必须来源于中学历史教材。第三步，学生根据指定的课题开始查找资料、筛选资料，并完成讨论文稿或者读书报告。这个过程在课后完成。第四步，在教材分析课上对研究课题进行讨论。这种讨论形式可以在各班级采取个人独立型的，也可以采取班级小组型的，也可以是整个级部学生的讲演形式的。这主要依据课题内容、教师的具体目标、对学生的操作要求等各方面的情况综合而定。第五步，由学生作出总的评价和总结。最后，由教师对整个过程作出评析。我们还通过类似的教学方式对中学历史教学中提出的"合作学习"、"探究学习"、"自主学习"等新课型进行了试验。这种合作授课的主要特点就是学生始终是课题研究的主人，他们既是研究课题的设计者，又是课题的研究者，还是课题的验收者。更为重要的是，整个教学中的理论知识，比如，教学过程、教学方法、学习方式、情感态度与价值观的培养等都能在教材分析课上得到及时演练，真正是活学活用。

　　（3）"历史教学论"与其他辅助课程的资源共享与利用。

　　在师范专业的课程设置和教学计划中，"语言文字训练"、"计算机技术基础"、"现代教育技术"等公共基础课程，在一、二年级基本完成。在三年级时有一些"演讲与口才"等校级选修课程。这些课程为培养学生的语言能力、书写能力、计算机的操作能力、课件的制作能力等中学教学需要的基本技能打下了坚实的基础。教师可以充分利用这些公共基础课程作为"历史教学论"的辅助课程。比如，教师要求学生在课堂上回答问题、讨论问题必须使用普通话；要求学生利用课前、课间休息时间练习板书，主要是粉笔字的训练等。"计算机技术基础"、"现代教育技术"等公共课程的开设，为学生制作一个普通、简洁的课件提供了良好的基础。因此，在"微格教学"上，教师要求每一位学生至少完成一个教学课件，等等，这样使各种校级课程资源的利用、整合达到最优化、最大化。

教育实习是"历史教学论"的一块非常重要的"试验田"。限于篇幅，在此不赘述。

（四）结语

"历史教学论"在师范院校中的地位可以说是相当边缘化的。虽然它是一门专业课程，又是师范生走向工作岗位前必须掌握的一些基本理论基础知识、基本技能、技巧以及教育理念和教育思想。但是实际上学科教学论在高师教学中并没有得到应有的重视。因此，在课程改革实施之初，遇到很大的困难和挑战，比如，课程设置是否可以调整、课程是否可以合作、系级校级有关部门是否支持，等等。总体上说，经过我们不懈的努力，历史教学论课程改革还是取得了初步的成效：

（1）建立了合理的课程设置体系。上文提到的与"历史教学论"相关的课程设置体系基本建立，还增开了"高中研究性学习专题讲座"课程，并把中学教材选修课的 6 个模块也列入教学计划中。

（2）历史教学论理论体系的建设逐渐完善。教学理论基础知识经过多次的内容整合、主动建构、及时补充新的教学理念和教学动态等，已形成了一个教学内容完整、教学形式多样、教学效果显著的系统性课程。

（3）拉近了师生之间的关系。这种合作教学最有意义的在于教师与学生之间、学生与学生之间建立起亲密友好的关系，互相帮助，互相支持，互相关心，互相认同。

（4）最重要的是学生在课程改革中的收益。历史教学论灵活多样、丰富多彩的教学形式，既有理论知识的丰富，也有实践活动的生动，学生在教师的引导下成为课堂真正的主人，淋漓尽致地挥洒着他们的激情才能、创新火花、心灵感动。

总之，历史教学论就是要重视发展学生的个性，培养学生的探索精神、创新意识、教学能力。目前，我们的课程改革也只是一点初步尝试，还有许多问题尚待进一步研究、完善和解决。

（摘自：《中国成人教育》，2007 年第 11 期）

基础教育课程改革对"历史教学论"的影响

胡瑞琴

历史教学论是高师院校历史专业研究中学历史教学问题的一门具有专业特点的应用性理论学科。随着我国基础教育课程改革的全面展开，历史课程用课程标准取代了教学大纲，课程目标代替了教学目标，课程结构也进行了重新编排。这一系列变革都将对历史教学理论研究产生重大和深远的影响。

"基础教育课程改革事关中华民族的未来。"目前，基础教育历史课程改革提出了新理念、新目标、新体系，对历史教学论理论研究具有重大和深远的影响。由于基础教育课程改革不只是实践改革，同时还需要创造出反映课堂实质、能够指导课堂教学改革实践的新理论。因此，历史教学论理论必须明确基础教育课程的基本理念、基本思路、课程标准、课程体系，注重实践基础上的理论创新，以适应基础教育课程改革。

中学历史课程包括义务教育（7～9 年级）和普通高中两个学习阶段。下面以《全日制义务教育历史课程标准（实验稿）》（以下简称《历史课程标准》）和《九年义务教育全日制初级中学历史教学大纲》（以下简称《历史教学大纲》）为依据，对历史课程改革中出现的一些新问题及对高师"历史教学论"课程可能造成的影响进行探讨。

1. 历史教学论要研究如何使师范生接受新课程理念，研究新课程改革中涉及的新概念。

基础教育课程改革又称为新课程改革。之所以称为"新课程"，是因为本次改革理念新、标准新、目标新、结构新、内容新、评价新。

新课程是与现行的课程相比较而言的。新课程和旧课程最本质的不同是理念不同。旧课程观认为：（1）课程是知识，教师是知识传授者，是中心，学生是知识的接受者。（2）课程是教材，教材是知识的载体，是中心。（3）课程和教学是相互分离的，教师只有教材意识，只知道教材、教参、教学大纲、教学计划。而新课程认为：（1）课程不仅是知识，同时也是经验，是活动。课程不仅是文本课程（教学计划、教学大纲、教科书），更是体验课程（师生共同体验、共同思考的过程）。（2）课程是教材、教师、学生、教学环境共同构成的一个完整生动的体系。这些理念使"本次基础教育课程是一次前所未有的深刻变革"。而新课程理念的核心是以学生为出发点，面向全体学生。面向全体学生有三个层次的含义：一是课程要着眼于学生的发展；二是面向每一位学生；三是关注学生全面、和谐的发展。

基础教育课程改革最突出的是以"课程标准"取代了"教学大纲"。《基础教育课程改革纲要（试行）》指出："国家课程标准是教材编写、教学、评估和考试命题的依据，是国家管理和评价课程的基础。应体现国家对不同学段的学生在知识和技能、过程和方法、情感态度和价值观等方面的基本要求，规定各门课程的性质、目标、内容框架，提出教学和评价建议。"与《历史教学大纲》相比，《历史课程标准》有许多创新。从结构上看，历史教学大纲由六方面组成：导言、教学目的、教学时间安排，教学中应注意的问题、教学内容、教学评估。而历史课程标准由四个部分组成：前言（课程性质、基本理念、设计思路），课程目标，内容标准，实施建议（教材编写建议、教学建议、评价建议、课程资源的开发和利用建议）。从内容上看，（1）课程目标和教学目标不同。教学目标是"知识、能力、思想政治教育"三项目标。新课程目标则是"知识与能力、过程与方法、情感态度与价值观"三项目标。新课程标准增加了"过程与方法"，其他两项目标的内涵也比原教学目标更深刻、更广泛。（2）教材内容结构不同。现行中学历史教科书以通史体裁为主，有较完整的学科体系。新教材体系则采用"板块+主题"（初中）或"模块+专题"（高中）的形式。避免成人化、专业化倾向。（3）提出教学方式和学习方式。（4）内容标准、课程资源、研究性学习属于新概念。

历史教学论以研究中学历史教学全过程为主要内容。历史教学论研究的基本内容主要分为三部分：一是研究历史教学论理论，主要以教育学、心理学等教育理论为指导，结合中学历史教学实际研究教学目标、教学原则、教学过程等；二是研究历史教材，主要研究中学历史教材以及相关学科；三是研究历史教学方法，由于不同的教学内容要用不同的教学方法，所以教学方法的研究是历史教学论的一个重要组成部分。从以上分析可看出，历史教学论基本上是以教学大纲和教科书为中心内容研究教师的教学过程和方法。与教师的教学过程和方法研究相比，学生的学习过程和方法研究就显得非常薄弱。此次基础教育历史课程改革体现了新课程观，以学生发展为核心，用历史课程标准代替了历史教学大纲，教材的结构也进行了调整，历史课程标准和新教材也就成为历史教学论理论来源的主要依据。课程标准和新教材的变革，迫切要求高师院校历史教学理论研究新课程、新课标准及其他新的概念，用全新的理论、全新的概念、全新的内容对中学历史教育过程的各个阶段进行研究、对新教材进行研究、对教师的教学方法和学生的学习方法进行研究，使师范生了解新课程、理解新课标、掌握新课程的理念和实施方法，为基础的教育改革和发展提供良好的师资。

2. 历史教学论要关注从教学目标到课程目标的转换，尤其是对新课程目标中"过程与方法"这一新的内容作出理论探折。

《历史课程标准》的课程目标与《历史教学大纲》的教学目标相比，至少有三个方面的突破：一是突破教学大纲中教学目标"知识、能力、思想政治教育"的局限，形成"知识与能力、过程与方法、情感态度与价值观"三个层面。不仅提出具体的知识目标、能力目标和思想情感教育，而且把学习历史的"过程与方法"作为课程目标提出来，注重学生学习方式的转变。二是突破思想情感教育中单纯注重政治教育的层面，注重人文素质和科学精神的培养，把历史教育功能和社会教育功能与人的发展功能结合起来。三是突破以往较笼统的规定，表现为目标明确而具体，具有可操作性。新的课程目标从横向上把课程目标分解为知识与技能、过程与方法、情感态度与价值观，而且从纵向上明确规定了初中、高中历史课程的总体目标和各部分内容的具体目标。学生不仅明了自己所学的历史内容，而且知晓对这些内容应达到的掌握程度。

历史教学大纲在课程目标中没有提出"过程和方法"这一内容，历史教学论对过程和方法也没有专门论述。

课程标准强调历史学习的过程和方法,即不仅关注历史学习的结果,更关注这种结果是如何获得的。"过程"在历史教学理论表述中称为教学过程。众所周知,教学过程是师生双向活动的过程,其中既包含教师教的过程又包含学生学的过程。从教师角度看,教学过程即为达到教学目的获得所需结论而经历的活动程序;从学生角度看,学习过程表现为一系列质疑、判断、比较、选择以及分析、综合多样化的思维过程和认知方式,即对知识的理解过程。学生的学习应注重"探究式学习",勇于从不同角度提出问题,并乐于与他人合作、共同探讨问题。也就是说学生的学习不是被动地盲目地接收一个现成的结论,而是主动地参与一个思维活动,进入实践和创新的过程。这个过程应该是师生交往、积极互动、共同发展的一个统一的过程。这种"交往、互动、共同发展"不能简单地理解为一种教师提问,学生回答的单纯的行为参与方式,同时还应该是一种学生积极的情感体验和深层次的认知参与方式。这个过程对于学生来说一方面是疑问、困难、矛盾的过程,另一方面又是展示聪明才智、形成独特个性和创新成果的过程。师生在学习过程中注意的中心不再是教学内容,而是心与心在沟通和交流。前苏联教育家苏霍姆林斯基说:"哪个学校里各科教师的教学,好像汇成了一种各自都在争取学生的思想和心灵的竞赛,那么这个学校的智力生活就会显得生机勃勃。每一个教师都在尽量唤起学生对自己所教学科的兴趣,使他们入迷地酷爱这门学科。"①由此可见,课程目标中提出"过程和方法"是有重要意义的。历史教学论应对此进行较深入的探析。

　　对于其他两项课程目标,从历史教学理论看,以往的课程目标过于强调把基础知识和基本技能作为一项学生发展的重要指标。但是,新课程要求以"授之以渔"的教育基本原则取代"授之以鱼"。新课程将基本知识和基本技能界定为适应终身学习和终身发展的基础知识,基本技能和方法,即避免专业化和成人化模式的基础知识和基本技能教育。教学论应对不同类型(如年级不同、年龄不同、心理特点不同、家庭环境不同等)的学生获取历史知识的技能和方法提供多种途径和方法,以有利于中学生的全面发展。对于"情感态度和价值观"这一目标,它突出了

---

① 瓦·阿·苏霍姆林斯基:《给教师的建议》(上),教育科学出版社 1980 年版,第 59 页。

"以人为本"的原则。历史教学论应在这一环节增加新内容，如：审美教育，以形成健全的人格和健康的审美情趣；挫折教育，以增强承受挫折、适应生存的能力；创新教育，确立求真、求实和创新的态度；法制教育，使学生了解历史上专制与民主、人治与法制的演变过程。以人为本、善待生命的教育目标，体现了历史教育的功能作用。

3.历史教学论要适应从以学科为本位的通史体的教学内容体系到以课程为本位、学习主题呈现式的新课程结构的转变。

《历史课程标准》中创建的课程结构与《历史教学大纲》中的教学内容和现行的教科书相比，有显著不同。而且初中、高中历史课程结构体例也有差别。

（1）初中《历史教学大纲》规定的教学内容分为三个板块：中国古代史、中国近现代史、世界史。每个板块由内容概述和内容要点两部分组成，基本按历史发展的时序选择较为系统的教学内容，内容要点只罗列知识点，对知识点的掌握程度没有做出规定。《历史课程标准》根据课程总体目标，规定了学生应达到的具体目标。内容标准为中国古代史、中国近代史、中国现代史、世界古代史、世界近代史、世界现代史六个学习板块。每个板块又分为若干学习主题。按学习主题呈现人类文明动态演进的知识主体，一是表现历史学科特点，关注历史的时序性与学习内容的内在联系；二是表现基础教育特点，主题的确定有助于学生素质的培养；三是表现适合学习特点，考虑初中生的认知水平和接受能力。学习板块和学习主题的确定，基本构建了新的初中历史课程体系。"初中义务教育历史课程带有原教性质，即它是一个人人生道路上第一次受到的较为系统的有关民族和国家历史的正规教育。"因而新体系下的课程内容要求历史主线清晰，学习主题明确，且能真正完成课程所提出的总目标。

（2）高中《普通高中历史课程标准（实验）》于 2003 年 4 月正式颁布。这是新一轮基础教育课程改革的新成果。《高中历史课程标准》改变了过于强调学科本位的现状，以"模块"加"专题"的形式，构建了重基础、多样化、有层次的课程结构，其重大变革突出表现在以下三个方面：第一，设置学习模块。《高中历史课程标准》设置了 9 个学习模块即历史（Ⅰ）、历史（Ⅱ）、历史（Ⅲ）3 个必修模块和"历史上重大改革回眸"等 6 个选修模块。第二，确定专题型的教学体系。专题型的课程结构是对历史知识体系进行重新整合，突破了以往历史课程内容的通史体编排体系，以专题的形式构建了高中历史教学的新体系。这种新体系符合课程改革的新理念：既注意与初中衔接，又避免简单的重复，与大学历史教材又有一定区别。每一"模块"都由若干学习专题组成，各专题具有时序性、整体性、多样性特点。第三，调整必修课和选修课。现行的高中历史课程结构中，已分设必修课和选修课。如规定中国近现代史为必修课，中国古代史和世界近现代史为选修课。新的高中历史课程体系与现行课程结构的必修课和选修课设置相比，就其结构而言，有本质之别。新课程不以某一段历史内容划为必修或选修，而是重新规定了必修课和选修课的内容。新课程必修课有 3 个学习模块 25 个学习专题，分别反映了人类社会政治、经济、思想文化、科学技术等领域发展过程的重要内容。新课程选修课共分 6 个学习模块。其设置目的，旨在激发学生学习兴趣，培养学生人文精神，促进学生个性发展。

新课程以主题方式为基础构建中学历史课程体系，彻底打破了以往从初中、高中乃至大学，都一贯要建立在严密学科体系基础上的思想观念。现行的历史教学论的教学原则和教学内容是以教学大纲和教科书所规定的通史体结构和内容为主要依托编写的，教学内容对必修课论述较多，而对选修课或活动课的研究较为忽视。面对新课程、新编排，教学论对中学历史教学过程的研究要重视三个方面的内容：（1）增加对选修课和活动课等实践性的综合课程的理论和实际操作步骤的研究。以往的教学理论缺乏对选修课和活动课的研究，中学历史课程增加 6 个模块的选修课程，设计了很多研究性问题。如何进行研究性学习，开发和利用课程资源，是历史教学论研究的一个重要课题。（2）重视专题型的历史知识结构的研究。以往的历史教学论较注重历史知识的结构完整性和系统性，注重历史概念的形成和发展。新课程旨在避免太过专业化和成人化，减少艰深晦涩的叙述和过于抽象复杂的概念，尤其是历史理论概念。教学论需要对教学内容作较大幅度的调整，才能适应新课程的需要。（3）重视多种国家版本教材的比较分析和地方、学校课程的综合研究。以往的教学理论较注重国家出版的教材，新课改中对于教材实行"一纲多本"。目前，由国家教育部批准的义务教育教材就有：人教版、北师大版、华东版、川教版等多个版本，各个版本均有创新和特色。教学论应对各种版本多比较、多综合，提出适应基础教育课程改革的教学原则和教学内容；同时，新课程设置国家、地方、学校三级课程，以供学生的选择和学习，开拓视野，了解社会、了解现实。教学理论应对以上内容给予综合分析和说明。

4. 历史教学论要认真研究课程标准之"内容标准"所提出的目标与建议，认真研究根据课程标准编写的已出或即将出版的新教材，探索新型教学模式。

"内容标准"是历史课程标准的主干部分，主要由两部分构成：内容标准和教学活动建议。"内容标准"概括了每个学习主题的学习内容和学习目标，主要提出了"知识和能力"目标，对有关知识及其一定能力层次的教学目标，做出了相对具体的要求和规定。课程标准对历史知识和能力的学习分为三个层次要求：（1）凡在内容标准陈述中使用"列举"、"知道"、"了解"、"讲出"、"讲述"、"复述"等行为动词的，为识记层次要求。这类内容占总内容的 70%。（2）凡在内容标准的陈述中使用"概述"、"理解"、"说明"、"阐明"等行为动词，为理解层次要求。这类内容占总内容的 20%。（3）凡在内容标准的陈述中使用"分析"、"评价"、"比较"、"探讨"、"讨论"等行为动词的，为运用层次要求。这类内容占总内容的 10%。"教学活动建议"是为完成教学目标而提出的，重在"过程和方法"、"情感态度和价值观"方面。

历史课程标准的"内容标准"与历史教学大纲的"教学内容"相比，其突出表现在：（1）学习主题明确，学生不仅知道要学什么，而且明白学会什么；（2）具体内容标准的提出，有利于教学评价，有利于教师教学方式的转变；（3）可操作的教学活动建议，有利于学生学习方式的转变；（4）展现了具体的历史教育的社会功能，升华了对学生情感态度与价值观的培养目标。

对于历史课程的内容标准，历史教学论的研究应主要突出两点：（1）认真研究课程标准之"内容标准"所提出的目标与建议。具体目标一方面是知识目标，一方面是能力目标。而且对知识和能力目标又进行了层次划分。这就需要教学理论针对不同的知识和能力的层次进行分析说明，提出一些实际案例。（2）认真研究根据课程标准编写的已出或即将出版的新教材，探索新型教学模式。新教材对知识的表述有很大的变化。对历史的评价，也不再像过去一样，给予肯定的或否定的结论，而是把历史知识放在一个大环境中，由师生从不同角度去理解、去探讨，而且可以得出不同的结论。新教材使教师可以按照自己的理解与学生对话，学生可以根据自己的知识去自主建构。新教材还注重与时俱进，对历史做出新的解释。因此，根据新教材的结构、内容和目标探索新型的教学模式是历史教学论的又一重要课题。

5.历史教学论应关注和探索历史新课程改革中转变教师的教学方式与学生的学习方式问题。

"实施以培养创新精神和实践能力为重点的素质教育，关键是转变教师的教学方式和学生的学习方式。"这一点已成为大家的共识，并明确地体现在各学科课程标准中。教学方式、学习方式已成为本次课程改革的两个"核心词"。《历史课程标准》指出：历史课程改革应有利于教师的教学方式，历史课程改革应有利于学生的学习方式。这就清楚地表明：学生的学习方式转变和教师的教学方式转变是本次课改的中心任务。现阶段我国中学历史课程的教学方式和学习方式的主要特征是：（1）教师向学生单向传输信息；（2）教师在教学中拥有绝对权力，学生被动学习；（3）教师课上讲"重点"、"难点"、"考点"，学生课上划"重点"、"难点"、"考点"，使生动丰富、有血有肉的历史只剩下了干巴巴的几条筋；（4）教师和学生缺乏交流、互动，学生和学生缺乏探讨、研究问题等学习环节。总之，现阶段我国绝大多数中学生是以被动接受、死记硬背为基本特点的学习方式。这种学习方式：（1）磨灭了学生学习历史的兴趣；（2）影响了学习的质量；（3）限制了学生的思维发展；（4）这种单一的学习方式养成了学生死抠教条的思维习惯，影响其个性发展和思维方式。新课程理念要改变历史教学的这种现状。客观上看，影响和制约学生历史学习方式的主要因素是历史教师的教学方式和历史学习的评价体系。历史教师以"灌注"的形式进行教学，以闭卷考试为唯一手段，以分数为唯一标准进行历史学习评价，那么，学生必定采用被动接受、死记硬背的学习方式。而要达到转变学生学习方式的目标，一方面历史教师必须首先转变自己的教学方式。也就是说历史教学必须由单项知识传授变为知识多元交流，即从以教师为中心转向以学生为中心，真正落实学生的主体地位。课程标准列举了许多教学形式：课堂讨论、撰写论文、模仿制作、走访调查、参观访问等等，教师要充分开发和利用各种课程资源。在这个过程中，教师要注意学生学习历史知识的过程和方法，使学生学会学习；鼓励学生通过思考和交流合作学习历史，培养学生掌握自主、探索、发现等"研究性学习"的学习方式；树立平等民主观念，建立民主型的师生关系。另一方面建立科学的历史教学评价机制。新课程提出历史教学评价应以学生为中心，同时也要对教师的教学进行评价，还要对影响历史教学的各因素进行评价。评价不但注重结果，也要注重过程；不但注重学生现实的状态，也要注重学生发展的可能。

历史教学理论对"教学方法"有较明确的定义，而对"教学方式"和"学习方式"这两个词没有提出明确的概念。方法和方式虽只一字之差，但二者根本不同。"方式是方法的细节"①，方法包括方式，方式的总和构成方法。从这个意义上说，教学方法是由教学方式构成的，学习方法是由学习方式构成的。教师的教学风格和学生掌握知识的特征，主要是通过各种教学或学习方式而不是方法体现出来的。历史教学论应在原有理论的基础上，提出适合教师教和学生学的教学方式和学习方式。在教学评价方面，历史教学论应注重评价方式的研究，设计多种形式，如：观察记录、调查、访问、讨论、测验、考试、评议、档案、自我评价、家长评价等；对考试的方法、方式也要提出多种方式，丰富评价方法和手段，以有利于教师改变呆板、枯燥的教学方式，有利于改变学生单一、被动的学习方式。

综上所述，基础教育课程改革的各个环节：课程标准的研制、课程目标的设定、内容标准的制订、课程结构的调整、教学评价的建立等一系列改革，都是以有利于教师的教学方式转变和学生的学习方式转变为出发点的，目的是重视学生的个性，培养学生的才能和创造性。今后的历史教学理论的核心问题，是研究如何把受教育者置于教学的中心点，借助于历史学习使社会所需人才合理地发展成合格的社会公民。历史教学理论还应关注历史教师在教学中的情感价值及教学发展。历史教学论教学应把这些基本精神和理念创造性地落实到今后的教育教学实践中去。

（摘自：《烟台师范学院学报》，2004 年第 3 期）

---

① [苏]巴拉诺夫：《教育学》，人民教育出版社 1979 年版，第 168 页。

"历史教学论"概念的演进历程

胡瑞琴

历史教学论是在 20 世纪兴起的一门新兴的学科。在它的发展历程中，已经过了历史教授法、历史教学法、历史教育学三个阶段。21 世纪伊始，新课程改革给历史教育带来的新构思、新思维、新理念，使我国的中学历史教育的研究开始进入一个崭新的发展阶段——历史课程与教学论。

中国是一个有着悠久史学传统的国家，孔子编纂的《春秋》开创了王朝历史的先河，以此培养治国平天下的人才。《论语》一书则是孔子一生从事教育和社会活动的言行录。其中有许多教学法名言，历经两千多年而不衰。自此以降，历代皆重视历史教育的作用。但是，历史作为一门独立课程的设立却是 1840 年以后的事情，而作为分支学科的历史教学论则是近代才开始建立的。历史教学论概念的发展有四个阶段。每一个阶段的教育思想的涌现都反映了当时历史教育发展的结果，也都具有了开辟新的研究方向的意义。

（一）历史教授法阶段

1904 年，由罗振玉、王国维主编的我国第一本教育杂志《教育世界》在 74、75、76 三期连载《历史教授法》一文，这是我国近代第一篇历史教学法论文。这篇文章从历史教育目的、教材编纂、教授方法和西方历史教授沿革等四个方面介绍了国外历史教育，在我国产生了深远和重大的影响。1906 年，夏清贻著的《历史教授法》一书出版。该书是上海龙门师范学校讲义。这是现在见到的最早一本历史教学法著作。该书对我国近代历史教育起了开创作用。至 1912 年，这门学科一般称为"历史教授法"。1912 年以后，又改为"历史教材研究"和"历史教学法"，名称的变革表明这门学科的性质开始发生变化，反映出这门学科已从历史教育中分离出来，开始具有独一的研究范围。

（二）历史教学法阶段

20 世纪 20 年代前后，我国因受美国教育的影响，模仿美国进行课程改革，"历史教学法"（或教材教法）的名称就是这时正式引进，并一直沿用至今。关于"历史教学法"的论著很多，从时间上划分："历史教学法"的发展有以下几个阶段：（1）新中国建立前。1922 年，我国实行"新学制"——壬戌学制，此时在我国教育界以接受美国的教育思想为主，"历史设计教学法"被介绍引进。这可以说是历史教学法的雏形。这时的历史教学法以介绍西方历史教育思想为主。1932 年，胡哲敷著《历史教学法》，由中华书局出版。这时期，关于历史教学法的重要论文有：杨贤江的《近代史的设计教学法》，吴晗的《中学历史教学》，1935 年游大函的《历史教学法的心理基础及其问题》等，说明这时历史教学法的研究日趋深入。（2）1949 年新中国建立到 1976 年"文革"结束。这期间，主要历史教学法的论著有：1955 年，由章恒、于同隗翻译的苏联卡尔曹夫的《中学苏联历史教学法概论》（人民教育出版社 1955 年）。1957 年，管听石著的《中学历史教学法》（浙江人民出版社 1957 年）出版，被誉为我国第一本用马克思主义观点来研究历史教学法的著作，该书较为系统地全面地论述了中学历史教学法所包含的内容。不过，由于政治原因，这本著作未能充分发挥其影响和作用。"文化大革命"期间，这门学科的研究和教学工作就完全停顿了下来。（3）从 1981 年到 1989 年。从 1981年起，研究工作才进入一个较为规范合理的状态，出版专著非常丰富，主要的历史教学法的著作有：卢世德、赵恒烈编《中学历史教学法》（河南人民出版社 1980 年），龚奇柱编《中学历史教材教法通论》（浙江教育出版社 1984 年），茅蔚然编《中学历史教学法》（甘肃人民出版社 1983年），李可琛、陈志谦编《中学历史教学法》（广东人民出版社 1981 年），周春元编《中学历史教学法》（贵州人民出版社 1986 年），夏子贤主编的

《中学历史教学法》（华东师范大学出版社 2003 年），黄慕洁、白月桥著《中学历史教学》（光明日报出版社 1987 年），于友西主编的《中学历史教学法》（高等教育出版社 1988 年）等，其中，于友西主编的《中学历史教学法》在 1992 年被国家教委评为第二届普通高等学校优秀教材，荣获"全国优秀奖"。2003 年，本书由高等教育出版社再版发行，这也说明"中学历史教学法"这一概念现在依然盛行。

（三）历史教育学阶段

20 世纪 80 年代末，历史教育学的兴起又进一步推动了中学历史教育的发展。"历史教育学"这个名词是日本学者平田嘉三在 1969 年发表的《以新的社会科为目标——新的历史教育学》一文中首次提出。在我国的兴起则是在近 20 年的事。1986 年 10 月，经国家教委批准，在济南举行了新中国建立以来的首次全国高师教学法学科建设研讨会。与会学者以极大的兴趣讨论了建立我国的学科教育的问题。1987 年 9 月，在安徽泾县召开全国历史教学研究会的学术研讨会上，对历史教育学这门学科进行了专门研究。在提交给大会的论文中，朱志明、沈敬华合写的《雏议历史教育学的建立》在《历史教学》（高教版 1988 年第 3 期）上发表，认为从"历史教授法——历史教学法——历史教育法"是这门学科发展的一种趋势。随后，相继出版的《历史教育学》的主要代表著作有：赵恒列的《历史教育学》（河北教育出版社 1989 年），姬秉新的《历史教育学概论》（教育科学出版社 1997 年），赵秀玲的《历史教育学》（山东大学出版社 1997 年），于友西的《素质教育与历史教育学》和《历史学科教育学》（首都师范大学出版社），聂幼犁的《中学历史教育论》（学林出版社 1999 年），王铎全的《历史教育学》（上海社会科学院出版社 1989 年）、周发增等的《历史教育学新论》（河北教育出版社 1989 年），金相成的《历史教育学》，等等。这些著作的出版表明在我国历史教育学界已兴起对历史学科教育学的大胆探索和研究。从学科体系到理论基础，从知识结构到教学方法，都进行着新的立论和分析，其目的就是要建立一个结构合理的历史教育学科学体系。与此同时，聂幼犁发表了《关于建立中学历史教育学的几个理论问题》,姬秉新写了《建立历史教育学刍议》等。随后，相继出版了一批关于历史教育学方面的著作。从科学体系到理论基础，从知识结构到教学方法，都进行着新的立论和分析，其目的就是要建立一个结构合理的历史教育学科学体系。"学科教学法、学科教学论发展为学科教育学是由教育心理学认知理论的发展和认识水平的提高而引发的，学科教育学是学科教学法、学科教学论向高层次发展的结果，是学科教学法、学科教学理论知识体系的拓宽和深化"。历史教育学的建立也是如此。

（四）历史教学论阶段

新课程教育改革启动后，历史教学论（或称为"历史课程与教学论"）的研究又进入了新的历史阶段。许多知名学者和历史教育研究专家积极地投入到对它的研究当中。虽然时间较短，系统全面的研究刚刚展开，阶段性的成果已初步形成。其代表作有：余伟民的《历史教育展望》（华东师范大学出版社 2001 年），赵克礼的《历史教学论》（陕西师范大学出版社 2003 年）等。对于历史教学论或者说是"历史课程与教学论"的性质，目前历史教育学界还没有较为明确的说法。但是，根据历史教学法和历史教育学两个阶段的性质讨论，历史课程与教学论的学科是一门研究历史学科课程设置和教学的理论与实践的应用型学科。

（摘自:《中国成人教育》，2006 年第 10 期）

试析历史教学方式及其转变

胡瑞琴

"教学方式"和"学习方式"是本次基础教育课程改革中的两个核心词汇。"实施以培养创新精神和实践能力为重点的素质教育，关键是改革教师的教学方式和学生学习方式。"《全日制义务教育初中历史课程标准（实验稿）》中指出"历史课程改革应有利于学生学习方式的转变"，"历史课程改革应有利于教师教学方式的转变。"《普通高中历史课程标准（实验）》也指出"历史课程的设计和实施有利于学生学习方式的转变""历史课程的设计和实施有利于教师教学理念的更新，有利于教学方式的转变。"由此可见，教学方式的转变和学习方式的转变是基础课程改革的关键。其中学生"学习方式的转变是以教师教学方式的转变为前提的"[①]，没有教师教学方式的转变就没有学生学习方式的转变，"能否把国家的意志，专家的思想变为千百万教师的教学行为，这是新课改能否成功的关键。从各国课改的历史来看，一些重大的课程改革不能取得最终的成功，问题基本上都出在课程理念和教师行为转化上"[②]。课程改革的理念是全新的理念，那么，教师教学方式的转变就成为新课程改革的核心所在。

（一）历史教学方式及其转变的含义

"教学方式"是现代教育理论研究中的一个重要概念，目前尚未有较明确的定义，"把教学方法和教学方式、教学手段、教学形式等概念混淆

---

① 朱慕菊编：《走进新课程与课程实施者对话》，北京师范大学出版社 2002 年，第 14 页。
② 关文信：《新课程理念与初中历史课教学实施》，首都师范大学出版社 2003 年，第 1 页。

不清的论著文章，不乏其例"①。因此，澄清这些概念的内涵以及在历史学科内的意义应当是很重要的。教学方法和教学方式是两个很容易混淆的概念，虽只有一字只差，但意义却不相同。对于"教学方法"较为广泛认同的定义是：教学方法是"为达到教学目的，实现教学内容，运用教学手段而进行的，由教学原则指导的，一整套方式组成的，师生相互作用的活动"②。这里指出，教学方法包含教学方式，教学方式存在于教学方法之中。也有学者进一步指出"方式是方法的细节"③，这就是说，教学方式是教学方法的细节，如果说某一种教学方法可以成为一个独立的结构单位，那么，方式作为方法的细节，教学方式是不能作为一个独立的结构单位完成某一项教学活动。如：讲述法、讲解法、谈话法是各学科课堂教学活动中最普遍采用的教学方法,历史学科更不例外。这三种教学方法都可以成为一个独立的结构单位，单独完成某一项教学活动，但是，其中所包含的细节则是不能作为一个独立的结构单位，单独完成教学任务的。如：讲解法作为一种教学方法，包括分析与综合，对比与比较，解释与比喻等主要方式，其中每一种方式又有许多细节。这正说明，教学方式构成教学方法。在不同的教学方法中，可以利用和包括其他教学方法中的方式；相反，同一教学方式也可以出现在不同的教学方法之中。在教学过程中，所有教师都可以用讲述法、讲解法、谈话法等基本教学方法，针对同一内容也可以用相同的教学方式，但是由于受到教师本身教育思想、业务水平、兴趣爱好、情感意志、个性特征等的影响，教学效果也往往不是相同的。这也表明，教学方式是有普遍的意义，而教学方法则含有一定的个人属性。相比而言，教学方法相对灵活，而教学方式涉及面较广。它不仅包括相对的教学的方式及内在关系，而且包括教师的习惯、教学意识、教学态度、教学行为。

综合以上分析，就历史教学来看，历史教学方式是指教师在完成历史教学任务过程中，由基本的程序、方法、行为习惯和艺术取向、情感价值等在内的多种元素构成的有机集合体，历史教学方式的形成并非一日之功，它是在长期的反复的历史教学过程中形成的一种较为稳固的教

---

① 白月桥：《历史教学问题探讨》，教育科学出版社 2002 年，第 132 页。
② 王策三：《教学论稿》，人民教育出版社 1985 年。
③ 白月桥：《历史教学问题探讨》，教育科学出版社 2002 年，第 168 页。

学思维定式和观念思维定式，这种定式一经形成将会持续地影响教师的教学秩序、方法、习惯、艺术等行为方式。可见，历史教学方式的转变首先要转变教育观念，确立与新课程相适应的体现素质教育精神的教育理念。理念是行动的灵魂。教育理念对教学起着指导和统率作用，一切先进的教学方式都是从新的教育理念中生发出来的；一切教学改革的"困难"都来自旧的教育理念的束缚；新旧教育理念的斗争是教学改革的必然，因此，确立新的教育理念是教学方式转变的首要问题。其次，要转变教学方式。先进的教育理念要通过先进的教育方式体现出来，同时，教育理念本身也要在教学方式中进行，二者是相辅相成的关系。教学方式的转变就是要转变教师每天都在进行的习以为常的方式、行为。即改变以往"被动接受学习、死记硬背、机械训练"的教学方式，改变教师以往"教导、批评、忽视学生心理情绪"的教学行为等。教育观念、教学方式的转变最终都要落实在学生学习方式的转变上，而学生学习方式的转变将会牵引出思维方式、生活方式甚至生存方式的转变。因此，教学方式的转变是教学改革中最为紧迫的、艰巨的。

（二）现代历史教学方式转变的主要方向分析

现代教育理论认为，学生的学习具有两大特征：一是接受性学习，二是研究性学习。接受性学习是指学习过程中知识和技能的获得和形成；研究性学习是指学习心理的构建过程，包括智力和非智力因素的发展和培养，道德品质的提高和行为习惯的培养。接受性学习和研究性学习是整个教学过程的统一体，接受性学习是知识结构的获得和积累的过程，研究性学习是心理结构、人生价值品质形成的过程，目前，在历史学科教学中提倡研究性学习的风气很浓。有学者提出，接受性学习和研究性学习是历史学习思想和方法的两种截然不同的认识，区别在于视历史是一种"叙述"还是一种"解释"。事实上，历史首先是一种"叙述"，其次才是一种"解释"。对于学生来说，若没有历史知识在"叙述"中获得和积累，"解释"就不会实现和完成。从学习方式看，如果说研究性学习是史料收集、鉴别和解释的过程，那么，接受性学习就包括在研究性学习中，史料收集无论在课堂在课外，都应是一个接受的过程，而对史料的鉴别和解释则是一个研究的过程。提倡研究性学习不是要摈弃接受性学习，而是要改变被动的接受知识为主动接受知识，改变被动接受历史结论为主动探究历史结论，改变死记硬背的练习方式为丰富多彩的知识技能训练方式。接受性学习是知识结构的脉络体系，研究性学习是对已有的知识结构的再分析、再认识，是一种可以延伸到课堂外的学习方式，接受性学习和研究性学习是一种事物的两个部分，是互为依存关系，不是对立关系。

中学历史课堂教学是学生在教师的主导作用下积极主动地掌握系统的历史基本知识和历史学习方法，进而发展创造思维，陶冶道德情操，促进全面发展的个性的活动。因此，历史教学方式的转变应突出以下五个方面：

1. 教师由"知识的传递者"向"学生学习的帮助者和引导者"转变

历史知识具有过去性、具体性、综合性、史论统一性等特点。从历史知识的过去性看，历史都是过去了的事情，具有一去不复返的性质，又具有遥远性的特征。这就要求教师在历史教学过程中首先要激发学生学习的兴趣和动机。已故史学家吴晗先生曾说，小孩子总是先认识自己的父亲，再认识自己的祖父，最后才了解自己的祖宗，讲历史也应该由近及远地讲。也就是说，教师要在历史和现实之间建一座桥梁，使学生从心理感受到历史并不在无限遥远的渺茫的过去，它就在我们身边。例如：讲古代希腊，教师可以"天安门广场的人民大会堂的建筑风格"为话题导入；讲古代罗马，可以欧洲由各国单独使用货币到统一使用欧元为话题导入。这种导入方式，体现了教师创设生动的教学情景，激发了学生的学习动机，培养了学生的学习想象力，调动了学生的学习积极性。又如讲第一次世界大战，或第二次世界大战，可以从伊拉克战争讲起。其他导入的方式也很多：复习旧课导入、提问式导入、图片赏析导入、故事导入、影视片导入、诗词导入等。教师要在各个环节调动学生的积极的心里氛围，拉近历史与现实的距离，拉近教师与学生的距离，让师生共同体验历史的气息。

从历史知识的具体性看，历史是由各个国家各个民族各个地域的进程构成的，有纷繁复杂、变化万千的历史现象、历史事件，又有特定的时间、空间和人物。任何历史事件都是有头有尾，有实际情节、有具体的历史人物及其活动的。教师在教学中要体现历史的生动性，比如：讲法国大革命的背景时，要谈到社会成员被分为三个等级，第一等级是教士，第二等级是贵族，第三等级包括农民、工人、城市平民和资产阶级。为了更好的形成三个等级间的情况对比，教师可以利用具体的数字加以解释："法国第一和第二等级是特权等级，占有全国 1/3 以上的土地，却不向国家交纳赋税。占全国人口总数 90% 的农民，只占有全国 1/3 左右的土地，他们承受着沉重的地租和其他封建贡赋，很难维持温饱。"又如，讲第一次世界大战，教材中有一幅插图："项庄舞剑，意在沛公"，反映德国向英国的海上霸权挑战的漫画，教师可用生动、形象、富有感染力的语言解释这个典故的来历，然后说明当时德国经济迅速发展，急于进行领土和势力范围的扩张。历史教学中，课堂语言生动与否，效果将是大相径庭的。教师要善于把握语言的准确性，精于提炼语言的形象性，使构成历史知识的各个要素原因、背景、经过、结果、意义以及时间、地点、人物等进行有机的排列和组合，形成系统、完整的历史知识结构。

从历史知识的综合性来看，历史知识涉及到人类社会的方方面面，包括政治、经济、军事、文化、科技、思想、社会生活、民风习俗等诸多方面，具有综合性特点。唐代史学家刘知几在《史通•自序》中说道："夫其书号以史为主，而余波所及，上穷王道，下掞人伦，总括万殊，包容千有。"这段话言说史学领域之广。历史知识"究天人之际，通古今之变"的广泛性、丰富性，为教师展现自己的聪明才智提供了舞台，也为学生自主探究历史的奥秘启开了智慧之门。学生正值花季少年，从其思维特征看，无论初中生，还是高中生，形象思维仍然占主导地位，他们需要生活的经验作为知识的支撑。历史学习不能没有形象思维，形象思维是牵引学习兴趣的重要因素。教师可充分发挥历史学科优势，以生动的历史事实"叙述"唤起学生的热情，为自主、合作、探索学习打开空间、创设情境。

从历史知识的史论统一性看，历史知识是客观而真实的，揭示了历史发展的基本规律。伟大的革命先驱李大钊在《史学要论》一书中说，历史犹如在人生世界上建筑起来的一座高楼，里边一层层地陈列着人类一代一代相传下来的家珍国宝，健足的人们拾级而升，把凡经过的层级的陈列品一览无遗，然后登临绝顶，纵目四望，才能看清无限的远景，不尽的人生大观，只有在这光景中，才可以认识人生前进的大路。这就告诉我们：教师在教学中首先引导学生明白："历史学科要解决的问题就是让人们认识自我，反思自我、矫正自我、超越自我。历史学科是启迪人们的思维的学科，表面上是为了讲清过去实际上是为了现在，为了将来。"①历史虽然是过去的事物，但历史没有死亡。历史是现实的活动，现实是活动的历史。这就要求教师要有广博的历史知识和高贵儒雅的品质，帮助学生形成历史表象和历史概念，进而抽象概括历史发展的规律，培养学生高贵的思维品质，从"鱼"到"渔"，不断进取，不断创新的本质目标。

2. 教师由"讲问题"到"教师与学生共同探讨问题"的转变

学习过程中，问题是放飞思维与想象的钥匙，问题的出现使学生产生一种需要，产生一种解决问题的渴求，这种渴求就是一种学习动力，一种创新的因素。建构主义学习理论认为学习是一种积极建构过程，学习者在这个过程中，凭借自己已有的知识和辅助条件，去建构新的思想和概念，而当学生已有知识不足以生成和建构新思想、新观念时，新旧知识之间就有一段距离，这个距离表现为问题。由此可见，问题是教学活动的核心，没有问题的存在，教学就无法进行。什么样的问题，就决定什么样的思考，而思考又决定行为。在教学中，问题一般来源于两个方面：一方面是教师的提问，引发学生质疑、探究、发现，让学生在质疑中探究，在发现中获得知识和经验；另一方面是学生的"问题"，学生在学习过程中通过探究发现和自主学习来生成问题，引起学生的好奇、探寻，使学生在疑惑、迷茫中自我寻找问题的结论、结果。如果教师们所创设的问题，是给学生的一泓创新的源泉，那么，学生自己所发现的问题则是学生自主创新的真正源头。

传统的教学方式中，教师也提出问题，但是，很多问题的解决也由教师"一手包办"。教师从背景、原因、经过，讲到结果、影响、意义，从分析到综合，从对比到比较，教师讲述史实，分析问题，唯恐学生听不懂、记不住；或者教师讲问题，学生在教科书上划答案，原因、背景各几点，经过几个阶段，结果是几条，影响是什么，实质是哪一句话，等等一系列教学环节，学生不仅"没有了"问题，也没有了思维，尽管

---

① 《"中学历史教学·教材学术研讨会"纪要》，《历史教学》2003 年第 9 期。

他们正值抽象思维形成的关键期，却没有打开他们思维的空间，当他们进入高一级学校学习时，就表现为胆怯、害羞，只愿意听教师讲，却不愿意回答老师的问题；即或有"大胆"的学生，又担心自己的答案是否"正确"。学生在犹豫不定中失去了展示自我、开放自我的机会，开启智慧的契机也一次次地丧失，学生的创造源泉在成长的旅程中一路枯竭。丰富生动有血有肉的历史只剩下符号、数字、记号的几根骨头、几条筋。没有了学习的乐趣和欲望，哪有求实创新的精神？哪有情感体验的经历？

新的教学方式要求教师在课程设计时首先要培养学生的问题意识。通过问题情境设置，激发探究问题和解决问题的兴趣。"引导学生搞清是什么，在搞清是什么的过程中探讨为什么，形成不先验，不盲从的实事求是的思想意识和能力。"①其次培养学生占有资料信息能力。资料信息先是对课本的分析，后是教师的史料补充，再是学生知识经验和日常所得。好的问题的解析是建立在占有丰富的史料的基础上的。再次是培养学生对问题的思考过程。如西欧人为什么要开辟新航路？这是一个具有探索性和开放性的问题。教师在教学过程中，应给学生留有时间，让学生带着问题阅读课本，然后再由教师补充（可以不补充，视教学内容而定）适当的史料，把这些史料摆在学生面前，从主观原因，客观原因；从航海条件，科学技术；从贸易商路到《马可·波罗行记》。引发联想的同时，教师借助史实把分析问题、思考问题的过程方法等讲给学生，使学生能举一反三，触类旁通。

3. 教师由"讲历史结论"到"教师和学生探究历史结论"的转变

从学习的主体来考察，初中生正值青春年少，他们所反映出的历史思维特征与小学生显著不同，由于知识经验的增加，思维想象力不断增强，形象思维充分发展，抽象逻辑思维逐渐占主要地位。他们可以从具体情节的形象性，根据所掌握的历史资料、超出感知的事物，进行推理论证，其主要表现对因果关系的理解有较大的兴趣，可以从史料中分析出历史现象的原因，甚至找出主要原因和次要原因，从历史进程判断或推论出结果，从结果中分析意义及影响。与初中生相比，高中生在思维

---

① 聂幼犁：《假如在事实上不想被时代和学生抛弃》，《历史教学》2003年第9期。

发展上最突出的特点是思维的辩证性提高，思路广阔且有深度，思维具有批判性和概括性，对于历史学习，不再满足于形象思维形成的历史概念，而开始倾向探索历史现象的奥秘，即历史事件、历史现象中纵横交错、相互制约的矛盾关系及历史人物的历史作用和评价等，因此历史学科对于学生来说，既有压力又有兴趣，既是挑战又是动力，压力是历史知识广泛联系性，兴趣是历史知识的包罗万象，既遥远又现实，从政治措施到经济变革，从军旅勋臣到思想巨匠，从文化信仰到生活服饰，无处不牵动着学生那求知的心弦，探究历史奥秘，洞察历史事件、明辨历史人物的信念，激发着超越自我、挑战自我的勇气和信心。

但是在传统教学中，教师讲给学生的都是确定无疑的，不存在任何对立与冲突的"客观"真理，学生在经历教学过程后，得到无需思考、诘问、评判、创新的现成的结论、现成的论证、现成的说明、现成的讲解。

从历史教学角度讲，历史过程体现历史知识的探究过程和探究方法，历史结论则表征历史的探究结果，教学的结论即教学所要达到的目的或所需获得的结果，而教学过程即达到教学目的或获得所需结论而必须经历的活动程序。这个活动程序应该是教师引导的，经过学生一系列质疑、判断、比较、选择以及综合、概括等多样化的思维过程和认知方式的客观过程。这个过程中学生的创新精神和创新思维只能在多种观点的碰撞、论争、比较、困惑、挫折中获得，它是学生学习成长、发展、创造的生命体验过程，是学生能力智慧价值的内在培养过程。

在课堂教学中，我曾针对中学历史教科书中一些现成的结论或是"客观真理性判断"进行了课堂讨论，现列举一二。第一个问题是关于老子"无为"思想。中学历史课本（初中版）①中表述为："老子在政治上主张'无为而治'。老子的社会思想认识反映了春秋时期战争频繁、社会动荡，人民迫切希望过安静安定生活的愿望。但是，他却违背了历史的进步，是一种不切实际的消极主张。"老子的"无为"思想是消极的，这个结论在我上中学时就已经有了。我向学生提出的问题是：（1）老子的"无为"思想是消极的吗？你的根据是什么？（2）《老子》中有一句话："为

---

① "五·四学制教材总编委会"：《中国历史（初中版第一册）》，青岛出版社1994年，第41页。

学日益、为道日损，损之又损，以至于无为，无为而无不为"，你如何理解？（3）《老子》中提到的"圣人"，有学者认为，他是老子虚构的人物，你认为他是"虚构"的吗？为什么？（4）《老子》中的"道"、"圣人"与人有什么关系？第二个问题是关于文艺复兴时期的"人文主义"思想。在中学历史课本①（高中版）中，对于人文主义的核心思想表述为："反对中世纪神学抬高神、贬低人的观点，强调人的可贵；反对神学的禁欲主义和来世观念，提倡人们对现世生活的追求；反对宗教束缚和封建等级观念，追求人的个性解放和自由平等；反对中世纪的蒙昧主义，推崇人们的经验和理性；提倡人类认识自然，征服自然，以造福人生。"我向学生提出的问题是：（1）什么是"人文主义"？（2）既然文艺复兴运动是重视人的价值、崇尚人格，要把人从宗教束缚中解救出来，为什么文艺复兴时期最伟大的代表人物都是以歌颂上帝，赞美上帝为主题，其作品素材来源大都取材于《圣经》呢？如：但丁的神曲，乔托的壁画，达芬奇的《最后的晚餐》，米开朗琪罗描绘的西斯廷大教堂殿顶壁画及《大卫》像，拉斐尔的《西斯廷圣母》等。（3）文艺复兴运动是一次人的思想解放运动，但是在西欧人文主义者的宗教情怀里，上帝是否也得到"解放"了呢？（4）文艺复兴的人文思想是反对基督教会，还是反对基督教？神学、神权、神这些概念有何不同？关于这两个问题的讨论结果是，学生说："我们从来没有认真思考过这些结论，只是记住了这些结论，通过这些问题的讨论，我们要重新评估人生的价值和意义。"

关于讨论过程，由于篇幅所限，本文不再展开，将另述。这里笔者只是表明，传统的教学方式传递给学生的只有现成的结论，而没有质疑、思考、创新的过程。学生从小学到初中到大学失去了问"问题"的机会，也随之失去了找答案的过程，更不用说学生失去的还有找"问题"的能力。"提出问题比解决问题更重要。"当前，很多一线中学教师写了很多在教学实践活动中，关于研究性学习与历史教学相结合的案例文章，都有很高的参考价值，给我门的启迪是：历史教学方式所改变的不是不要结论，而是如何得出结论的过程。在这个过程中，教师作为指导者，或组织者，或参与者，采取的程序、形式、方法其实是千变万化的。或陈

① 人民教育出版社历史室：《世界近代现代史（高中版）》，人民教育出版社 2003 年，第 11 页。

述，或讲解，或分析，和教师对答等。同样，面对同样的问题，所表现出的教学方式，教学运用程序、表现手法、语言运用、肢体语言都很不同，而这些千姿百态的方式就是我们所说的教学中的细节描述，而这个变革的任务对于每个教师来说都是相当艰巨的。研究性学习作为一种教学方法，其实质、原因、目的、具体操作步骤在《基础研究性学习指南》中有详尽的解释。但真正体现"研究性学习"的各种教学的方式却是不可描述的，它要通过教师的独特魅力来展现。

4. 教师对学生由"反复练习法"向"自主合作探究式技能训练"的转变

当代教育理论认为，学生应在教学过程中处于主体性地位，教学的真正意义在于使学生学会学习，学会发现，历史教学亦是如此。学生学习历史，其真正意义在于通过历史事实，具体的历史人物、历史条件、历史现象，使学生感受历史环境的真实、历史人物的鲜活、历史现象的延续等；而不是只让他们知道和记忆过去所发生的事情，更不应该只是让他们学会重复老师或课本对历史的叙述。

新课程标准在初中、高中阶段都设置了能力培养目标。所谓能力，是指叙述通过历史教育所必须具备的基本能力。在初中阶段，如正确计算历史年代的能力，正确指认和判断历史事物空间范围的能力，阅读古汉语文献的初步能力，收集文献资料的能力，运用逻辑方法进行判断和推理的初步能力，从整理资料、运用资料、构建论据得出结论的能力，准确表达个人观点的能力等。高中阶段，是在初中已有技能的基础上，通过对历史事实的分析、综合、比较、归纳、概括等认知活动，培养历史思维和解决问题的能力。

传统的历史教学中，对学生的技能训练侧重于填空、选择、判断、简述、论述或史料分析等题型的训练。教师认为，只要对某些事物、现象、人物或与其相关的知识教学反复训练就一定能掌握和巩固所学知识，这种做法在其他学科也是一样。这种技能训练，学生的确可以掌握教师"教给"他们的知识，但是，由于重复的训练，一是消耗学生的精力，二是占用了学生大量的时间，三是学生缺乏自主、合作、探究学习的机会，四是学生丧失了智力开发的最佳时机。鉴于此，新课程的核心理念是"在这些技能的训练中，要注意选择能引起学生兴趣、切实可行、符合实际的教学方法，让学生多动脑、动口、动手，充分刺激学生的感官，使其处于全面的活跃状态，提高学生掌握基本技能的效率和质量"。在初中阶段，应培养的基本技能：（1）树立正确的时间观念。如："纪年"是指历史上计算年代的时间，主要有公元纪年法，干支纪年法，年号、庙号、谥号纪年法，朝代纪年法，民国纪年法。如公历纪年法以耶稣基督诞生为标志，之前为公元前某年，之后为公元后某年。干支纪年法，由天干（甲乙丙丁戊己庚辛壬癸）与地支（子丑寅）推算而来，如：甲午战争、辛亥革命等。年号，如：建元、康熙。庙号，如：唐太宗。谥号，如：武帝等。教师在教学中要注意形成学生的时间概念，对每一种新出现的时间表达方式进行解释和说明。然后，教师可设计一些题目让学生自己推算，既掌握基础知识，开发了学生的智力，又掌握了正确的时间概念。（2）树立正确的空间概念。空间概念主要指地理位置、地理环境、社会环境等。这方面的技能训练：一是识别地图和讲述、使用地图；二是绘制历史地图，如用方格放大法、阴影放大法等。绘制地图的方式可采取独立完成式、合作式等，或在课堂，或在课外，形式可多样，既激发学生的学习兴趣、培养学生的成就感，又锻炼学生的动手操作能力和互相协作的精神。（3）史料收集、整理和论证能力的培养。这项技能是初、高中连续培养的一项综合技能。对于研究性学习，需要教师有目的地、有计划地进行设计、引导，如阅读有关的历史读物，选择适宜的材料，进行整理、辨析、比较、判断、形成结论等，也可以利用搜集的历史资料撰写小论文、写读书笔记，缩写所读历史人物传记，展开演讲活动，或历史学习小组等。研究性学习作为一项新课题，各门学科教师都在进行新尝试，因而同年级的各学科教师之间可以互相协作，2～4位教师共同创设一个项目，共同指导学生，这样既减轻学生的压力，又增强学生的综合分析和解决问题的能力，还提升了学科之间协作能力。

5. 教师由"教导型"向"教师和学生民主平等与相互启发型"的转变

课程目标在情感态度和价值方面提出：培养学生对祖国文化的认同感，树立对国家、民族的历史责任感和使命感，形成健全的人格和健康的审美情趣；逐步形成崇尚科学精神的意识、确立求真、求实和创新的科学态度；强化民主与法制意识；强调国际意识的培养。在高中阶段，又提出"加深以人为本，善待生命，关注人类命运的人文主义精神理解"等。可见，历史教育在培养学生文化素养、人文素养和科学精神方面肩负着重大的社会责任，具有其他学科不可替代的教育功能。要实现历史教育的功能作用，教师应考虑的问题：（1）教师自身修养问题。中国古代教育专著《学记》中说："凡学之道，严师为难，师严而后道尊，道尊而后民知敬学。"这里表明要重道，首先要尊师，而要尊师，教师自己先要做到"师严"，即为人师表，使人们自然而然对教师肃然起敬，感到教师的学识、品质、人格都值得敬重。在教学中，教师的言谈举止要温和、善良、幽默；穿着打扮要得体、大方、干净，面部表情要和蔼、可亲、平易近人。对于工作的态度，应具有献身历史教育事业的精神。（2）"一切为了每一位学生的发展"是新课程的核心理念。这一理念的具体体现就是教师在课堂教学中要关注每一位学生，关注的实质就是尊重、关心、牵挂，就是关注学生的情绪生活和情感体验。教学过程应该成为学生一种愉悦的积极的生命历程。教师必须用心施教，了解学生的心理需求和情绪体验，并将对学生的关切表现出来，让学生在课堂教学活动中其乐融融。（3）建立师生民主平等相互启发的新观念。新课程强调，教学是教与学的交往、互动，师生双方相互交流、相互沟通、相互启发，在这个过程中教师与学生分享彼此的思考、经验和知识，交流彼此的情感、体验与观念，实现教学相长。传统意义上的教师的教和学生的学将不断让位于师生互教互学。学生的教师和教师的学生将不复存在，代之而起的是"教师式的学生和学生式的教师"。师生之间在教学中真正实现的是心灵与心灵的沟通。（4）温馨的师生关系可以改变师生的伦理关系。在学校，学生相对教师来说是弱势群体。目前，在教学中，师生之间的权利义务相对混乱，学生的权利经常被侵犯，特别是学生人身方面的权利和学生心灵自由的权利。因此，教师要提高自身的法制意识，明确师生的权利义务关系，尊重学生的人格，切实保护学生的合法权利。在情感态度和价值观的教育上，教师要想把握学生的心理特征、情感震撼、内心选择、精神升华和内在的特殊性，教师也要成为受教育者，也需要不断成熟，并用自己的经历，体验启迪学生的心灵，引导学生自觉走向人类神圣的精神殿堂。（5）历史教师要挖掘蕴藏在历史知识中巨大的精神财富，尽量使学生能在教师的引导下，真正地感受到人类历史文化的伟大力量。①新课程要培养学生的人文素养，也就是要培养人的高贵品质，关注人的生存价值和意义。在课堂教学中，教师要善于应用历史人物的嘉言懿行来不断地激励学生关心国家、为国献身的精神，教育学生树立远大的理想抱负，为人类、为国家尽自己的一份责任，如：诸葛亮"鞠躬尽瘁，死而后已"的精神，范仲淹"先天下之忧而忧，后天下之乐而乐"、顾炎武"天下兴亡，匹夫有责"的豪言壮志。②培养学生战胜困难、坚忍不拔、开拓进取的意志品质。教育学生懂得在患难挫折中往往蕴藏着的是新的生机。"文王拘而演《周易》；仲尼厄而作《春秋》；屈原放逐，乃赋《离骚》；左丘失明，厥有《国语》；孙子膑脚，兵法修列；不韦迁蜀，世传《吕览》"。世界近现代历史上，但丁被流放 14 年写成《神曲》，成为世界不朽之著；甘地为追求真理，忍人所不能忍之痛苦和磨砺，成为印度人民心目中的"圣雄"，也为世界人民所敬仰。孟子曰："天将降大任于斯人也，必先苦其心志，劳其筋骨，饿其体肤，空乏其身。"教师要让真正的生动感人的历史、催人向上的历史流进学生的心田，这既是挫折教育，又是审美教育，让学生在历史的洪流中感受生命之真谛，使课堂不仅仅是传递知识的殿堂，更是人性养育的神圣之所。

综上所述，历史教学方式的改革是多层次、多角度、多途径的，无论是课程标准的制定专家，还是一线的广大历史教师，还是从事历史教学研究的其他人员，都应积极致力于课程改革中教学方式和学习方式的研究，为完成新课程所设置的目标而努力。

（摘自:《历史教学问题》，2008 年第 4 期）

转变育人观念，加强就业与创业能力的培养

赵慧峰　赵国健

教育思想观念讨论中首先遇到的是在社会主义市场经济条件下培养什么样的人和如何培养人，也就是如何重新定位人才培养规格与如何设计人才培养模式的问题。

关于人才培养规格。我们以往的定位是与精英教育相适应的研究型和创新型人才，或者说是知识精英。但随着高等教育的发展，尤其是高等教育规模的扩张，对多数高校来说，培养定位应转向应用型和技能型，应转向培养普通劳动者。

高等教育在西方曾经经历了由精英到大众、再到普及的阶段演变，我国目前也已开始了由精英到接近或达到大众教育的转轨。高等教育大众化是教育发展的必然趋势，同时也是人类文明进步的标志之一。现代大学的奠基人洪堡曾提出过两种不同本质的教育目标，即"普通教育"和"特殊教育"，"普通教育"指的是培养完全人的教育，"特殊教育"则指让人获得使用本领的教育。由精英教育至大众教育的转型，必然引发培养目标即人才培养规格的调整，与培养完整的人的传统大学理念不同的是，当高等教育从精英教育走向大众教育之时，大学必然要适应普通个人对职业教育的需求。

为了适应从培养知识精英到培养普通劳动者培养目标的转变，必须将对学生就业与创业能力的培养放在重要的位置：第一，就业与创业能力的培养，是高等教育贯彻党的教育方针、更好地发挥高校在社会主义现代化建设中的作用的必然要求。高校毕业生作为人才资源中较高层次的一类，其就业过程是国家高层次人力资源配置过程中最初始，也是最

重要的一环。大学生就业问题的实质是国家经济发展与人才资源之间的合理配置问题，其合理与否直接关系到我国"科教兴国"战略的实施，也关系到 21 世纪民族的振兴与富强。党的十六大报告对新时期党的教育方针的表述是："坚持教育为社会主义现代化建设服务，为人民服务，与生产劳动相结合，培养德智体美全面发展的社会主义建设者和接班人"，高等学校承担着培养服务社会、服务人民、服务现代化建设、与生产劳动相结合的建设者、劳动者和接班人的光荣任务，必须将创业与就业能力的培养作为人才培养、作为建设者与接班人培养的着力点与落脚点，不断提高受教育者服务社会、服务生产劳动、服务经济建设的能力与水平。第二，就业与创业能力的培养，是高等教育功能多元化的要求。精英教育的特点是同质化，大众化教育的特点是多样化，在目前形势下，高等教育为社会服务的功能必须得到进一步的强化。社会本身是一个功能复杂的大系统，它对人才的需求是多样化、多层次的，与此相适应，高等教育的功能也应该实现多元化的转变，要实行分层次办学。各高校应根据不同的社会需求来进行科学、准确的定位，确立各自的发展方向，建设不同类型的学校，同时，形成自己有特色的人才培养模式、培养目标、培养方法和质量标准。除少数定位为研究型大学的名牌高校之外，更多高校应定位为培养应用型人才的教学型大学，同时要大力发展高等职业教育，无论是何种类型的高校都应强化服务社会的功能，加大就业与创业能力在人才培养规格中的分量，而对教学型大学和职业学校来说，更应如此。第三，就业与创业能力的培养，是高校的生存之本。党的十六大报告提到"就业是民生之本"，充分估计了就业对解决民生问题、对经济社会发展的重要意义。对高校来说，培养具有就业与创业能力的劳动者与接班人也是办学之本、"育才之本"与生存之本。在传统的精英教育时代，教育质量观是一种知识质量观，它适应了当时的社会需要和个人的发展要求。20 世纪 90 年代以来我国社会要求学生既要有知识又要有能力，知识质量观一度有转变为能力质量观的趋势，大学已经不再是单纯追求精神与灵魂卓越的知识殿堂，高校毕业生的就业情况受到国家、社会、家长、学生的广泛关注，教育部已经把毕业生就业情况视为学校定位、办学特色、教育质量的重要标志，并将其纳入了高等学校教学水平评估的指标体系之中。第四，就业与创业能力的培养，也是帮助受教育者实现个人价值的重要保证。我们的社会固然需要一部分学人更多地以知识为业，"无条件地追求知识与真理"，他们的生存姿态是追求精神与灵魂的卓越，我们的大学培养目标应该关照这部分人的需求，宽容他们，尊重他们。同时，我们的社会不可能让每个人都居留于知识和精神追求的王国，更多的个体要为世俗生活而奔忙，如何满足职业生活的需要，为他们提供职业人生的准备，这同样是高等教育的重要使命。经济建设需要人才，大众教育培养的是普通劳动者，劳动者的价值要在他的劳动岗位上才能体现，高校培养出的人才只有为社会所接纳，并转化为劳动者，才能发挥作用，个人也才能真正走向社会，解决物质生活的需要，实现其作为社会人的价值。这不仅是对经济建设的作用，也是对教育作用的发挥，对教育体制的肯定。

我们强调对学生就业与创业能力的培养，并不是忽视或者放弃学生其他如学习、研究以及知识创新等能力的培养，其实，就业、创业的能力与一直以来高等教育所关注与重视的学生应具备的其他各项能力并不矛盾。人的能力是与一定的知识水平相联系的，各种能力也是互相渗透、相互支持的。在知识爆炸、科学技术飞速发展、竞争异常激烈的今天，劳动的技术含量和创新要求都是空前的，这也对劳动者本身的素质提出了更高的要求，不具备一定的能力与技能是很难融入社会、胜任劳动岗位的。高校学子必须全面提高自己的水平、锻炼自己的能力、完善自己的修养，在做好基础知识储备的基础上，努力挖掘自身潜在的优势和特长，树立正确的道德观、价值现、人生观，知法懂法，诚实守信，有良好的社会责任感和团队意识，才算做好了充分的职业准备，才有可能顺利就业、实现创业。可以说就业与创业的能力就是对大学生学习能力、辨析能力、研究能力、整合能力、创新能力、协调能力、沟通能力、实践能力、处事能力等综合能力以及道德水准、思想水平、诚信度、心理素质、健康的体魄、应变技能等各方面素质的全面考量与落实，上述综合能力与素质是学生就业与创业的基础与前提，没有基本的知识结构，没有一定的创新能力，没有合理的人生规划，没有过硬的思想作风，没有健康的心智与体能，就不能直面社会的选择，无法胜任繁复的工作，就业与创业也就无从谈起。另一方面，对就业与创业能力的要求与重视，也会激发学生对其他能力的追求与开发，在这种双向互动的态势中，才可以将学生的知识学习和能力培养提高到一个新的层面。

关于人才培养模式。要适应从培养知识精英到培养普通劳动者的培养目标的转换，不断改革人才培养模式，重新设计人才培养方案，加大实践能力、动手能力、应用能力与就业、创业能力的培养。人才培养模式、人才培养方案或教学计划一般包括人才培养目标与业务规格、教学内容与课程体系、教学方式与教学进程等内容，它是高校开展教育教学活动的基本依据。要开展广泛而深入的社会调查，充分了解社会和用人单位对人才的实际要求，以此为依据设计出人才培养目标，并进一步明确其业务规格。然后，遵循教育教学规律，精心选择教学内容，组织课程体系，在学校条件许可的情况下，设计教学方式和教学进程，从而形成科学、合理、可行的人才培养方案或教学计划。如何通过改革人才培养模式，加强各个教育、教学环节的实践性，来提高学生就业与创业的能力、适应社会与服务社会的能力呢？不妨注意以下环节：（1）专业紧跟就业，要适应经济社会发展的要求和市场对人才的需求，以人才市场与劳动力市场的就业需求为第一信号，不断调整、改革学科专业结构，优化、提升专业内涵。对传统专业要根据市场需求，进行改革创新，以增强其市场适应性，增强传统专业学生的就业与创业能力。同时，要新上一些应用性强、社会需求量大的专业，如旅游管理、公共事业管理、文化产业管理等。无论新老专业，在人才培养规格的定位、人才培养方案的设计上，都要认真考虑提高学生就业、创业能力的问题，要把提高就业、创业能力作为衡量专业办学水平与人才培养质量的重要依据。（2）设计多元的人才培养方案，不断创新模式。要结合学科专业特点，积极开展校企联合的应用型人才培养模式、通识教育与专业教育基础上的教师教育培养模式及双专业（双学位）的复合型人才培养模式等的探索与实践，最大限度地满足市场需求和学生个性发展的需要。（3）要以市场需求为导向，以实现就业、创业为目标，以增强学生应用能力与就业、创业能力为主线，科学设计各个专业的课程体系，加强教学实践环节，正确处理基础与专业、理论与实践等环节，优化课程模块，突出实践性课程模块。各个专业的各种课程都要尽可能地渗透创新教育、就业与创业教育的理念，同时还要开发一些能直接促进学生就业、创业能力的课程，如大学生就业指导课等。加大选修课程模块和辅修课程模块，增强课程的引导性和学生的选择性，在各个专业和公选课体系中开设一些应用性较强的课程，如园艺设计、插花艺术、计算机实务、汽车构造与驾驶等。（4）要加强教学实验与教学实践环节，通过教学实验与教学实践环节，提高学生适应工作岗位的能力。实验、实习教学是教学过程重要的环节，要以求质保量为目标，环环相扣，形成一个以提高学生实践能力为目标的实践教学体系。在结构上，应加强实验、实习、调查、社会活动等实践性教学内容，将课外科技活动引入课程方案，合理分配学时比例。在内容上，注意整合实验实践教学内容，开设好综合性、设计性、创造性的实验，把科学研究、技术应用等活动引入实习和课程设计，给学生提供独立动手的机会，提高实践教学目标的实效性。并在学生实验、实习、设计等实践性教学环节中，融入创新教育。（5）加强与实习基地的联系与合作，在条件允许的情况下适当延长实习时间，进行高校与中小学实习基地的联合、校企联合。将实习集中在一学期或一年，结合毕业设计和部分实践性强的选修课，放到学校、企业中开展，学用结合，提高师范专业学生的教师技能和工科学生的理论联系实际和动手操作的能力。（6）通过丰富第二课堂、学生社团、校园科技文化和各类社会实践活动，为学生综合素质的锻造和提升提供宽广舞台，增加他们就业与创业的经验与体验。（7）完善就业指导与服务，积极构建毕业生就业服务体系。开设毕业生就业指导课程，成立就业指导中心，进行职业生涯指导和测试，聘请专家对大学生进行求职培训，利用橱窗、广播、电视、网络等校内媒体为学生提供就业信息服务，甚至可以开通校园毕业生就业短信平台，为毕业生推销自己提供更有针对性、更为有效的网上信息服务。

关于学生的就业、择业观念。上述有关人才培养目标与人才培养模式的转变，是高校与教育行政部门为提升高校服务社会能力、提升其所培养人才适应社会的能力所进行的探索，作为高校人才培养方案的接受主体——大学生而言，也有如何适应从精英教育到大众教育转轨而不断调适就业与择业观念、不断提高自身就业创业能力的问题。高校学子要有一个正确的思想认识和择业观念，消除精英心态，主动适应社会。要把建功立业，创一番事业放在首位，以国家需要和工作为重，到艰苦的环境中去磨练。要在对自己进行客观正确估价的基础上，对自己的未来作出正确的定位。以诚为本，客观、真实、有重点地向用人单位展示自己的强项和特长。

回忆历史系创建时期的"两个建设"

林治理

历史文化学院从 1986 年创建，屈指数来已有 24 个年头了。每当回忆起历史专业创办的奋斗历程，我的心情就特别激动，那段历史便一幕一幕浮现在眼前，久久难忘。这里仅就历史专业创建时期的"两个建设"，即师资队伍建设和系风建设作一简单的回顾。

历史专业是在原政史系历史教研室的基础上创办起来的。1985 年，李永璞老师从外地调来并被委以筹建历史专业的重任。1986 年 1 月历史专业正式创办，同年夏季开始招收专科生，当时的名字叫烟台师范学院历史科，李永璞老师任主任。那时我还在政史系中共党史教研室教授党史课。1986 年 8 月学校调我去历史科担任党支部书记兼副主任（为了叙述方便，以下都简称"历史系"）。李永璞老师受业于吉林大学历史专业，又在那里执教二十多年，有相当丰富的教学科研经验，对教学管理也颇有见识。我很庆幸有机会与李老师合作共事，在工作中向他学习。

历史系初创，李永璞老师特别强调，要办好一个专业，必须要有优秀的教师和优秀的学生，而我们学校的层次决定了要靠调进现成的优秀教师和招收成绩非常优异的学生是不太可能的。奇迹只能靠自己去创造。这就需要做好两方面的工作。一是狠抓师资队伍建设，提高教师队伍的整体教学水平和科研水平；二是狠抓系风建设，端正教风，强化学风，以此提高教学质量。只要常抓不懈，肯定会取得成功。

（一）狠抓教师队伍建设，为学科、专业发展提供了人才上的准备

对师资队伍建设，当时主要从两个方面着手。一是通过以老带新、外出进修等措施提高现有教师的教学科研水平。当时历史系教师状况呈现两个特点：一是教师总量少，只有 11 人；二是老教师少，只有 3 人。老教师有比较丰富的教学经验和较高的学术水平，在他们周围团结了一批青年教师。特别是李衡眉老师对青年老师传帮作用非常显著。记得有一位国内名牌大学硕士研究生毕业的青年教师讲课学生很不满意，而他对其他青年教师又不大服气。我们就安排李衡眉老师帮他提高，经过一个学期，这位青年教师的授课水平大有进步，学生对他上课的意见也少多了。

由于当时任课教师数量少，每个人担负的教学任务比较多，一个萝卜一个坑，根本腾不出完整的时间让教师外出进修学习。面对这种情况，我们就鼓励教师尽可能放弃休息时间多参加假期举办的有关学术会议、讲习班等；也聘请一些著名学者、教授，利用在烟台开会或出差的机会到我们系作学术报告或专题讲座。据统计，在创建历史系的前两年中我们聘请北京大学、中国人民大学、北京师范大学、中央民族大学、南开大学、吉林大学、山东大学等学校的著名教授来讲学或作学术报告有 20 人次之多。两年后我们系里教师总量增加了很多，完全有条件调整教师授课时间，腾出部分教师外出进修、访学，一般时间在一个学期到一年，同时鼓励青年教师考硕、考博深造。这些措施大大提高了现有教师的教学水平和研究能力。

二是严把教师入口关。上面说过，历史系初建，专业教师极为缺乏，急需大量调进。即使这样，我们也宁缺勿滥，进人特别谨慎。首先，对于新进的青年教师，必须是硕士研究生及以上学历，且有一定的科研能力，在读期间就发表过较高水平的科研论文；对于调进的中年教师，必须是学术上小有影响但年龄不超过 45 周岁。其次，我们还积极想方设法调进学术带头人。当时中国古代史已有李衡眉老师，在中国近代史、世界史等学科再各调进一两名学术骨干。例如 1987 年我们曾经考察过林杰

（北京师大历史专业高材生、《红旗》杂志笔杆子，"文革"时曾追随江青集团犯过错误，后安排在河北社科院工作）。我们的指导思想是调他来引导和帮助青年教师作学术研究。因学校怕出麻烦而未调进。这些想法和做法虽然没有成功，但这个办学思路是无可厚非的。按上述规定，历史系从创办以来，除了原来本科学历的青年教师外，再从未进过一名低于硕士学历的青年教师。由于高学历的青年教师大量进入，原来的青年教师感到压力很大，绝大多数本科学历的青年教师相继读研或调走。历史系很快形成了一支学历高、学术水平高、年龄低"两高一低"的教学团队。这支队伍的年龄、学历、学缘结构的合理性，在当时省内同类院校中也是一流的。期间，我们只调进一位学术水平较高的中年教师，但 3 年后被省内某高校调走了。

正是由于我们在师资队伍建设方面认识到位、措施得当，在建系初期就形成了以李衡眉老师为代表的上世纪三四十年代出生的教学科研水平较高的老教师队伍。在他们的带动影响下，以俞祖华、赵慧峰、黄兆群、高春常等为代表的出生于上世纪 60 年代的青年教师队伍脱颖而出，这为历史系的发展提供了最核心的人才基础，为后来历史系在全校第一个上省级重点学科、第一个上省级教学团队、第一个上国家级教学团队以及上教育部特色学科专业建设点作了人才上的准备。

（二）狠抓系风建设，不拘一格培养人才

建设一支高水平的教师队伍，解决了历史系发展的根本问题。但仅如此还是不够的。要想大面积提高教学质量还必须有其他配套措施。这就是如何调动教师学生教与学两个积极性，概括地说就是系风建设，包括教风建设与学风建设。

教风对绝大多数老师来说不是问题，可以说他们已经养成习惯。但历史系建立后在一段时间内绝大多数是青年教师，特别是还有相当数量的青年教师是从综合性大学研究生毕业来当教师的，没有接受过师范教育。对于这些青年教师确实存在一个尽快适应教学、端正教风的问题。在历史系初建过程中有两件事虽然都不大，但引起了我们高度警觉：教风不整顿不得了。一件是一位青年教师在给学生批改作业时，马马虎虎没有认真审阅，不论对否全部打勾。我们发现后，该老师虚心地承认了

错误，但是提出一个要求，是否可以不公开点名批评，我们答应了他。另一件是在一次期末考试中，有两个考场虽然也都有老师监考，但其中各有老师一位回宿舍洗头去了，另一位去汽车站买票去了。这两件事涉及到的两位教师都是上岗时间较短的青年教师，它真实地反映了部分青年教师工作态度敷衍、教风不正的问题。党支部抓住这两件事在全体教师中进行思想教育，就教风问题进行专题讨论，对事不对人，前后进行了一个月，收到了预期效果。教师认真备课、认真上课、认真批改作业、认真进行课外辅导的风气逐渐形成。

要提高教学质量，在端正教风、调动教书育人的积极性的同时，还必须强化学风，充分调动学生学习的积极性，使刻苦读书蔚然成风，才能卓有成效。加强学风建设，采取各种措施调动学生的学习积极性，这项工作在历史系严格地说是从招收第一届本科生时开始的。1989 年招收第一届本科生时，我们已经有了 3 年专科教学的实践了。尽管在这 3 年中我们就加强学风建设方面做了大量工作，例如严格考试、典型引导等等，但由于专科生在校学习时间较短，总体上缺乏上进心等原因，强化学风建设的成效一直不够明显。招收第一届本科生前，系领导与教研室主任反复讨论，一致认为要抓住招收第一届本科生的契机，从理想教育、成才教育入手，把学风建设搞上去。那时我们学校招收本科生数量较少。1989 年历史系招收的第一届本科生才 35 人，其中还包括 3 名体育特招生。由于我们事先有计划、有步骤地采取了一系列措施，使新生一入学就克服了紧张高考后"歇一歇"的心理，较快就投入到一场新的更加紧张的学习中。我们采取的措施归纳起来主要有以下几点：

1. 定目标。根据新生入学成绩和个人爱好，引导学生自定目标。由于我们历史专业第一志愿报考者寥寥无几，而那时招生又不分一本、二本、三本，这反倒使我们有条件从其他重点大学退档考生中挑选外语和总分较高的学生。我参加过招生，对此很有体会。因此，我们招收的 32 名学生（不含 3 名体育特招生）总体成绩都比较好，这应该是他们后来能很好发展的基础。系里安排教师根据自己读研究生的经历和经验，帮助学生订目标，到大一第二学期末就有一半的同学确定了自己努力的方向。例如，在吉林大学读硕读博的李衡眉老师引导五名同学报考吉林大学有关专业为目标；在北京师大的俞祖华老师引导三名同学报考北师大；

兰州大学毕业的张爱平老师引导部分学生报考兰州大学；在陕西师大读研的赵强、任士英也引导一些学生以报考陕西师大为目标。

2. 狠抓外语成绩的提高。据读过研究生的教师分析，报考研究生很大程度上卡在外语方面，外语不过线，其他科目成绩再好也白搭。与现在比较，当时全国本科生的外语水平都比较低。因此，狠抓外语这一关就成为本科生再发展再深造的关键。为此，除了正常的外语课外，我们还安排胡传安老师专门靠上去对这个班的外语进行辅导。由于师生共同努力，这个班的外语水平提高得很快，大二时全班只有 1 名同学（不含体育特招生）未过全国大学英语四级统考，有 6 名同学还过了全国英语六级统考，其中张聚国同学两年内六级成绩达到 80 分。

3. 充分发挥学生干部的带头作用。一个班级的学风建设与学生干部的关系极大。如果学生干部尤其是主要的学生干部学习刻苦、成绩优异，在学生中就有表率作用，就有说服力。反之，学生干部学习劲头不足，学业成绩又上不去，就不可能在学风建设中起带头作用，甚至起副作用。因此，我们规定在选择学生干部时，除了思想品质、工作能力外，必须考虑学习态度和学业成绩，并且规定学生干部在任职期间学业成绩达不到所在班级一定比例时就免去职务。大二时，这个班级一名主要学生干部就是因为外语未过四级而被免职的。

4. 端正考风，以考风促学风。是否严格考试，严肃考纪对形成良好学风至关重要。考试题目过于简单、考场监督过于松弛，阅卷时又降低要求，使一部分平时不努力学习的学生也能顺利过关，这对那些平时一直发奋努力刻苦读书的同学是不公平的，并且会严重影响整个班风、系风建设。严格考试，严肃考纪，让那些基础好、学习又刻苦的学生考出优异成绩，以起到示范作用；让大多数学生通过努力都能够通过考试；让平时不努力的少数同学不能轻易过关，以起到警示作用。这一点我们从一建系就抓得很紧，1989 年第一届本科生入学后更是持之以恒。

5. 落实导师，有针对性地进行辅导。根据教师的专业特长以及学生的学业成绩和专业爱好，由学生自由选择教师作为导师进行专业课辅导，并且一直负责到底。根据学生考取研究生的数量给辅导教师补贴一定工作量。这种办法行之有效。例如，李衡眉老师辅导的 5 名同学，有 4 名同学参加考研，当年就有 3 名被吉林大学录取，当年未被录取的那位同学后来也考进了吉林大学。而未参加考研的那位同学毕业时作为选调生下乡锻炼，由于基础知识扎实，后来在参加晋升副处级干部的考试中成绩也很好。

总之，我们抓学风建设的多种措施，大大调动了学生刻苦读书的积极性，整个班级处在充满浓厚的认真学习的气氛中。班级中的张聚国、于凯、马汝军、聂兆华、金永丽等同学常常是废寝忘食地学习。辛勤的劳动总是会有回报的。历史系第一届本科生1993年毕业，毕业时有34人，而报名参加研究生考试的就有20人（包括参加双学位考试者）。当时我们的乐观估计是力争考取5名研究生。因为当时全国本科生考取硕士研究生的比率不足10%，我们的学生是第一次参加研究生考试，各方面经验都不足，能考取5名，超过全国的平均考取率，我们就很知足了。但结果大出我们所料，那一年这个班级共考取11名研究生和两名双学位学士。考取的这11名研究生分别是：北京师范大学2人（张聚国、岳梅）、吉林大学3人（马汝军、聂兆华、张秀春）、兰州大学1人（张秋霞）、苏州大学1人（崔清华）、陕西师范大学2人（金永丽、曹东升）、天津师范大学1人（张元立）、安徽师范大学1人（陈长征）。后来这个班的同学又有两人考取研究生，吉林大学1人（于凯）、首都师范大学1人（李军）。并且这个班毕业时还有3名同学作为选调生下乡锻炼（尹鹏、孙晓东、姚秀霞）。这里需要说明的是，我们强化学风建设的结果是大面积提高了教学质量。不仅参加研究生考试的同学拼命学习、备战应考，其他同学受这个氛围的影响也在认真学习各种知识，以做好毕业后迎接各种挑战的准备。因此他们的基础也打得比较深厚，上述那3名选调生在2000年烟台全市进行晋升副处级干部的统一考试中全部获得理想的成绩，得到提升。所以鼓励学生参加研究生考试并采取多种措施促使他们考得好仅是强化学风建设的一个抓手，全面提高教学质量才是真正的目的。

现在这些同学发展得都比较好（其他同学未做统计）：（1）在高等学校从事教学研究工作的7人分别是：张聚国（南开大学）、金永丽（中国人民大学）、张秋霞（兰州大学）、于凯（上海工程技术大学）、张秀春（烟台大学）、陈长征（山东工商学院）、李军（北京教育学院）；（2）从事编辑出版工作的3人，分别是：马汝军（中国大百科全书出版社）、张元立（济南出版社）、崔清华（上海《中华时报》）；（3）从事党政工作的6人，分别是：聂兆华（中央组织部干审局）、岳梅（国家行政学院人事局）、尹鹏（莱州市委，现援藏）、孙晓东（烟台市防疫站）、姚秀霞（烟台市牟平区委）、曹东升（烟台开发区工委组织部）。当然，这些同学现在发展得这样好，不能把功劳全记在我们头上，但这与当时系里采取各种措施帮助他们打好后来发展的基础是有很大关系的，这一点应当承认。

　　时间流逝，上面我回忆的这些事情离现在已有 20 多个年头了。我还清楚地记得，当时的"两个建设"也引起不同的意见争论。对于我们师资队伍建设的成绩是有目共睹的，对于我们的青年教师团队的整体学术水平，大家也是公认的，没有什么疑义。但对我们狠抓学风建设的措施，特别是公开鼓励学生报考研究生的做法，校内外都有不同的议论。持否定意见的同志认为，我们是师范学院，培养中学教师是我们的天职，应该老老实实地做好培养中学教师的工作，而像我们那样做是"不务正业"、是"应试教育"、是"拔苗助长"。我们并没有受这些指责的影响。我们很清楚自己的本职工作确实是培养中学教师，但我们也认为这并不妨碍我们采取一定措施把那些基础好又有发展后劲的学生推上去，将来发展成为大学教师甚至专家学者。这完全符合客观事物不平衡发展的规律，既不是"拔苗助长"，也不是"应试教育"，更不是"不务正业"。而是充分尊重学生个人的发展权，学校的责任就是一门心思为学生提供以后能更好发展的机会。大到国家、地方，小到个人，发展才是硬道理。现在回想起来我们的所作所为是符合国家人才发展战略思想的，这是值得庆幸和自豪的。

　　（作者简介：林治理，男，1946 年生，山东文登人，原烟台师范学院历史与社会学系党总支书记，教授。）

中国近现代史史料科学研究所的 7 年回顾

（1986 年 9 月——1993 年 5 月）

李永璞

    1986 年 7 月，经山东省教育委员会批准，中国近现代史史料学研究室成立，隶属历史系，由我兼任主任，主持工作。当时虽然核定编制 3 人，实际只我一人兼任。为了开展工作，我个人向省教委申报了研究项目并获准，即 1986 年至 1993 年的《中国近现代史史料学研究》（项目款 1.3 万元）和 1989 年至 1993 年《清代史料目录集》（1988 年列入国家教委古籍整理项目，项目款 2.7 万元）。这样以研究室名义，实际是我个人研究，共持续了 2 年。我主要是研究与探讨史料学的学科体系和对现存的中国近现代史史料进行综合研究，发表了一批论文。

    1988 年 8 月学校给研究室分配了 2 名历史专科毕业生（冷志强、邹丕振）为图书资料管理员，建立了专门的资料室，并开始有计划地实施两个项目和有重点地征集、整理、研究中国近现代史史料。诸如，历史档案、方志书稿史料成书（文章、年谱等）和"三亲"史料。重点又是"三亲"史料，即中华人民共和国成立以来，由我国党政军统群五大系统的县级以上各级组织所属研史修志单位所编印的诸如"党史资料"、"史志资料"、"文史资料"等书刊。该类书刊的诸篇章，均从不同角度记录了中国历史、主要是中国近现代历史，涉及政治、军事、外交、经济、文化、社会、民族、宗教、华侨等诸方面，字数达百十亿，是我国历史，特别是近现代历史的极为珍贵的第一手资料和研究中国近现代史的一个新史源，是我们了解国情、借鉴历史、进行爱国主义教育和从事文艺创作的好教材、好素材。

为了发表研究成果，又编辑出版了《中国近现代史史料介绍与研究丛书》（列入山东人民出版社等出版计划）。在 1988 年 8 月至 1989 年 7 月的一年内，完成了由我主编的第一部子书《中国史志类内部书刊名录（1949—1988）》（山东人民出版社，1989 年版，80 万字）。该书收录书刊 5900 种，累计数量达十万多册（辑、期）；均著录其书刊名称、编印单位、开本版型、刊印期数、发行范围和已出数量。该书出版后有全国二十多家报刊发表书讯和评介，如《光明日报》、《中共党史通讯》（全国中共党史学会）、《内部摘要》（求是杂志社）、《民国档案》（中国第二历史档案馆）、《历史档案》（中国第一历史档案馆）、《近代史资料》（中国社会科学院近代史研究所）、《近代中国史研究通讯》（台湾中央研究院近现代史研究所）、《情报资料工作》（中国社会科学院图书情报中心）等，一致认为是我国第一部记录和检索该类书刊较完备的大型工具书，也是第一次向史学界揭示研究中国近现代史一个新史源的力作。据我所知该书已传至日本、美国、澳大利亚等国。为了扩大研究室的对外联系和影响，还由我支持编辑出版了一部教材《社会科学文献检索与利用简明教程》（山东大学出版社，1988 年版，20 万字），已被当时省内十多所本、专科师范院校中文、历史、政治、教育等专业做为该课程的教材。

1989 年 6 月，研究室申报升所，经省教委口头批准同意。1989 年是研究所发展的一年，8 月分配来 2 名历史专科毕业生（孙贻峰、赵海涛）为图书资料管理员，9 月分配来一名档案专业专科毕业生（何天立）为图书资料管理员和一名中国近代史专业硕士研究生（李存朴）为专职研究人员。调入一名古代史专业讲师（樊文礼）为专职研究人员。1990 年 8 月分配一名计算机中专生（吕海航）为微机操作员。至此，工作人员已有 10 位。我因任历史系主任，算是兼职，其他 9 位，均为专职。一直到我退休，人员无变动。

1991 年 3 月研究所正式从历史系分出，成为独立单位，1992 年 7 月研究所经省教委批准正式由室升所。

1989 年以后，由于研究所图书管理人员增多，便开始了向全国数以万计的编印史志资料书刊，特别是"三亲"史料单位进行了广泛而又艰难的资料征集工作。因这些书刊大多属自编、自印、自发类非卖品出版物，多以书刊进行交换，或根据对方要求付给书刊工本和邮寄费；有时还需发函多次，我们坚持征集的精神，感动了编印单位，所以每日都有资料入藏。截至我退休，已有 6 万余册（辑、期含副本）的三大书刊资料。即"党史资料"，包括中国共产党及其领导下的政权、军队、群团的组织与活动及其历史背景资料的书刊报；"史志资料"包括中央与地方各级行政单位与所属部门的行政区划通志、行业专志、年鉴及其资料性书刊报；"文史资料"包括全国各级政协的文史资料、民主党派与全国工商联合会各级组织与活动史资料和中央及地方的文史研究馆或参事室的文史研究类书报刊。我退休后仍然坚持在资料室工作，继续进行征集、整理和研究，现入藏已达 10 万余册（辑、期，含副本），为国内外收藏该类书刊报资料之最，被誉为一座独具特色的史料库。同时开始了对三大书刊资料之一的政协文史资料进行整理，编纂出版大型工具书，方便史学界检索利用。一是《全国各级政协文史资料名录（1960—1990）》（《中国近代史史料介绍与研究》丛书之二，中国文史出版社，1990 年版，50万字），该书专门介绍了每一种文史资料丛刊、丛书和专辑的名称、编印单位、开本版型、发行范围、刊印期年和已出数量，揭示了全国各级政协编印的文史资料书刊报的概貌。二是编辑出版了《全国各级政协文史资料篇目索引（1966—1990）》（《中国近现代史史料介绍与研究》丛书之三，中国文史出版社，1992 年版，1500 万字），该书收录全国县级以上各级政协编印的文史资料 1.3 万多册（辑、期）的 30 万条篇目，依据篇目主题性质及其展开分七个大类（篇）、六级子类、四千个类目，精装五整册。该书出版发行后，已有《光明日报》、《人民日报》（海外版）、《人民政协报》、《中国社会科学》（英文版）、《近代史研究》等近二十家报刊发表书讯和评介文章，认为该书收录齐全、主题准确、分类科学、类目精细、著录清晰，是便于检索的大型工具书，为检索书刊之最。三是编辑出版了《中国共产党报刊名录（1919—1949）》（《中国近现代史史料介绍与研究》丛书之四，山东人民出版社，1991 年版，50 万字）一书。该书收录中国共产党历史报刊 4500 种。这些报刊历史地记录了中国共产党领导中国人民新民主主义革命斗争，创建了中华人民共和国的光辉历程；是研究中国共产党、中国革命史、中国现代史的珍贵原始资料，具有很高的史料价值。该书对每一种报刊均著录其名称、编印单位、刊期、刊型、印型、出版地点、主要编辑人、创停复改刊和已出数量，首次揭示了该类报刊的全貌。该书出版发行后，有多家报刊予以评介，认为收录如此齐全，实属难能可贵。

从 1989 年起，研究所为了更有效地完成研究项目，扩大对外影响和与国内同行的联系，相应地展开了若干学术交流活动。其一，由我支持编印了国内当属第一本《中国近现代史史料介绍与研究专辑》（《烟台师范学院学报（哲学社会科学版）1988 年第三期）。该辑汇辑了著名的中国近现代史史料科学专家撰写的论文近 20 篇，其中有 4 篇被国内报刊转载，该辑还被一所大学指定为史料学专业研究生的参考读物。其二，由研究所同北京大学、中国人民大学、东北师范大学、南京大学等于 1989 年 7 月主办了全国首届中国近现代史史料研讨会。国内十多家报刊，如《光明日报》、《近代史研究》、《中共党史通讯》、《历史档案》、《文史通讯》（全国政协文史委员会）、《中国地方志》（国务院地方志领导小组）、《近代中国史研究通讯》等，均予以报道和评介，认为是中国近现代史史料学研究史上的具有里程碑性质的会议。其三，研究所于 1989 年 8 月举办了一期中国史志编修研讨班；1990 年 5 月，研究所协助共青团中央青运史研究室在我校举办了"全国地方青运志编写研讨会"；同年 7 月，我所同南开大学地方文献研究室举办了一期"全国地方文献研究班"。其四，研究所受首届中国近现代史史料学学术研讨会与会代表的委托发起筹建"中国近代史史料学学会"，历经 3 年的筹备，于 1992 年 4 月 28 日经业务主管部门国家教育委员会（教办[1992]21 号文件）批复同意成立，并挂靠在我校，6 月 17 日中华人民共和国民政部准予登记注册（中华人民共和国民政部核准登记公告第 17 号），并于 1992 年 10 月在我校召开了成立大会，即中国近代史史料学学术研讨会第一次会员代表大会暨第二次中国近代史史料学学术研讨会，该会是由党政军统群县级以上史志征研编修单位与高等院校从事中国近代史史料研究与教学的史志工作者与学者组成的全国性的学术团体。我被举荐为副会长兼秘书长，主持日常会务。

通过上述的项目研究和学术交流活动，在省教委科研处和学校领导的支持和扶助下，我所在国内外史志界有了一定影响和地位。它不仅是国内唯一的一个专门设所研究中国近现代史史料的单位，而且是研究设备齐全、先进（省教委三次共划拨 4.5 万元购置费，和一次拨款 2 万元作为出版流动资金；学校三次共拨款 4 万元为购置费）和入藏中国近代史史料中新史料最多的单位。

从 1990 年起，为了发挥我们现有的研究力量和资料书刊充足的优势，研究所利用已征集到的新史料，开展以中国近现代社会史为重点的研究项目。中国近现代社会史研究是中国近现代史研究中的一个薄弱课题，又是深入研究中国近现代史的突破口，具有重要意义。所以，从 1990年以来，先后向省教委、国家教委申报获准立项的有：《基督教在华传播组织史与史料研究》（1990 年省教委项目，项目费 0.85 万元）、《基督教与近代中国文化研究（1993 年国家教委"八五"人文、社会科学研究规划项目，项目款 1.2 万元）、《中国近现代社团组织研究》（1993 年省教委项目，项目款 0.3 万元）。我退休后，由新所长主持实施。

（作者简介：李永璞，男，1933 年生，辽宁康平人，原烟台师范学院历史系主任、中国近现代史史料学研究所所长，教授。）